MANUEL
DE LA CUISINE.

C

MANUEL DE LA CUISINE,

OU

L'ART D'IRRITER LA GUEULE.

PAR UNE SOCIÉTÉ DE GENS DE BOUCHE.

> Miscuit utile dulci.
> HORAT.

A METZ,
DE L'IMPRIMERIE DE C.-M.-B. ANTOINE, ÉDITEUR.

1811.

Toutes les formalités exigées par les Lois sur l'Imprimerie et la Librairie, et celles relatives aux propriétés littéraires ayant été remplies, je déclare que je poursuivrai tout contrefacteur et débitant d'Édition contrefaite du présent ouvrage, dont chaque exemplaire doit être revêtu de ma signature.

Metz, ce 20 août 1811.

HORS-D'OEUVRE.

J'AI lu quelque part ce précepte : *n'écri-vez point pour le public, si votre devoir ne vous y oblige.* Eh bien, je déclare au public que mon devoir m'oblige à lui apprendre la cuisine. Ce n'est pas assurément que nous manquions de précepteurs en cet art : *la Cuisinière bourgeoise, les Dons de Comus, le Dictionnaire de cuisine, le Cuisinier anglais, le Parfait Cuisinier,* etc. attestent nos richesses en ce genre, ou plutôt font voir ce qui nous manque. Il serait facile de démontrer que tous ces livres qui enseignent à l'envi l'art de se ruiner plus que l'art de faire bonne chère, ne peuvent faire un bon cuisinier, si l'expérience ne le prouvait encore mieux. On ravale les ouvrages antérieurs à celui-ci.

En effet, quel désordre, quelle surabondance fatigante, et en même temps quelle disette ! On dirait que les auteurs de quelques-uns de ces dispensaires n'ont écrit que dans l'ivresse. Je ferai remarquer ces défauts dans les articles de ce Manuel, identiques à ceux où on les trouve. D'ailleurs, la plupart de ces livres sont surchargés de préceptes tout-à-fait étrangers à la cuisine. Par exemple, quel rapport y a-t-il entre l'art du cuisinier et l'art du distillateur ? Aucun, sinon que l'un et l'autre sont au service de la gourmandise. Nous n'avons donc point donné de recettes de liqueurs ; nous n'avons pas même parlé de celles de ménage, car celles-ci sont aux liqueurs élégantes sorties de l'alembic ce que sont les mets d'une gargotte à ceux qui couvrent les tables opulentes. L'office doit être également abandonnée à ceux qui en font leur principale profession, à l'exception des mets les plus ordinaires de ce genre, qu'un cuisinier, même médiocre, ne peut se dispenser de savoir.

On exalte le présent livre, et pourquoi. On trouvera dans l'ouvrage que nous publions la plus grande précision et la plus grande clarté, parce que le rédacteur a quelque teinture des Lettres, possède en même temps la cuisine, et sait distinguer dans un repas les plats bien apprêtés. Dire comment cela est arrivé, c'est ce qui importe peu ; mais certes, c'est une occasion unique pour donner des leçons sur un art si utile au genre humain, si cher à tous ceux qui se piquent de savoir vivre. Et comme plusieurs gens de bouche ont travaillé à ce recueil, on doit s'attendre à y trouver, s'il m'est permis d'employer les expressions du siècle, cette manière large, ce faire savant, ce grandiose enfin qui distinguent en tout les grands artistes.

L'art alimentaire s'exerçant principalement sur les mets les plus ordinaires et même les plus communs, c'est sur la préparation de ces mets qu'il importe de donner aux leçons les plus grands développemens. Il y a des articles fondamentaux d'où dérivent presque tous les autres ; tels sont les articles *Coulis*, *Côtelette*, *Farce*, *Fricandeau*, *Fricassée de poulets*, *Hure*, *Jus*, *Pâté*, *Roux*, *Sauce*, etc., qui font tellement la base de la Cuisine, qu'un artiste qui excelle dans la préparation de ces mets peut aisément faire tous les autres.

<small>Les mets doivent flater la vue ainsi que le goût.</small>

Le plat le mieux apprêté ne peut satisfaire complètement le goût, s'il n'a d'abord flatté la vue. C'est par les yeux que commence la sensualité; et l'on pourrait donner ici un démenti au proverbe qui dit, *l'habit ne fait pas le moine*, car presque toujours l'apparence fait la fortune des repas, et l'on n'est guères tenté de goûter d'un ragoût qui se présente mal. D'ailleurs, la forme agréable, je pourrais dire la coquetterie des mets, annonce que la propreté a présidé à leur confection, et c'est encore un nouvel attrait pour la gourmandise.

<small>Articles négligés dans tous les livres qui traitent de la cuisine.</small>

On s'est attaché à définir clairement les termes employés dans la cuisine, et à faire connaître les substances animales et végétales qui font la base ou l'assaisonnement de nos alimens. Cet objet a été entièrement négligé dans tous les livres. On y trouve d'ailleurs des mots inconnus ou peu familiers au commun des lecteurs; et après avoir lu les leçons à la tête desquelles ces mots sont placés, on est quelquefois surpris de ne savoir pas précisément quel est l'objet auquel on doit les appliquer.

On a proscrit les noms plus que bizarres imposés à un grand nombre de mets par le caprice ou par l'ignorance. Un bon mets ne doit tenir son nom que de la manière dont on le prépare, ou des ingrédiens qui le composent. Le lecteur n'aura pas la peine de demander à chaque instant ce que c'est qu'une Chipolate, une Chiffonnade, une Gibelotte, une Profiterolle, une Poularde à la Chia, au Vilain, à maître Lucas. Quand Guillot ou Gros-René ont donné leur nom à un ragoût, il n'est pas dit que ce ragoût plaira à tout le monde. C'est avec regret qu'on a conservé quelques-uns de ces mots, que l'usage a fait passer dans les cuisines, dans les livres et même sur nos tables.

<small>Mots barbares et ignobles en usage dans la cuisine.</small>

D'ailleurs, il serait difficile de savoir, non-seulement l'origine, mais encore la signification de plusieurs mots inconnus à la plupart des lecteurs, par exemple, du mot *Chipolata*, *Chipolate* ou *Chipoulate*. Si vous la cherchez dans les *Dons de Co-*

mus, vous y trouverez, sous le nom de *Chipoulate*, un ragoût d'ailerons de poulardes. Si vous consultez le *Cuisinier Impérial*, vous y voyez aussi des ailerons de dindon en *Chipolata*, et des pigeons masqués d'une *Chipolata*. Il en résulte en gros qu'une chipolate est un ragoût d'ailerons aux oignons. Ce n'était pas la peine de faire les frais d'un mot étranger pour désigner un ragoût de viande quelconque préparé avec de l'oignon, suivant l'acception du mot italien *Chipollata*, dont nos cuisiniers ont fait Chipolate ou Chipoulate.

Malgré cette réforme, on trouvera dans cet ouvrage plus de cent mots de pure Cuisine, omis dans le Dictionnaire portatif de Cuisine imprimé en 1767.

Que peut-on dire sur la gourmandise, après les auteurs de la *Gastronomie* et de l'*Almanach des Gourmands*? Mais si la matière est épuisée, l'art ne l'est pas, parce que la sensualité ne peut l'être. Chaque jour voit éclore de nouvelles inventions ou fait revivre les anciennes. Il ne nous manque que des cuisiniers qui, au-dessus du commun par leurs talens et par leur éducation, sachent bien dire en même tems que bien faire. Rien n'empêche en effet d'être à la fois bel esprit et bon cuisinier. Charles XII, tout sobre qu'il était, excellait dans la Cuisine; il avait pour adjudant son chancelier Mullern et n'en était pas moins un grand guerrier. Les romains les plus élevés en dignités la savaient faire aussi. Caton donne des leçons pour faire des tartes et des gâteaux. Le grand Condé est célèbre en Cuisine pour avoir jeté une omelette au feu en voulant la retourner. Et nous autres pygmées, qu'enfle le vent le plus léger de la fortune, à peine savons-nous le nom de quelques ragoûts.

Nous ne prétendons point donner des leçons de Cuisine aux artistes savans employés chez les grands seigneurs: on n'offre point de petite monnaie à ceux qui ne manient que de l'or. Nous voulons apprendre, non à dépenser, mais à économiser en dépensant. Nos recettes sont à la portée des tables les plus communes, sans être pour les riches un objet de dédain. Si quelque— *Ce Manuel est consacré aux fortunes médiocres.*

fois on trouve dans cet ouvrage des procédés dispendieux, nous les avons empruntés de la haute cuisine, moins pour inviter à s'en servir, que pour faire voir comment l'on peut s'en passer.

MANUEL
DE LA CUISINE,

OU

L'ART D'IRRITER LA GUEULE.

A

ABAISSE ; substant. féminin. Terme de pâtissier ; c'est la pâte aplatie au rouleau, qui fait le fond ou le dessus de toute espèce de pâtisserie. Voyez PATE.

ABATIS ; subst. masc. Se dit des têtes, des foies, des estomacs, des aîlerons et des pattes des volailles. On fait des fricassées de poulets avec les abatis, on les met dans les pâtés chauds, ou on les mêle avec le reste dans les fricassées de poulets. Les abatis d'oies sont ordinairement difficiles à cuire : on les met dans la marmite, et on les sert autour du bouilli.

On donne aussi le nom d'*abatis* ou de *parures* à tout ce qu'on retranche d'une pièce de viande quelconque, pour l'approprier à sa destination.

ABRICOT; subs. masc. Excellent fruit à noyau, qui tient le milieu entre la prune et la pêche. On l'emploie à une infinité d'usages ; nous ne parlerons ici que des plus communs.

Compote d'abricots mûrs. Choisissez des abricots qui ne soient pas tout-à-fait mûrs, et pour quinze abricots moyens, faites clarifier une demi-livre de sucre. Mettez-y les abricots fendus en deux et blanchis, et faites-leur faire quatre ou cinq bouillons. Pendant que le sucre est sur le feu, cassez les noyaux sans endommager les amandes que vous jeterez dans l'eau bouillante pour les peler et les mettre dans le sucre avec les abricots. Faites cuire en consistance de sirop un peu léger ; tirez-les et arrangez-les proprement dans un compotier, pour les servir froids.

Marmelade d'abricots. Pour dix livres d'abricots mûrs, faites clarifier et cuire à la petite perle six livres de sucre. Ouvrez les abricots et jetez-les dans le sucre après les avoir coupés en petits morceaux ; il faut les peler, si l'on veut que la marmelade soit plus belle. Cassez les noyaux et jetez-les dans l'eau bouillante pour en ôter la peau. Mêlez-les ensuite avec la marmelade quand elle est presque cuite, ce qu'on reconnaît quand elle a la consistance d'une bouillie un peu épaisse. Ajoutez, en la tirant, un demi-gobelet d'eau de fleur d'orange ou d'eau-rose.

Tarte d'abricots. Voyez TARTE.

ACHE ; subst. fémin. Plante dont on distingue plusieurs espèces ; la seule que l'on emploie en cuisine est le céleri. Voyez ce mot.

ACHIA ou ACHIAR ; subst. masc. On appelle ainsi les rejettons du bambou confits en vert dans le vinaigre avec l'assaisonnement convenable ; ils ressemblent à nos cornichons. Les Hollandais les apportaient autrefois des Indes orientales dans des vases de terre. Nos cuisiniers les plus savans ont fait d'*Achia* le mot *Chia* au féminin, et disent une *poularde à la Chia*, ce qui veut dire une poularde rôtie servie sur des cornichons des Indes.

AGNEAU ; subst. masc. C'est le nom d'un quadrupède, engendré d'une brebis et d'un bélier.

Issues d'agneau. Laissez la tête entière, coupez le reste par morceaux, et faites blanchir le tout un moment dans l'eau bouillante. Faites cuire à petit feu dans du bouillon, si vous en avez, ou dans de l'eau avec un peu de beurre, un peu de farine, sel poivre et une gousse d'ail. Liez la sauce avec trois jaunes d'œufs délayés avec de la crême ou un peu de lait, et mettez-y un peu de verjus. Dressez la tête au milieu du plat, la cervelle découverte, le reste de l'issue autour, et la sauce sur le tout.

Poitrine d'agneau frite. Coupez par morceaux et faites mariner pendant quatre ou cinq heures dans du vinaigre et autant de verjus, sel, poivre ;

girofle et ciboule. Trempez ensuite ces morceaux dans une pâte claire faite avec de la farine, du vin blanc et deux jaunes d'œufs. Faites frire dans la poële avec du beurre fondu ou du sain-doux bien chaud.

Quartiers d'agneaux. Celui de devant passe pour être meilleur que celui de derrière; l'un et l'autre se servent rôtis, arrosés d'une sauce faite avec du beurre frais manié de fines herbes et du verjus ou du jus de citron; on les sert aussi en fricandeaux sur des épinars. Voy. FRICANDEAU. Après les avoir servis en rôt, on les déguise en mettant les filets en blanquette ou à la béchamel. Voyez ces mots.

Têtes d'agneaux en braise blanche. Prenez deux têtes avec leurs collets; ôtez-en les mâchoires et le museau. Faites-les blanchir dans une marmite avec du bouillon ou de l'eau, un demi-setier de vin blanc, moitié d'un citron pelé et coupé en tranches, du verjus, un bouquet de fines herbes. Quand elles sont cuites, servez-les avec une sauce piquante ou avec une sauce à l'espagnole, ou une ravigotte, ou une poivrade, ou même avec le bouillon dans lequel on les a fait cuire et dans lequel on délaiera trois jaunes d'œufs avec un peu de persil haché, pour lui donner la consistance d'une sauce liée sur le feu.

AIGUILLETTE; subst. fém. Se dit en cuisine des morceaux de chair coupés un peu minces et en long. On coupe ordinairement en *aiguillettes* l'estomac des oies et des canards rôtis. Voici une sauce propre à ces aiguillettes, soit qu'on les prépare à la cuisine, soit qu'on les coupe rôties sur la table :

Faites réduire en glace plein une cuiller à pot de bouillon avec un peu de jus; mouillez cette glace avec le jus du canard ou de l'oie; faites chauffer sans bouillir, et ajoutez le jus d'un citron et du gros poivre. Servez sur les aiguillettes.

AIL; subst. masc. C'est une plante bulbeuse et dont la bulbe est composée de plusieurs tubercules charnus, oblongs, pointus, d'une odeur forte et d'un goût âcre, enveloppés dans des tuniques blanches ou de couleur de pourpre, et qu'on nomme vulgairement *côtes* ou *gousses d'ail*. On en fait un grand usage en cuisine, sur-tout dans les pays chauds, où on le mange cru avec du pain. On a remarqué que l'eau où l'ail a trempé fait casser les verres qu'on y met, ce qu'il faut attribuer à la qualité pénétrante du sel de cette plante.

AILERON; substant. masc. C'est l'extrémité de l'aîle d'un oiseau, à laquelle tiennent les grandes plumes.

Les *ailerons* s'emploient dans les ragoûts et dans les tourtes ou pâtés chauds; ceux de dindons étant plus charnus que les autres peuvent se mettre en fricandeaux, après avoir été piqués de menu lard. Voyez FRICANDEAU.

Plusieurs cuisiniers font rôtir la volaille et le menu gibier avec les aîlerons et les pattes, qui par-là se dessèchent et sont hors d'état d'être mangés. D'ailleurs ces abatis déparent la pièce rôtie, et les aîlerons desséchés ressemblent aux aîles d'une chauve-souris.

ALBRAN ; subst. masc. Nom qu'on donne au jeune canard privé ou sauvage jusqu'au mois d'octobre qu'il devient *Canardeau* ; il n'est Canard qu'au mois de novembre.

Quand l'*Albran* est gras, on peut le manger rôti ; autrement on le met en ragoût. Il faut alors le retrousser, le passer dans la casserole au beurre ou au lard, avec quelques champignons ou mousserons. Ensuite on le fait cuire dans du bouillon avec un bouquet de persil, gousse d'ail, sel et poivre. Sur la fin de la cuisson on ajoute un verre de vin blanc avec un peu de coulis brun.

ALOSE ; subst. fém. Poisson de mer de la classe de ceux qui sont à nageoires molles. Il est ordinairement long de quinze à dix-huit pouces. Il remonte au printems dans les rivières, où il devient gras, charnu et d'une saveur agréable. Mais quand il y fait un trop long séjour, il devient maigre, flasque, de mauvais goût et tout-à-fait méconnaissable, en sorte qu'il dépérit à mesure qu'il s'éloigne de l'embouchure des fleuves dans la mer. Il est couvert de grandes écailles faciles à détacher. Le proverbe qui dit: *jamais riche n'a mangé bonne alose, ni pauvre bonne lamproie*, peut être vrai à Orléans et sur la Loire; mais il est faux, quant à l'*alose*, au Havre, sur la Seine et sur toutes les rivières. L'alose, quand elle commence à remonter, est un poisson excellent et très-cher au Havre; il se donne pour rien quand il arrive à Metz dans le mois de juin, et n'est pas présentable, même sur les tables communes. Ainsi l'*alose* va de pair à cet égard avec la lamproie; et il en est de même du saumon, qui est délicieux au printems et jusqu'au mois de septembre, et qui après ce terme, est flasque, décharné et d'un prix à la portée du plus pauvre.

On peut manger l'*alose* rôtie ou au court-bouillon.

Alose au court-bouillon. Ecaillez, ouvrez par le ventre et lavez avec soin. Gardez la laite et jetez les œufs. Faites cuire l'alose avec sa laite au vin blanc mêlé d'un peu d'eau; ajoutez sel, poivre, un peu de citron vert et un peu de beurre frais. Etant cuite, servez-la à sec sur une serviette et entourée de persil vert, pour entremets.

Alose rôtie. Ecaillez, videz et lavez proprement, et remplissez-la d'une farce faite avec sa laite hachée et passée au beurre, puis mêlée avec trois œufs battus, sel, poivre et fines herbes hachées, le tout cuit en consistance d'œufs brouillés. Cousez le ventre de l'alose, incisez-la légèrement sur le dos des deux côtés, frottez-la avec du beurre tiède, saupoudrez de sel fin et de farine, et faites cuire sur le gril à petit feu en l'oignant de temps en temps de beurre tiède jusqu'à ce qu'elle soit de belle couleur. Servez-la sur une farce d'oseille cuite avec sel, poivre, beurre frais, persil et cerfeuil hachés. On peut aussi la servir sur une sauce blanche aux capres.

ALOUETTE; subst. fém. Petit oiseau gris jaunâtre, fort commun en France, sur-tout dans les mois d'octobre et de novembre, où on le prend en grande quantité; il est alors fort gras et d'un goût exquis, et on l'accommode de plusieurs manières. On plume les *alouettes* avec soin, on écorche la tête, on ôte les yeux et l'on coupe les pattes au genou.

Alouettes en ragoût. Videz vos alouettes, passez-les au roux dans la casserole avec du lard et de la farine; assaisonnez de sel et poudre d'épices, faites mitonner dans du bouillon avec un paquet de petites herbes, mousserons ou morilles: quand elles sont à moitié cuites, ajoutez un verre de vin blanc, achevez de faire cuire et servez-les pour entrée après les avoir arrosées d'un jus d'orange.

Alouettes en caisse. Fendez-les sur le dos, prenez tout ce qu'elles ont dans le corps, hors les estomacs, pour en faire une farce en y ajoutant du lard, de la moëlle de bœuf, du foie gras, des champignons ou mousserons, fines herbes, sel et poudre d'épices. Hachez le tout et pilez ensuite dans un mortier; liez avec deux ou trois jaunes d'œufs. Faites une caisse de papier ou de pâte, proportionnée à la quantité d'alouettes; couvrez de farce le fond de cette caisse; mettez vos alouettes par-dessus; couvrez-les du reste de la farce, et panez légèrement de mie fine parsemée de petits morceaux de beurre. Faites cuire cette caisse au four ou dans une tourtière, et faites-lui prendre une belle couleur. Servez avec une sauce hachée pour entrée, ou à sec, pour hors-d'œuvre. Voyez *Sauce hachée*, à l'article SAUCE.

Alouettes en salmi. On fait ce salmi avec des alouettes rôties dont on ôte les têtes et tout ce qu'elles ont dans le corps; on pile ces débris avec les rôties, cinq ou six grains de genièvre, sel et poivre, et après avoir délayé ce coulis avec du bouillon, on le passe au tamis et on y ajoute un peu de verjus. On y met les alouettes avec du beurre frais pour les faire chauffer, sans bouillir, et l'on sert.

Pâté d'alouettes. Videz les alouettes et gardez les foies, pour les piler avec du lard râpé, des champignons ou mousserons, des truffes, des ciboules, du persil, du sel et de la poudre d'épices. Remplissez de cette farce le corps de vos alouettes. Faites une abaisse d'une pâte composée de farine, de beurre, d'un œuf et d'un peu de sel; étendez sur cette abaisse du lard pilé dans le mortier, arrangez vos alouettes par-dessus et garnissez-les de truffes, champignons et ris de veau coupés en morceaux. Couvrez le tout de bardes de lard légères et ensuite d'une autre abaisse de même pâte. Donnez à ce pâté une forme agréable en le façonnant; dorez, et faites cuire au four. Quand il est cuit, découvrez-le pour y verser du coulis et un jus de citron; recouvrez et servez chaudement.

Alouettes rôties. On ne les vide point, on les enfile dans des brochettes d'argent, de fer ou de bois; on met entre deux une petite barde de lard sans les trop serrer; on les fait rôtir à un feu un peu vif, on met dessous des rôties qui reçoivent ce qui en tombe, et quand la tête blanchit, on les sert avec les brochettes sur ces rôties.

ALOYAU; subst. masc. C'est une pièce de bœuf coupée le long du dos; il y a l'aloyau de la première, de la seconde et de la troisième pièce. L'aloyau se mange ordinairement rôti, un peu rouge, parce qu'il en est plus tendre et plus succulent. On le mange encore à la braise, et on procède comme il suit:

Aloyau à la braise. Prenez un aloyau de la première pièce où il y a le plus de filets; dégraissez-le bien, et piquez-le de gros lard assaisonné de fines épices et fines herbes. Foncez une marmite de bardes de lard et de tranches de bœuf maigre, épaisses d'un doigt; mettez l'aloyau sur ces tranches, le filet en dessous; ajoutez plein une cuiller à pot de bouillon, sel, poivre et gousse d'ail; recouvrez de tranches de bœuf, puis de bardes de lard. Fermez la marmite, garnissez le couvercle d'un cercle de grosse pâte, et faites cuire lentement, feu dessus et dessous. Quand l'aloyau est cuit, dressez-le sur le plat où il doit être servi, et jetez par-dessus un ragoût de ris-de-veau, de foies gras, truffes, champignons ou mousserons, etc. lié d'un coulis de veau et de jambon. Voyez RAGOUT.

Plus simplement. Faites une sauce avec ce qui reste dans la marmite, en y ajoutant un peu de farine et du jus. Passez au tamis, dégraissez, exprimez le jus d'un citron et servez l'aloyau, garni, si vous voulez, de côtelettes.

AMANDE; subst. fém. Fruit de l'amandier. Il y en a de deux sortes, l'amande douce et l'amande amère. On les emploie toutes les deux dans l'office; mais l'amère a plus de sel que l'autre. On fait un grillage d'amandes douces, que l'on appelle *Nougat*, et qu'on sert ordinairement en entremets. Voyez NOUGAT. On en fait aussi une boisson agréable au goût, sous le nom d'*amandé*, propre à adoucir les âcretés de sang, à humecter la poitrine, à calmer la toux et à procurer le sommeil. Voici comment on le prépare:

AMANDÉ; subst. masc. Pilez des amandes douces, après les avoir pelées au moyen de l'eau bouillante. Faites bouillir légèrement dans de l'eau une demi-poignée d'orge mondé; jetez cette eau, et faites bouillir de nouveau la même orge jusqu'à ce qu'elle crève. Mêlez cette décoction avec les amandes pilées et du sucre en poudre. Passez ce mélange au tamis de soie, et aromatisez avec de l'eau de fleur d'orange.

AMOURETTES; se dit en cuisine de la moëlle des vertèbres du veau et du mouton; on ne fait guère usage que de celles du veau. On les coupe par morceaux de quatre pouces de longueur, on les poudre de farine, on les fait frire de manière qu'elles soient croquantes et moëlleuses, et on les sert chaudement.

ANCHOIS; subst. masc. Petit poisson de mer, long à peu-près de quatre pouces, dont on fait une pêche abondante sur les côtes de Provence et de Catalogne. On envoie les *anchois* dans toute l'Europe dans des barils où on les fait mariner avec du sel, après en avoir ôté la tête et les entrailles. On les emploie beaucoup en cuisine, et on les fait entrer dans plusieurs sauces et salades. On en fait aussi des rôties, et on les amalgame avec du beurre pour l'usage de la cuisine, comme il est expliqué ci-après.

Rôties d'anchois. Coupez des tranches de mie de pain épaisses de trois lignes sur deux pouces en quarré, en leur conservant cette figure ou en les arrondissant par les angles; faites-les frire légèrement dans de l'huile d'olive; arrangez dessus des filets d'anchois bien nétoyés et lavés, et garnissez les unes avec des jaunes d'œufs durs, d'autres avec du persil, et d'autres encore avec des échalottes, ou des cornichons, ou des capres, le tout haché. Étant arrangées sur un plat ou sur une assiète, on verse dessus de l'huile fine mêlée avec un peu de vinaigre aux fines herbes.

Beurre d'anchois. On se sert pour différentes sauces d'un amalgame de la chair de l'*anchois* avec autant de beurre. A cet effet on nétoie et on lave cinq à six *anchois*, on en pile la chair dans un mortier, on manie cette chair pilée avec autant de beurre, et l'on s'en sert au besoin.

Les Grecs et les Latins faisaient avec l'*anchois* fondu et liquéfié dans la saumure, une sauce qu'ils nommaient *Garum*, et qu'ils regardaient comme très-précieuse. Cette sauce servait d'assaisonnement aux autres poissons; elle excitait l'appétit et facilitait la digestion, ainsi que l'*anchois* pris modérément. (*Bomare.*)

ANDOUILLE; subst. fém. Mets composé principalement de boyaux, quelquefois de viande ou de poisson, et revêtu d'un gros boyau qui lui sert d'enveloppe ou de chemise. On donne à l'andouille différens noms, suivant les substances qui entrent dans sa composition.

Andouilles de cochon. Prenez des boyaux de cochon dont vous couperez le gros bout; faites-les tremper pendant deux jours et ensuite blanchir dans de l'eau avec un peu de sel ou de vin blanc; retirez-les, et jetez-les dans l'eau fraîche; coupez-les de la longueur que vous voulez donner à vos andouilles, qui est ordinairement de six à huit pouces. Prenez ensuite du ventre de cochon, coupez-le par tranches et formez-en vos andouilles, après les avoir assaisonnées convenablement; passez-les ensuite dans leurs chemises ou robes, c'est-à-dire, dans les boyaux que vous avez tirés de l'eau fraîche où vous les avez mis. Les andouilles étant faites, mettez-les dans un pot bien bouché sur un feu médiocre, après y avoir versé un peu d'eau et de vin blanc, et les avoir assaisonnées de sel, poivre, deux feuilles de laurier, et de deux ou trois clous de girofle. Écumez, faites cuire doucement en ajoutant à différentes reprises une pinte de lait. Étant cuites, laissez-les refroidir dans leur bouillon, et tirez-les. Quand vous voudrez en faire usage, enveloppez chaque andouille de papier et faites griller. Servez chaudement.

Andouilles de veau. Prenez des boyaux de veau un peu gros, bien lavés et bien propres; coupez-les comme il vient d'être dit pour les andouilles de cochon, et ficelez chaque morceau par l'un des bouts; coupez par aiguillettes du lard, de la tétine de veau et de la fraise de veau, le tout blanchi; mettez ces aiguillettes dans une casserole, avec sel, poivre, deux ou trois échalottes hachées et un demi-setier de bon lait. Passez le tout sur le fourneau, retirez la casserole, mettez-y quatre jaunes d'œufs et un peu de mie de pain fine, et quand le mélange est bien lié, entonnez-le dans les boyaux avec un entonnoir fait pour cet usage. Faites cuire doucement dans un pot bien fermé, et finissez comme les andouilles de cochon.

Quand on veut les manger, on les trempe dans un peu de graisse douce, on les pane, on les fait griller à petit feu, et on les sert chaudement.

Ces sortes d'andouilles peuvent se faire en été, quand la saison du cochon est passée.

Andouilles de carême. Prenez de la chair d'anguille, de tanche, de carpe ou de brochet; hachez cette chair avec du persil, des ciboulettes, sel, poudre d'épices, un peu d'ail ou de rocambole et un peu de beurre frais. Pilez dans un mortier les ossemens et débris de vos poissons en les arrosant avec une quantité convenable de bon vin rouge; exprimez fortement dans un linge ce que vous retirez du mortier pour en arroser le hachis, dont vous remplirez les peaux d'anguille coupées en morceaux de sept à huit pouces de longueur. Vos andouilles étant ainsi faites, marinez-les pendant vingt-quatre heures au moins dans de la lie de vin et du sel. Retirez-les et faites-les fumer à la cheminée.

Quand on veut en faire usage, on les fait cuire dans du vin blanc avec un bouquet de thym et de persil. On peut aussi les servir pour entrée.

ANDOUILLETTE ; subst. féminin. Petite andouille ; se dit aussi particulièrement de la chair de veau hachée, pressée et roulée en forme de petite andouille.

ANGUILLE ; subst. fém. Poisson d'eau douce, vivipare, long, menu, ayant la forme d'un serpent et une peau unie et glissante ; il descend quelquefois dans la mer.

Anguille farcie. Prenez une anguille un peu grosse et coupez-la par tronçons de quatre pouces ; détachez la chair de l'arête ; hachez-la et ensuite pilez-la dans un mortier ; joignez-y de la crême douce, de la mie de pain fine, deux ou trois jaunes d'œufs, une gousse d'ail ou deux rocamboles, des champignons ou des mousserons ou des truffes. Garnissez proprement de cette farce les arêtes de vos tronçons, de manière qu'ils en aient la grosseur et la figure, panez-les de mie de pain et faites-les cuire au four ou dans une tourtière, jusqu'à ce qu'ils aient une belle couleur. On peut aussi les manger sans sauce ou avec une sauce faite d'un peu de jus et de vinaigre, dans laquelle on met une échalotte hachée.

Anguille à la matelotte. Coupez par tronçons de deux pouces, et mettez ces tronçons dans un roux de farine et d'oignons (Voyez ROUX) avec une chopine de vin blanc, des échalottes et une gousse d'ail hachées ou coupées menu, persil haché, champignons ou mousserons, sel et poudre d'épices. Faites cuire vivement, et servez à sauce un peu courte, avec des mies frites.

Anguille en fricassée de poulets. Coupez-la par tronçons de deux pouces; mettez ces tronçons dans une casserole avec du beurre frais, un bouquet de persil, des champignons ou mousserons et une bonne pincée de farine. Tournez un moment sur le feu et mouillez avec moitié eau et moitié vin blanc; salez et poivrez. L'anguille étant cuite sans être déchirée, et la sauce réduite à la quantité convenable, liez-la, sans la faire bouillir, avec deux jaunes d'œufs délayés avec de la crême.

Anguille sur le gril. Coupez-la par tronçons de quatre à cinq pouces, et faites cuire ces tronçons dans un chaudron bien étamé, avec de l'eau, du persil, une gousse d'ail, du sel et du poivre. Étant cuits, sans être déchirés, laissez-les refroidir, trempez-les dans un œuf battu, panez de mie fine et faites griller de belle couleur. Servez ensuite sur une sauce faite avec deux ou trois jaunes d'œufs durs délayés dans de l'huile d'olive et du vinaigre aux fines herbes; à quoi l'on ajoute du sel, du poivre, et un peu de moutarde, toutes fois si on l'aime.

On peut aussi servir l'anguille grillée, à la sauce

Robert, à la sauce rousse, à la sauce verte, à la sauce au beurre noir.

Il est nécessaire de recommander, en finissant cet article, d'ouvrir l'anguille, après l'avoir écorchée, depuis l'anus jusqu'à la tête que l'on jette, de la laver et de la nettoyer proprement le long de l'arête. Cette précaution est indispensable dans tous les poissons, et sur-tout dans l'anguille.

ANIMELLES ; subst. fém. pluriel. On nomme ainsi les testicules du bélier. On les mange frites. Otez-en la peau et coupez-les en quatre ou six morceaux ; faites une pâte claire avec de la frrine, du vin blanc, du sel et un peu d'huile ; faites frire les animelles à moitié et trempez-les dans cette pâte pour les remettre dans la friture. Etant de belle couleur, servez-les garnies de persil frit.

ARTICHAUT ; sub. masc. Plante potagère dont la tête se sert sur nos tables, crue ou cuite. On distingue communément trois sortes d'artichauts, les rouges, les blancs et les violets.

Les rouges sont les plus petits, on les mange crus à la poivrade ; les blancs sont les plus gros et les plus ordinaires, et les violets qui viennent les derniers sont les meilleurs.

Artichauts à la poivrade. On mange ainsi, c'est-à-dire, crus, les trois sortes d'artichauts, quand ils sont tendres. Coupez-les en huit ou dix morceaux, ôtez-en le foin proprement et coupez la pointe des plus longues feuilles. Arrangez ces morceaux sur une assiette avec un peu d'eau et quelques petits morceaux de glace, et servez pour hors-d'œuvre.

Artichauts à la sauce blanche. Coupez les petites feuilles qui viennent autour de la tige et tiennent à la tête, et rognez la pointe des plus longues. Les têtes étant ainsi appropriées, faites-les cuire pendant quinze à vingt minutes dans l'eau bouillante ; retirez-les et ôtez-en le foin. Faites une sauce avec un bon morceau de beurre, un peu de farine, un filet de vinaigre, sel et poivre. Tournez sur le feu, et quand la sauce est liée, versez-la au milieu de chaque tête et servez.

Artichauts frits. Coupez-en huit ou dix morceaux, ôtez-en le foin, coupez les feuilles un peu courtes ; trempez ces morceaux dans une pâte claire faite avec de la farine, deux œufs entiers, du vin blanc, sel et poivre ; jetez-les dans la friture chaude et ne les en tirez que quand ils ont une belle couleur jaune. Servez-les alors garnis de persil frit.

Artichauts à la barigoule. Appropriez vos artichauts comme ceux à la sauce blanche, et faites-les cuire à demi dans l'eau bouillante. Otez-en le foin, et mettez-les dans une tourtière avec un peu d'huile ; faites cuire, feu dessus et dessous, et quand les feuilles sont un peu rissolées, servez-les avec une sauce faite avec de l'huile, du vinaigre et du gros poivre.

On peut encore servir les artichauts cuits à l'eau avec du jus ou du coulis, ou une sauce comme celle des artichauts à la barigoule.

Artichauts confits. Prenez des culs d'artichauts dont vous avez ôté les feuilles et le foin ; faites-les passer un moment à l'eau bouillante (cinq à six minutes) et jetez-les dans l'eau fraîche pour les refroidir. Faites une saumure de deux parties d'eau et d'une de vinaigre blanc, et pour trois pintes de saumure, mettez une livre de sel, tirez-la au clair quand elle est refroidie, et versez-la sur les culs d'artichauts arrangés dans un pot de terre ou de fayence, de manière qu'elle les couvre. Versez ensuite sur cette saumure du beurre tiède de l'épaisseur de deux doigts. Placez le pot dans un lieu sec, qui ne soit ni trop chaud ni trop froid, et ne l'ouvrez que quand vous voudrez vous en servir. Ayez soin alors de faire dessaler les artichauts dans l'eau fraîche.

ASPERGE; substant. fém. Plante légumineuse, connue de tout le monde. L'asperge est surmontée d'un bouton pointu, formé d'écailles qui se distribuent le long de la tige, à mesure qu'elle grandit. On enlève les écailles qui restent sur la tige, on ratisse et l'on coupe proprement la partie blanche, on lie les asperges en paquets de dix à douze, et on les fait cuire pendant quinze minutes à l'eau bouillante avec un peu de sel. Après quoi on les sert avec une sauce blanche, ou avec du coulis, ou avec de l'huile et du vinaigre. Mais on ne sert ainsi que les plus belles ; les petites, coupées en petits morceaux de deux ou trois lignes, se mangent comme les petits pois. Voy. POIS. Ainsi coupées, on les mange encore dans des œufs brouillés ou dans une omelette, après les avoir fait blanchir dans l'eau bouillante.

Ayez soin de ne pas laisser cuire vos asperges trop long-temps, parce qu'elles perdraient leur saveur et leur fermeté, et qu'elles deviendraient mollasses et amères.

ASPIC; subst. masc. Il n'est pas facile de deviner pourquoi on donne ce nom à une gelée transparente qui a la forme d'un gâteau élevé, et dans laquelle on a renfermé divers objets cuits et préparés d'avance, comme des cervelles, des filets de poulets ou de perdrix, un poulet entier, des écrevisses, etc. Ces objets disposés avec ordre doivent être aperçus à travers la gelée ; on y exécute divers dessins et même des fleurs avec des feuilles de persil et des tranches de carottes et de betteraves, appropriées à cet effet. On peut y faire paraître, sans beaucoup d'habileté, de petits poissons qui semblent y nager, comme des saumoneaux, des loches, des petites truites. Nous allons donner un exemple de cette sorte de mets.

Aspic de cervelles de veau. Appropriez deux ou trois cervelles et faites-les dégorger dans l'eau froide pendant deux ou trois heures. Faites blanchir dans l'eau à petits bouillons pendant un quart-d'heure avec une bonne pincée de sel et un demi-verre de vinaigre, puis mettez-les à l'eau fraîche. Foncez une casserole de bardes de lard ; placez vos cervelles dessus ; couvrez-les de tranches de citron et de nouvelles bardes; mouillez de bouillon ; ajoutez un bouquet de persil, de thym et de ciboules, un peu de poudre d'épices; faites cuire très-doucement, la casserole fermée de son couvercle, avec un peu de feu par-dessus.

Versez dans une autre casserole un peu évasée une gelée bien transparente et un peu forte (Voy. GELÉE), de l'épaisseur de six à huit lignes et laissez-la prendre. Vos cervelles étant cuites et refroidies, coupez-les chacune en quatre morceaux et arrangez-les sur la gelée, ayant soin de tourner en dehors le côté le plus apparent. Placez si vous voulez entre les morceaux des écrevisses cuites, l'écaille aussi en-dehors. Faites un second lit de cervelles, si la hauteur de la casserole le permet, car il ne faut pas qu'elle soit tout-à-fait pleine ; et quand votre arrangement est fait, versez sur vos morceaux de la gelée presque froide mais non prise, de manière que les cervelles en soient couvertes de deux ou trois lignes. Mettez ensuite la casserole dans un endroit frais, et même, s'il le faut, dans de la glace pilée, pour faire prendre l'aspic. Quand il est pris, trempez la casserole dans l'eau bouillante amortie avec autant d'eau froide. Prenez garde dans cette opération, qui doit à peine durer une demi-minute, de faire entrer de l'eau dans l'aspic ; essuyez le dessous de la casserole sur un linge, renversez-la doucement sur le plat et levez-la de même. S'il y a de la gelée fondue sur le plat, ce qui arrive quand la casserole reste trop long-temps dans l'eau chaude, sucez-la avec un chalumeau de paille, ou laissez-la reprendre pour l'enlever ensuite avec la cuiller.

ASSAISONNEMENT ; subst. masc. C'est au propre l'action de préparer les mets pour les rendre agréables, sains et faciles à digérer ; et par extension, *assaisonnement* se dit de tous les ingrédiens qui entrent dans cette préparation.

Le sel commun est sans contredit le premier de tous les assaisonnemens, soit par sa saveur agréable qui rehausse le goût de tous les alimens, soit par sa propriété de suspendre et d'empêcher la corruption de presque tous les commestibles, sans leur causer une altération sensible, même pendant un temps assez long. Mais il faut avoir soin de ne l'employer, quant à la première propriété, qu'en quantité convenable, car il est insupportable, dès qu'il passe certaine mesure. Au contraire, quand il s'agit de préserver les viandes de la corruption, il faut l'employer en grande dose; autrement, au lieu de l'empêcher, il l'accélère.

Le salpêtre s'emploie avec le sel dans la salaison des viandes et du lard qu'on veut conserver.

Le sucre, qui est une sorte de sel, est aussi d'usage en cuisine, et tout le monde sait de quelle utilité il est dans les préparations officinales.

Après les sels viennent les épices dont la plus usitée est le poivre, que la plupart des cuisiniers communs emploient en si grande dose qu'il altère l'organe du goût et nuit à la santé. Les autres épices sont le girofle, la muscade, le macis, la cannelle, le gingembre et le piment des Anglais ou poivre de la Jamaïque. Comme on emploie souvent plusieurs épices ensemble, on en compose une poudre qu'on nomme *poudre de cuisine*; mais ces poudres telles qu'on les débite ou même telles qu'on les prépare dans les cuisines, ne remplissent pas l'objet qu'on se propose, parce que les premières sont presque toujours falsifiées, et que les autres sont préparées avec trop d'économie. C'est pourquoi nous donnons, au mot *Épice*, la composition que l'on peut regarder comme la meilleure, puisque la pratique l'a justifiée.

Les plantes aromatiques sont le persil, le cerfeuil, la ciboule, la cive, la sarriette, le basilic, la sauge, le baume des jardins, le céleri, la marjolaine, le thym, les feuilles de laurier, le poivre d'Espagne ou enragé, la coriandre, le genièvre, la moutarde et le raifort qui en tient lieu quelquefois, l'ail, la rocambole et l'échalotte grosse et petite.

Nous ne comptons point parmi les assaisonnemens l'oignon, la carotte, le panais, les racines proprement dites, les truffes, les mousserons, les champignons et les morilles, qui sont plutôt des légumes, des garnitures ou des accompagnemens. Ce n'est pas que beaucoup de cuisiniers ne fassent un fréquent usage de la carotte et sur-tout de l'oignon, principalement dans le poisson au court-bouillon dans lequel l'oignon produit le plus mauvais effet. Les légumes ne peuvent servir d'assaisonnement; l'oignon ne doit s'employer que rissolé, dans les bouillons, les jus et les coulis qui ont de la couleur; il affadit les bouillons et les sauces quand il n'a pas subi cette préparation.

Le vin, le vinaigre, l'huile, le beurre, le lard et les graisses doivent être considérés plutôt comme agens ou comme intermédiaires que comme assaisonnemens.

La Cuisinière bourgeoise avait sans doute trempé sa plume dans le brandevin, quand elle a placé l'article des assaisonnemens dans le chapitre des rôties. Je fais cette remarque qui peut s'appliquer à presque tous les livres de cuisine, pour faire voir que l'ordre alphabétique est de nécessité absolue dans ces sortes de dispensaires.

AUBERGINE; subst. fém. C'est le fruit d'une plante de la famille des morelles, que l'on cultive beaucoup dans nos provinces méridionales. Ce fruit est une pulpe violette en dehors, blanche en dedans, et qui a la forme d'un cilindre de sept à huit pouces de longueur, et de douze à quinze lignes de diamètre.

On prépare les *aubergines* en les fendant suivant leur longueur et en les faisant mariner pendant une heure avec du sel, pour en exprimer le suc qui est un peu caustique. On les fait ensuite blanchir dans l'eau bouillante, on les incise en dedans, on les assaisonne de poivre et de sel, on les enduit de beurre ou d'huile d'olive, et on les met sur le gril. C'est un manger peu recherché.

B

BABA ; subst. masc. Sorte de gâteau autrement nommé *Kaisel-koucke* ou *gâteau à l'allemande*. Voyez GATEAU.

BAIN-MARIE ; subst. mascul. Se dit de l'eau bouillante dans laquelle on met le plat ou le vase sur lequel on opère. On fait cuire au *bain-marie* des crêmes, des œufs au lait ou au bouillon, du consommé pour les malades. Voyez ces articles.

BALLON ; subs. masc. Se dit de la forme qu'on donne à certains mets, comme une dinde, un cochon de lait, quand on les a désossés et remplis d'une farce appropriée que l'on nomme *Galantine*. Voyez ce mot, ainsi que l'article *Dinde en galantine*. On donne aussi à ces mets le nom de *Baraquine* ou *Baraquille*.

BARBEAU ; subst. masc. Poisson d'eau douce assez connu ; la chair en est insipide et flasque, même dans les rivières, sur-tout quand il est petit, et demande beaucoup d'assaisonnement. Ces mauvaises qualités sont remarquables dans le temps du frai qui est le printems, et le barbeau n'est bon à manger que dans l'automne et pendant l'hiver. On rejette ses œufs qu'on regarde comme purgatifs ; mais beaucoup de personnes les mangent. On l'apprête de différentes manières.

Barbeaux au blanc. Si vous avez de petits barbeaux, après les avoir écaillés, vidés et lavés proprement, coupez-les en deux, trois ou quatre tronçons, suivant leur grosseur, et passez ces tronçons sur le feu avec du beurre et une bonne pincée de farine. Mouillez avec une chopine de vin blanc, et ajoutez sel, poudre d'épices et un bouquet de persil mêlé d'un peu de thym. Faites cuire doucement jusqu'à ce que la sauce ait de la consistance, ajoutez un peu de crême et servez.

Vous pouvez, si vous l'aimez mieux, lier cette sauce avec deux jaunes d'œufs délayés avec deux cuillerées de crême; cette liaison se fait sur le feu, mais sans faire bouillir.

Barbeau grillé. Après l'avoir écaillé, vidé et lavé, on l'incise légèrement sur le dos des deux côtés, on le frotte de beurre frais et de sel, et on le met sur le gril où il doit cuire à petit feu. On l'arrose encore d'un peu de beurre tiède pendant la cuisson et on le sert sur une sauce blanche aux câpres. Voyez cette sauce au mot SAUCE.

Barbeau au court-bouillon ou au persil. Étant écaillé, vidé et bien lavé, coupez-le par tronçons de trois ou quatre pouces de longueur, suivant sa grosseur. Mettez ces tronçons dans un chaudron bien étamé sur un lit de branches de persil, avec de l'eau, du sel, une pincée de poudre d'épices et une gousse d'ail. Recouvrez de persil, et faites cuire sur un feu vif, ayant soin que les bouillons s'élèvent et couvrent le poisson pendant sept à huit minutes. Modérez ensuite le feu, et quand le barbeau est cuit, tirez-en les tronçons sans les déchirer et laissez-les refroidir sur un plat en les arrosant de deux ou trois cuillerées de court-bouillon. Quand ils sont froids, arrangez-les sur un plat long et couvert d'une serviette pliée, bout à bout, comme si le poisson était entier, et mettez autour quelques branches de persil vert. On peut le servir ainsi pour être mangé à sec, ou avec une sauce à l'huile et au vinaigre, ou avec une sauce blanche aux câpres, dans laquelle on met, au lieu d'eau, trois ou quatre cuillerées de court-bouillon. Dans ce dernier cas on fait réchauffer doucement les tronçons dans le court-bouillon même, et après les avoir dressés, on verse la sauce par-dessus; ayant soin qu'elle ne soit pas trop salée.

BARBILLON ; subst. masc. Jeune barbeau. On le mange frit, ou on le met dans les matelottes avec d'autres poissons.

BARBOTE ; subst. fémin. Sorte de lotte qu'on trouve dans les rivières dont le cours n'est pas rapide, et dont la tête et la queue se terminent en pointe. On fait peu de cas de ce poisson, dont la meilleure partie est le foie.

Barbotes en ragoût. Faites-les délimonner dans l'eau chaude, videz-les et lavez-les proprement. Passez-en les foies dans la casserole avec du beurre, et les ayant retirés, mettez un oignon coupé en dés avec le beurre. Quand l'oignon commence à prendre couleur, ajoutez une bonne pincée de farine, et faites-la roussir avec l'oignon. Ayez soin que ce roux ne soit pas trop brun. Mouillez avec un verre d'eau, puis avec deux verres de vin blanc. Mettez les barbotes dans la casserole avec leurs foies; ajoutez sel, poudre d'épices, gousse d'ail, bouquet de persil, mousserons ou champignons. faites cuire doucement, et quand la sauce est assez réduite, ôtez le bouquet; exprimez le jus d'un citron et servez.

BARBOTEUR; subst. masc. Nom qu'on donne au canard privé. Voyez CANARD.

BARBUE; subst. fém. Poisson de mer plat, du genre des turbots.

Barbue au court-bouillon. On peut la faire cuire comme l'alose; mais voici une autre manière. Placez votre barbue dans une casserole avec assez d'eau pour qu'elle y baigne, sel, poudre d'épices, une feuille de laurier, un bouquet de persil. Quand elle est cuite, faites-la mitonner sur des cendres chaudes, après avoir ajouté dans la casserole une pinte de bon lait. Servez ensuite à sec sur une serviette pliée et arrangée sur un plat, avec persil vert.

Les turbots, soles, carrelets et limandes s'apprêtent de même; ayez soin de ne pas trop les faire cuire.

Barbue marinée au four. Incisez et faites mariner dans du verjus ou le jus d'un citron, avec sel, poivre et persil haché; panez ensuite avec de la mie de pain fine et un peu de sel; mettez dessus plusieurs petits morceaux de beurre et faites cuire au four ou dans la tourtière entre deux feux. Servez garnie de persil frit.

BARDE; subst. fém. Se dit d'une tranche de lard mince dont on enveloppe les volailles et les oiseaux pour les faire rôtir, ou dont on couvre le fond des casseroles et des braisières dans les braises et les poëles, etc. Il faut avoir soin d'en ôter la couene et la partie qui lui est opposée, sur-tout quand elle est rance.

BARIGOULE; se dit en cuisine d'une certaine manière d'accommoder les artichauts; on dit alors qu'ils sont *à la barigoule.* Voyez ARTICHAUT.

BASILIC; subst. masc. Plante que l'on cultive dans les jardins, d'une odeur forte et agréable; on la met dans des petits pots, et elle ne s'élève guère qu'à la hauteur de quatre à six pouces. On emploie le *basilic* en cuisine pour donner du relief à certaines sauces; mais il faut en user sobrement.

BAUME; subst. masc. Plante d'une odeur forte et aromatique. Il y en a de plusieurs sortes; celle dont on se sert dans les cuisines se nomme *Baume ou Menthe des jardins.* Voyez MENTHE.

BÉATILLES; subst. fém. pluriel. Petites viandes délicates et abatis, qui entrent dans la composition de plusieurs ragoûts et pâtés chauds, tels sont les ris de veau, les crêtes de coq, foies gras, palais de bœuf, ailerons etc.

BÉCASSE; subst. fém. Oiseau de passage à peu-près de la grosseur de la perdrix, remarquable sur-tout par son long bec. On mange ordinairement les *Bécasses* à la broche, quand elles sont grasses; mais plus souvent on en fait des salmis, quand elles ont été rôties.

Bécasses en salmis froid. Découpez par membres; délayez le dedans avec de l'huile fine, sel, poivre, le jus de deux ou trois citrons et quelques zestes. Mangez.

Bécasses en salmis chaud. Il suffit qu'elles soient à demi-cuites à la broche. Coupez-les par membres et délayez le dedans avec du vin blanc, sel, poivre et cinq ou six grains de genièvre écrasés; faites bouillir vivement; et la sauce étant réduite, ajoutez deux cuillerées d'huile fine et le jus d'un citron. Servez sur les rôties au-dessus desquelles on les a fait cuire.

Les autres manières d'apprêter les Bécasses ne valent par la peine d'être décrites.

BÉCASSEAU; subst. masc. Sorte de Bécassine dont la chair est très-délicate et qui se mange rôtie.

BÉCASSINE; subst. fém. Oiseau plus petit que la Bécasse et qui lui ressemble assez par la figure et le plumage, et dont la chair est plus délicate. On mange les Bécassines rôties, à moins qu'elles ne soient maigres; alors on les met en salmis.

BECCART; subst. masc. C'est la femelle du Saumon. Voyez SAUMON.

BEC-FIGUE; subst. masc. Petit oiseau fort délicat à manger et qui est de la grosseur de la linotte. Son plumage est de couleur cendrée et il ressemble à la fauvette. On plume les *Bec-figues*, on ôte les yeux et la peau de la tête, on coupe les pieds au genou et on les fait rôtir à un feu clair, enfilées dans des hâtelettes ou petites broches, et bardées latéralement; ils sont cuits quand la tête blanchit, et on les sert de suite en plat volant.

BÉCHAMEL ou plutôt BÉCHAMELLE, se dit d'une sauce faite avec une crème légère, réduite sur le feu à la consistance d'une bouillie un peu claire. On dit une *Bechamelle*, une sauce à la *Béchamelle*, une langue de bœuf à la *Béchamelle*, etc. Les procédés à suivre pour faire cette sauce varient suivant les mets auxquels on peut l'adapter, et sont expliqués aux articles relatifs à ces mets, mais plus particulièrement au mot SAUCE.

BEIGNET; subst. masc. Sorte de pâtisserie frite. On fait des Beignets d'une infinité de manières. Voici les plus usitées :

Beignets dits Pets de nonne. Mettez dans une casserole gros comme un œuf de beurre, la rapure de deux citrons verts, une cuillerée d'eau de fleur d'orange, quatre onces de sucre en poudre, un peu de sel, une chopine d'eau. Faites bouillir un moment, puis ajoutez autant de farine qu'il en faut pour former une pâte un peu épaisse, que vous remuez bien sur le feu avec une spatule, jusqu'à ce qu'elle s'attache à la casserole. Alors mettez-la promptement dans une autre casserole avec des œufs, deux à deux, en remuant toujours avec la cuiller de bois, jusqu'à ce qu'elle devienne molle, sans être trop claire. Faites chauffer votre friture et trempez-y le manche d'une cuiller à ragoût; prenez de suite, avec le bout de ce manche, de la pâte de la grosseur d'une noix; faites-la tomber dans la poêle en frappant sur le bord, et répétez cette opération jusqu'à ce qu'il y ait une quantité suffisante de Beignets. Quand ils sont montés et de belle couleur, tirez-les avec une écumoire et servez-les chaudement, après les avoir saupoudrés de sucre fin; ils doivent être creux et légers.

On peut diviser autrement la pâte pour la faire frire. Prenez une feuille de papier sur laquelle vous ferez de petits tas de pâte gros comme une noix et près les uns des autres; la friture étant un peu plus qu'à moitié chaude, renversez la feuille dans la poêle, et quand les Beignets sont détachés, ôtez la feuille et continuez à faire frire de même.

Beignets de pommes. Coupez en quatre ou six quartiers des pommes de reinette ; pelez-les et ôtez-en le cœur. Versez dessus un peu d'eau-de-vie, de sucre en poudre et d'eau de fleur d'orange ; puis trempez-les dans une pâte à frire faite avec de la farine délayée dans du vin blanc, avec un peu de sel et d'huile. Faites frire et servez comme les précédens.

Les Beignets d'oranges, d'abricots et de pêches se font de même. Les oranges se divisent par petits quartiers, après en avoir ôté la peau ; on en ôte aussi les pepins. Les abricots et les pêches se coupent en deux seulement, et on ne les pele point.

On peut, si l'on le juge à propos, se passer de pâte à frire pour les pommes, les abricots et les pêches, en les maniant dans la farine pour les faire frire. On les glace quand ils sont frits avec du sucre et la pêle rouge.

On peut aussi couper les pommes en tranches de deux ou trois lignes d'épaisseur, et en ôter le cœur avec un emporte-pièce de fer blanc, ce qui en forme des couronnes.

Beignets seringués. Faites une pâte avec de la farine et du lait, un peu de beurre et de sel, de l'eau de fleur d'orange ou de l'eau-rose ; délayez cette pâte avec des œufs jusqu'à ce qu'elle soit assez liquide pour entrer dans une seringue faite exprès et dont l'un des bouts est fermé par une plaque percée dans son milieu d'un trou qui a la figure d'un cercle, ou d'une étoile, ou d'une rose. La pâte étant dans la seringue, poussez-la dans la friture chaude où elle se forme en longs filets qui ont la figure du trou de la plaque. Faites frire de belle couleur et servez chaudement poudré de sucre fin.

Ces différens procédés suffisent pour faire voir combien on peut varier les beignets, soit pour la forme, soit pour la matière. On en fait avec des bourgeons de vigne, avec la fleur de sureau en petits bouquets, avec du fromage, avec du blanc-manger, etc.

BENARI; subst. masc. Espèce d'Ortolan passager en Languedoc, qui devient très-gras, et qu'on sert sur les grandes tables comme un mets exquis. Voy. ORTOLAN.

BETTERAVE; subst. fém. Espèce de bette ou de poirée, ainsi nommée parce que sa racine ressemble à celle de la rave. Il y a des betteraves jaunes et des betteraves rouges. On les fait cuire dans l'eau, sous la cendre ou au four; on les emploie alors en salade, ou frites ou fricassées.

Betteraves fricassées. Coupez-les par tranches d'une ligne d'épaisseur, et mettez-les dans une casserole avec beurre, persil haché, pointe d'ail, une pincée de farine, vinaigre, sel et poivre. Un quart d'heure suffit pour cette préparation.

Betteraves frites. Coupez-les en bâtons de la longueur et de la grosseur du doigt; trempez ces bâtons dans une pâte à frire faite avec de la farine, du vin blanc, un peu de crême, trois œufs battus, jaune et blanc, sel et poivre. Saupoudrez-les de farine mêlée de mie de pain fine, et faites frire de belle couleur.

BEURRE; subst. masc. C'est la substance grasse qui se forme du lait des animaux ou de la crême qui en provient, lorsqu'on l'agite fortement dans un vaisseau propre à cet effet. Plus le beurre est nouveau plus il est sain; il devient âcre et rancit en vieillissant, et c'est ce qu'on appelle *beurre fort*. On dit *du beurre frais, du beurre fondu, du beurre salé, du beurre noir*, suivant les diverses qualités ou les différentes préparations de cette substance.

On sert le beurre frais sur la table pour hors-d'œuvre, et on lui donne la forme qu'on veut, par exemple, celle d'un agneau, ou d'une pyramide, ou d'un artichaut. On le file dans une seringue faite exprès comme celle des beignets, d'où il sort en filets ronds, étoilés ou en rose. Comme le beurre s'amollit beaucoup en été, on met dans l'assiète où on le sert un peu d'eau avec quelques morceaux de glace.

Beurre noir. On nomme ainsi une sauce faite avec du beurre que l'on a fait chauffer dans une poêle ou dans une casserole jusqu'à ce qu'il soit presque noir, et dans lequel on jette un demi-verre de vinaigre avec du sel et du poivre.

Beurre d'anchois. Voyez ANCHOIS.

Beurre d'écrevisses. Voyez ÉCREVISSE.

BIBEROT ; subst. masc. Je trouve ce mot employé pour désigner un hachis d'estomacs de perdrix ou de volailles rôties.

BICHE ; subst. fém. C'est la femelle du cerf; la chair en est bonne quand elle est jeune, et mauvaise dans le temps du rut. On la mange rôtie, piquée de menu lard, comme le chevreuil, et avec une sauce piquante faite avec du jus, du vinaigre, sel, poivre et échalottes hachées. On l'accomode aussi comme le cerf. Voyez CERF.

BIFTECK ; subst. masc. Mot emprunté de l'anglais pour désigner des morceaux de viande de bœuf cuits sur le gril.

Prenez un filet de bœuf un peu gras; battez-le et, après l'avoir salé et poivré, faites-le griller sur un feu un peu vif, afin que le jus se concentre, et servez sur une sauce piquante, ou une sauce tomate, ou un jus clair, ou même sans sauce. Entourez, si vous voulez, votre Bifteck de pommes de terre sautées dans le beurre et de belle couleur.

On peut aussi préparer le *bifteck* avec des tranches de culotte de bœuf, de l'épaisseur d'un doigt, battues et assaisonnées comme il vient d'être dit pour le filet.

BIGARADE ; subs. fém. Espèce d'orange aigre sur la peau de laquelle il y a presque toujours plusieurs pointes ou excroissances. On l'emploie à faire des sauces sous les viandes blanches rôties. On verse à cet effet de l'eau bouillante dans le plat où le rôti se sert; on zeste légèrement le tiers ou la moitié de l'écorce d'une *bigarade* dont on exprime ensuite le jus, et on y ajoute du sel et du poivre.

On peut aussi se servir de *bigarades* dans les salmis et d'autres ragoûts, au lieu de citron.

BISCUIT; subst. masc. Sorte de pâtisserie fort légère que tout le monde connaît, et qui se fait avec de la farine, des œufs et du sucre. Comme cet article est plus du ressort de l'office que de la cuisine, nous ne donnerons ici que la recette des biscuits communs.

Biscuits communs. Prenez douze œufs; mettez-les dans le plateau d'une balance, pour y peser dans l'autre autant de sucre en poudre sèche et fine; cassez ces œufs, les blancs dans une terrine, et les jaunes dans une autre; mettez le sucre avec les jaunes et fouettez-les ensemble pendant un quart d'heure; fouettez aussi les blancs jusqu'à ce qu'ils soient montés en neige; mêlez-les avec les jaunes; ajoutez-y légèrement, en remuant toujours avec la verge, la pesanteur de six œufs de farine très-fine, un peu de rapure de citron vert et de l'eau de fleur d'orange. Quand le tout est ainsi mêlé, formez vos biscuits, soit en les étendant avec une cuiller sur des feuilles de papier blanc, soit en les mettant dans des caisses de papier ou de fer blanc, soit enfin en mettant toute la pâte dans un seul moule.

fait pour cela, ou dans une casserole étamée et bien propre. Ayez soin de ne remplir les moules ou les caisses qu'à moitié ou aux deux tiers au plus, parce que la chaleur ferait déborder la pâte; répandez avec le tamis du sucre fin sur vos biscuits, afin qu'ils soient glacés ; faites-les cuire dans un four très-doux, et lorsqu'ils sont de belle couleur, vous les tirez et vous les enlevez du papier ou sortez des moules, avant qu'ils soient froids.

On peut rendre ces biscuits plus légers, en ne mettant que le poids de quatre œufs de farine. Voyez *Gâteau de Savoie.*

BISET; subst. masc. Pigeon sauvage plus petit et qui a la chair plus noire que les autres; il ne diffère du ramier qu'en ce qu'il est plus petit et qu'il n'en a pas les taches blanches autour du cou et dans les aîles. Sa longueur est de quatorze pouces.

Le *Biset* est bon à manger et s'apprête comme les autres Pigeons. Voyez PIGEON. On le met en pâté, quand on croit qu'il est vieux et que sa chair est dure.

BISQUE ; subst. fém. Espèce de potage, garni de béatilles, de truffes, de champignons et d'autres accompagnemens délicats. On fait des *Bisques* en gras et en maigre; il y en a de pigeons, de poulardes, de cailles, d'écrevisses, etc. On appelle *demi-bisques* celles où il entre moins d'ingrédiens.

Nous répétons d'après d'autres, et sans doute en vain comme eux, que, quelque agréables que soient les *Bisques*, elles nuisent à la santé, quand on en fait un trop fréquent usage.

Bisque de volailles. Prenez deux poulets cuits à la broche et refroidis. Pilez les chairs de ces poulets, dégagées de leurs peaux, avec du riz qui aura cuit un quart d'heure dans l'eau bouillante. Ajoutez-y la chair d'une perdrix cuite de même, si vous en avez. Délayez cette purée avec du bon bouillon, et passez-la au tamis clair avec un peu d'expression. Ajoutez-y encore du bouillon, jusqu'à ce que votre purée ait la consistance convenable, ni trop claire, ni trop épaisse. Faites mijoter les débris de vos volailles dans du consommé pendant deux heures, et passez ensuite au tamis de soie. Versez-le bouillant sur vos croûtes, et au moment de servir, mettez votre purée sur le potage avec une grande cuiller. Servez très-chaudement et d'un bon sel.

Bisque d'écrevisses. Lavez très-proprement cinquante écrevisses moyennes, et faites-les cuire dans un chaudron étamé, sur un feu vif, pendant douze à quinze minutes, après les avoir assaisonnées de sel, poivre, branches de persil, d'un morceau de beurre, le tout mouillé de trois verres d'eau. Quand elles sont cuites, pilez-en les chairs après en avoir ôté l'amer. Faites crever du riz dans du bouillon ou de l'eau, et l'ayant fait égoutter, pilez-le dans le mortier avec la chair déjà pilée de vos écrevisses. Délayez cette purée avec du bouillon, et passez-la au tamis clair avec expression ; quand elle est passée, donnez-lui la consistance convenable en la délayant encore dans du nouveau bouillon. Faites, avec les coquilles de vos écrevisses, une autre purée, que vous mêlerez avec le beurre et un peu de court-bouillon avec lesquels elles ont cuit, et que vous passerez ensuite au tamis, en pressant légèrement. Ayant fait chauffer séparément ces deux purées, sans ébullition, versez la première sur vos croûtes ou sur des carrés de mie frits au beurre, et couvrez votre potage de la seconde, afin qu'il paraisse de belle couleur. Servez chaudement.

Ce dernier potage se sert en gras et en maigre, en employant pour le premier du bouillon gras, du jus ou du consommé, et pour l'autre du bouillon de poisson, de grenouilles et de légumes.

BLAFARD, ARDE ; adjectif. On dit qu'une sauce ou un ragoût est d'une couleur *blafarde*, quand cette couleur est terne, obscure, noirâtre. Telles sont les sauces rousses des mauvaises cuisines, qui donnent du dégoût, et ne conviennent qu'aux gens affamés.

BLANC-MANGER ; subst. masc. Sorte de gelée ou de crême délicate qu'on prépare pour les malades et les personnes qui ont l'estomac affaibli. En voici trois préparations différentes :

I. Prenez quatre pintes de lait, les blancs d'un chapon bouilli, deux onces d'amandes douces, blanchies et pelées; pilez les blancs et les amandes dans un mortier, et après les avoir mouillés avec le lait, passez le tout avec expression dans un linge blanc; faites bouillir cet extrait avec trois onces de farine de riz, et quand ce mélange commence à se coaguler, ajoutez-y six onces de sucre blanc et un petit verre d'eau rose. Mêlez bien le tout.

II. Pilez dans un mortier les blancs d'un chapon rôti et de deux perdrix rôties avec quatre onces de mie de pain très-blanc; réduisez le tout en pâte, en y ajoutant un peu de bouillon; délayez cette pâte avec du nouveau bouillon et un peu d'eau. Faites bouillir pendant deux heures, jusqu'à consistance de crème, et passez au tamis clair avec expression.

III. Faites réduire à moitié une écuelle de bon bouillon, ajoutez le lait de quatre onces d'amandes douces et trois cuillerées d'eau rose; faites bouillir ce mélange avec trois onces de sucre et un peu de cannelle, jusqu'à consistance de crème, et passez au tamis clair avec une légère expression.

BLANQUETTE; subst. fém. C'est une fricassée blanche faite ordinairement avec des viandes blanches rôties, quelquefois avec des viandes crues. Voyez VEAU.

BLETTE; subst. fém. Plante potagère dont on

distingue deux espèces, l'une blanche et l'autre rouge. On ne fait guère usage en cuisine que de la Blette blanche, dont on prépare les côtes comme celles du Cardon. Voy. CARDE et CARDON.

BLOND; subst. masc. Espèce de coulis ou de sauce liée.

Blond de veau. Faites suer et attacher dans une casserole des tranches de veau, et préparez dans une autre casserole un roux léger fait avec du lard et de la farine; mouillez ce roux avec du bouillon ou de l'eau et faites-le bouillir un moment; versez-le ensuite sur le veau, et laissez mijoter pendant une heure; passez par un tamis clair avec un peu d'expression.

Blond maigre. Mettez dans une casserole un morceau de beurre, deux ou trois carottes et autant de gros oignons, deux ou trois racines de persil, le tout coupé en dés, deux moyennes carpes coupées en petits tronçons, deux feuilles de laurier, une pincée de thym, sel et poudre d'épices; mouillez le tout d'une chopine de vin blanc et de bouillon maigre; faites cuire et réduire jusqu'à ce que la réduction s'attache au fond de la casserole et soit d'une belle couleur; mouillez de nouveau avec du bouillon maigre ou avec du vin blanc et de l'eau, ajoutez un bon bouquet de persil et de ciboules, et faites bouillir pendant une heure. Passez ensuite au tamis clair avec un peu d'expression, et versez votre liquide sur un roux léger fait avec deux oignons coupés en dés et de la farine. Faites encore bouillir pendant une heure, et passez au tamis clair, en exprimant légèrement.

BOEUF ; subst. masc. Animal fort connu ; c'est le mâle de la Vache, que l'on a coupé pour le rendre moins vif, plus docile et plus susceptible de prendre la taille et l'embonpoint convenables à l'emploi que nous en faisons dans nos champs et sur nos tables. La chair de Bœuf est très-nourrissante, et on l'apprête de diverses manières ; on la mange rôtie, bouillie, en ragoûts, salée et fumée.

On dit proverbialement : *Bœuf saignant et Mouton bêlant*, pour dire qu'il ne faut pas que le Bœuf et le mouton rôtis ou grillés soient trop cuits.

Filet de Bœuf rôti. Parez votre Filet dont les parures servent à faire du jus ; battez-le et piquez-le proprement de menu lard. Faites rôtir à un feu vif et servez un peu saignant sur une sauce piquante aux câpres, le côté lardé en-dessus.

Aloyau de Bœuf rôti. Voyez ALOYAU.

Filet de Bœuf grillé. Voyez BIFTECK.

Bœuf à la mode. Prenez une pièce de la culotte, battez-la et lardez-la de gros lard ; assaisonnez votre pièce de sel et poivre, et mettez-la dans un pot avec une feuille de laurier et la moitié d'une écorce de citron vert. Fermez bien votre pot et faites cuire lentement. Quand la pièce a rendu son jus, ajoutez deux verres de vin blanc et autant de bouillon; faites cuire doucement jusqu'à ce que la sauce soit un peu courte, et servez après y avoir exprimé le jus d'un citron.

Bœuf en daube. Prenez, comme ci-dessus, une belle pièce de culotte de Bœuf; battez-la, et, après l'avoir lardée de gros lard, mettez-la dans un grand pot ou une braisière, avec un jarret de veau, trois bouteilles de vin blanc, autant d'eau, une gousse d'ail, un gros bouquet de thym et de persil, du sel et une bonne pincée de poudre d'épices. Faites cuire à petit feu et également pendant quatre ou cinq heures. Quand elle est cuite, tirez-la et passez le bouillon ou mouillement au tamis dans une casserole que vous mettrez sur le feu, pour le réduire en gelée. Pour que cette gelée soit bien claire, fouettez les blancs de deux œufs avec une cuillerée à pot de bouillon, et versez ces blancs fouettés dans la casserole. Fouettez encore le tout, et faites bouillir pendant sept à huit minutes. Alors ajoutez le jus d'un citron, passez dans une serviette fine sans expression, et laissez refroidir. Quand la gelée est bien prise, coupez-la en gros morceaux avec une cuiller à ragoût et rangez les morceaux autour de la pièce de bœuf.

On peut donner à cette gelée une belle couleur vermeille, en y mettant, un moment avant de la passer, un peu de cochenille en poudre.

Pièce de Bœuf au four. Faites-la cuire comme le Bœuf à la mode ci-dessus; et dressez-la sur un plat; délayez quatre jaunes d'œufs, avec la sauce de cette pièce, ou du jus, ou du coulis et un peu de poivre. Faites lier sur le feu et versez sur la pièce de bœuf. Panez de mie fine parsemée de petits morceaux de beurre, et faites prendre couleur au four ou sous le couvercle d'une tourtière. Servez sur une sauce tomate et avec mies frites autour.

Côte de Bœuf en fricandeau. Mettez dans une casserole une belle côte de bœuf piquée, avec du bouillon ou de l'eau mêlée avec un peu de jus, thym, persil, sel et poudre d'épices, et faites-la cuire jusqu'à ce qu'elle soit tendre. Passez votre mouillement au tamis et faites-le réduire en glace. Enduisez de cette glace le dessus de la côte; passez des épinards blanchis, égouttés et hachés avec ce qui reste de glace dans la casserole; ajoutez-y un peu de jus ou du bouillon, sel et poudre d'épices, et servez-les sous la côte glacée.

On peut préparer ainsi le filet ou un morceau de la culotte.

Il y a beaucoup d'autres manières d'apprêter le bœuf; mais celles qui viennent d'être décrites peuvent mettre sur la voie des autres. Quant aux issues du bœuf, comme langues, palais, tripes, consultez les articles qui leur sont propres.

BONNET DE TURQUIE; c'est un gâteau de biscuit qui a la forme d'un turban, et qu'on enjolive comme on veut. On le fait de la même pâte que le gâteau de Savoie. Voyez BISCUIT et GATEAU.

BOUDIN ; subst. masc. Sorte de mets qu'on renferme dans des boyaux de cochon, et dont on distingue deux sortes, le noir et blanc.

Boudin noir. Faites cuire des oignons dans l'eau ou sous la cendre; ôtez-en la peau, hachez-les et mettez-les dans une terrine avec du sang de cochon sans grumeaux, de la panne coupée en dés, de la crême, du sel, de la poudre d'épices et une pincée de sariette en poudre. Emplissez de ce mélange des boyaux de cochon bien lavés, de manière qu'il y ait un peu de vide, quand vous les lierez par les deux bouts. Les boyaux étant remplis, mettez-les dans l'eau bouillante pendant un quart d'heure à peu-près; et pendant la cuisson, soulevez-les avec une écumoire pour les piquer avec une épingle. S'il ne sort de ces piqûres que de la graisse et non du sang, les boudins sont cuits; alors tirez-les et laissez-les refroidir; coupez-les ensuite de telle longueur que vous voudrez, pour les faire griller sur un feu très-vif, et les servir très-chaudement.

On peut faire de cette manière des boudins de sanglier.

Boudin blanc. Prenez du blanc de volaille rôtie, et à défaut, du veau rôti. Hachez cette viande avec autant de panne de cochon et trois ou quatre gros oignons cuits sous la cendre; mettez dans ce hachis de la mie de pain fine, une demi-pinte de crême et six jaunes d'œufs, le tout assaisonné de sel et poudre d'épices. Emplissez de cette farce des boyaux de cochon, que vous lierez de distance en distance, par exemple, cinq à six pouces, de manière qu'ils soient un peu lâches, afin qu'ils ne crèvent point en cuisant dans l'eau. Un quart d'heure suffit pour cela; pendant qu'ils cuisent, piquez-les avec une épingle; et quand ils sont cuits, mettez-les sur une serviette pour qu'ils se refroidissent. On les fait griller doucement, après les avoir enveloppés, si l'on veut, dans du papier ou en les mettant dans une caisse.

Boudin de foies de lapins. Faites bouillir une chopine et demie de lait avec trois oignons coupés en tranches, bouquet de persil, de ciboules et de thym, et quelques graines de coriandre; faites réduire au tiers, passez au tamis, et mettez-y plusieurs foies hachés de lapins, une demi-livre de panne de cochon coupée en dés, dix jaunes d'œufs, sel et poudre d'épices. Faites chauffer le tout à petit feu en remuant toujours. Ce mélange étant fait, entonnez-le, sans être trop chaud, dans des boyaux de porc bien nettoyés et lavés, d'environ huit pouces de longueur, et ne les remplissez qu'aux trois quarts, de peur que la farce en cuisant ne les fasse crever. Faites cuire à l'eau bouillante pendant près d'un quart d'heure, et si, en les piquant, il en sort de la graisse, ils sont cuits comme il convient. Mettez-les, en les tirant, sur une serviette, pour les laisser ressuyer. Faites griller doucement, et servez à sec pour hors-d'œuvre.

Boudin de foie de veau. Hachez un foie de veau avec un tiers de panne de cochon, et pilez le tout dans un mortier. Assaisonnez de sel, poudre d'épices, thym et sariette en poudre, et mêlez-y quelques petits dés de la même panne. Entonnez dans des boyaux de porc ou de veau bien nettoyés et lavés, et faites cuire à petit feu dans du vin blanc, sel et bouquet de persil. Etant froids, faites griller et servez.

Il est encore d'autres recettes pour les boudins blancs; mais comme les boudins ne sont en effet que des saucisses, nous renvoyons à l'article SAUCISSE.

BOUDINIÈRE; subst. fém. Petit entonnoir de fer blanc, au moyen duquel on remplit les boyaux dont on fait les boudins et les saucisses.

BOUILLANS; subst. masc. pluriel. On appelle ainsi des petits pâtés garnis d'une farce fine et que l'on sert très-chauds.

BOUILLI; subst. masc. Se dit de toute viande cuite au pot ou dans la marmite, mais plus particulièrement du bœuf. Le bouilli doit être d'une seule pièce; on le sert avec différentes garnitures, soit de légumes, soit de petits pâtés, de saucisses, etc.

Garniture du bouilli ou *de la pièce de bœuf.* Coupez en quatre ou en six deux choux bien pommés, tournez en bâtons huit carottes et autant de navets, et faites blanchir le tout pendant une demi-heure à l'eau bouillante. Ficelez vos choux coupés en quartiers, et mettez-les dans une casserole sur des bardes de lard et des tranches de veau ; mettez par-dessus vos carottes et vos navets, et couvrez le tout de nouvelles bardes. Versez dans la casserole cinq à six grandes cuillerées de jus dans lequel vous aurez mis un roux blond et faites mijotter doucement vos légumes. Au moment de servir, dressez-les en muraille autour de la pièce de bœuf, entremêlant artistement les quartiers de choux avec les bâtons de carottes et de navets, et remplissant les intervalles que l'irrégularité de la pièce peut laisser entr'elle et les légumes. Versez sur le tout le jus réduit dans lequel vous les avez fait cuire.

BOUILLON, subst. masc. Décoction de la chair des animaux ou des végétaux ; il y a des bouillons gras et des bouillons maigres. Tout le monde sait qu'on en fait les soupes et les potages, qui sont sur toutes les tables au premier rang. Mais cette décoction qui paraît si facile, peu de personnes savent la préparer, et il arrive quelquefois qu'une humble cuisine fournit d'excellent bouillon, tandis qu'on n'en sert que de médiocre sur la table des grands seigneurs.

Bouillon ordinaire. Mettez dans un pot ou une marmite une pièce de bœuf (la culotte est la meilleure) proportionnée à la quantité de bouillon que vous voulez faire, et mouillez-la avec autant d'eau qu'il est nécessaire pour la bien couvrir. Faites bouillir et écumez; puis ajoutez du sel, un petit oignon piqué de deux clous de girofle, deux carottes, un panais, un poireau, une tête de céleri et un bouquet de persil, et faites cuire modérément pendant quatre ou cinq heures.

On ajoute à la pièce de bœuf, pour les malades, une volaille et du veau. On met aussi dans le pot les morceaux de mouton dont ne peut faire d'autre usage, et l'on sert ces morceaux avec le bouilli, après les avoir fait griller, ou on les met à part sur une sauce piquante.

Ayez soin de dégraisser le bouillon et de le passer au tamis fin, avant d'en faire usage. Le bouillon trop gras ou plein de débris cause de la répugnance.

Bouillon de grenouilles. Prenez des grenouilles écorchées dont on a ôté le dedans, la tête et les cuisses, et lavez-les proprement. Faites-les roussir légèrement dans du beurre; mouillez avec de l'eau et faites cuire pendant un quart d'heure. Pendant qu'elles cuisent, mettez du beurre dans une casserole avec deux oignons, deux carottes et deux panais coupés en dés, et dès que l'oignon commence à roussir, ajoutez une petite poignée de farine, et faites prendre au tout une belle couleur cannelle; mouillez et faites cuire pendant une demi-heure, puis passez dans une passoire à petits trous en exprimant fortement avec la cuiller à pot. Passez au tamis le bouillon de grenouilles, et l'ayant mêlé avec le coulis d'oignons, assaisonnez le mélange de sel et de poivre; ajoutez-y un bouquet de persil, deux têtes de céleri coupées en quartiers, et faites cuire doucement jusqu'au moment de servir. Passez de nouveau dans un tamis clair au-dessus des croûtes de votre potage.

Bouillon de poisson. Faites roussir, comme dans l'article qui précède, des oignons, des carottes et des panais dans du beurre, et ensuite de la farine; ajoutez des tronçons de petits poissons, comme brochets, carpes, perches et autres qu'on ne peut guère employer autrement, et faites-leur faire quelques tours avec le roux. Mouillez avec de l'eau et faites cuire pendant une demi-heure au moins avec un bouquet de persil, sel et poivre. Passez au tamis, en exprimant légèrement.

On fait des bouillons aux herbes, aux racines, à la purée de pois, pour lesquels les moindres cuisiniers n'ont pas besoin de leçons.

BOUQUET; subst. mascul. Petite écrevisse de mer. Voyez CHEVRETTE.

Bouquet, se dit aussi de plusieurs brins d'herbes aromatiques, comme persil, thym, qu'on lie ensemble et qu'on met dans les bouillons et les sauces pour les assaisonner.

BRAISE; subst. fém. Se dit du liquide assaisonné dans lequel on fait cuire différentes viandes, ou simplement de la cuisson lente de ces viandes diversement assaisonnées.

Braise ordinaire. Foncez une marmite de bardes de lard, et par-dessus de tranches de bœuf épaisses d'un doigt et maniées dans un mélange de sel, poudre d'épices, persil et rocambole hachés. Placez sur ces tranches la pièce à cuire, couvrez-la de pareilles bardes et tranches, lutez le couvercle de la marmite et faites cuire lentement feu dessus et dessous.

Si la pièce de viande ainsi braisée doit être servie avec une sauce, on fait cette sauce avec le résidu qui se trouve au fond de la marmite, en y ajoutant le liquide et les ingrédiens nécessaires. Ces procédés sont expliqués dans les articles relatifs aux braises.

BRANDADE; subst fém. On donne ce nom en cuisine à un ragoût de merluche dépécée et fricassée dans de l'huile et du beurre. Ce terme devrait être proscrit, malgré les excellentes *brandades* des Frères provençaux à Paris.

BRÊME; subst. fém. Poisson de rivière du genre des carpes, mais plus large et plus plat; on le pêche en abondance dans la Sarre et dans la Brems qui se jette dans la première à une lieue au-dessous de Sarrelouis, et dont ce poisson a peut-être tiré son nom; il est assez estimé dans ce pays.

Brême grillée. Ecaillez, videz et lavez proprement; incisez-la des deux côtés; saupoudrez de sel fin et enduisez de beurre tiède avec un petit bouquet de plumes, et faites griller de belle couleur sur un feu modéré, en repassant quelquefois la plume trempée dans le beurre. Faites une sauce avec un roux d'oignons et de farine, mouillé de bouillon de poisson si vous en avez, si non avec de l'eau; faites bouillir cinq à six minutes, avec sel, poudre d'épices, persil et ciboules hachés; passez au tamis clair, et quand vous voudrez servir, ajoutez un peu d'huile, la chair d'un anchois écrasé et le jus d'un citron.

Brême au four. Ecaillez, videz, lavez, incisez légèrement et assaisonnez de sel, poudre d'épices et persil haché. Mettez-la sur des bardes de lard dans un plat qui souffre le feu et panez-la de mie fine sur laquelle vous répandez quelques petits morceaux de beurre; faites cuire pendant une heure au four ou dans une tourtière, feu dessus et dessous. Etant cuite, versez des deux côtés de l'huile fine mêlée avec du verjus ou du vinaigre aux fines herbes.

On peut, avant de faire cuire la brême, la remplir d'une farce aux oignons ou aux fines herbes. Voyez FARCE.

BREZOLLES; subst. fém. pluriel. On nomme ainsi un ragoût fait avec des petits morceaux de viandes qu'on ne veut pas ou qu'on ne peut pas employer autrement; une seule recette suffira pour exemple.

Brezolles de veau. Coupez en filets déliés une rouelle de veau; hachez persil, ciboules, échalottes; mettez la moitié de ces herbes dans une casserole avec du beurre ou de l'huile fine, sel et poudre d'épices; arrangez par-dessus un lit de filets, puis un lit des herbes restantes avec un peu de beurre, encore un lit de filets, et couvrez ce dernier lit de bardes de lard et d'un papier blanc. La casserole étant couverte, faites cuire à petit feu, dessus et dessous, et à moitié de la cuisson, ajoutez un demi-verre de vin blanc. Quand les *Brezolles* seront cuites, vous les dresserez sur le plat, et vous détacherez ce qui reste dans la casserole en y versant un demi-verre de bouillon, pour servir de sauce.

BRIOCHE; subst. fém. Sorte de pâtisserie faite avec de la farine, du beurre, des œufs et du levain. Voyez GATEAU.

Gâteau de brioche. Pétrissez un litron (*) de farine sur une table avec un peu d'eau chaude et demi-once de levûre de bière. Si vous n'avez point de levûre, vous vous servirez d'un morceau de

---

(*) Le litron est une mesure de trente-six pouces cubes.

levain de pain. Enveloppez cette pâte d'un linge, et laissez-la reposer dans un endroit un peu chaud, pendant une heure en hiver, et un bon quart d'heure en été. Remettez-la sur la table avec deux litrons de farine, une livre et demie de beurre, dix œufs, un demi-verre d'eau-rose ou d'eau pure, et une once de sel. Pétrissez le tout par trois fois, saupoudrez de farine et enveloppez cette nouvelle pâte dans une serviette ; laissez-la reposer neuf ou dix heures. Préparez un moule à brioche dont vous enduisez les parois avec une plume trempée dans le beurre fondu, pour y mettre votre pâte. Dorez et faites cuire au four pendant une heure et demie.

Si vous voulez partager cette pâte en petits gâteaux, trois quarts d'heure suffiront pour les cuire.

BROCHET ; subst. masc. Poisson d'eau douce connu par sa voracité, la rapidité de sa croissance et la bonté de sa chair. C'est le tyran des eaux, et on l'appelle même dans quelques pays le *poisson-loup*, parce qu'il détruit une infinité de poissons. Il dévore non-seulement ceux qui sont plus petits que lui, mais encore ceux que sa gueule peut à peine saisir ; il prend ces derniers par la tête et les avale à moitié, en sorte qu'ils s'enfoncent dans son corps à mesure qu'il les digère. Il n'épargne pas même sa femelle et ses petits ; sa bouche est tapissée de dents, et sa langue en est garnie. On sait que dans la première année il parvient à la longueur de huit à dix pouces, dans la seconde il en a douze ou quatorze, et dans la troisième dix-huit ou vingt. On en a vu de huit pieds. Mais le plus remarquable pour la taille est sans contredit celui qui fut pris en 1497 à Kayserslautern dans le Palatinat, qui avait dix-neuf pieds de longueur et qui pesait trois cent cinquante livres. On a peint ce brochet dans un tableau que l'on conserve au château de Lautern, et l'on voit son squelette à Manheim. L'empereur Barberousse le fit mettre en 1230 dans l'étang de Kayserslautern avec un anneau de cuivre passé sous les opercules des ouïes, et qui pouvait s'élargir au besoin. Ainsi il fut pêché 267 ans après. Mais ce n'est pas le brochet seulement que la nature a doué de longévité; elle est commune à presque tous les poissons.

Le *Brochet* se trouve dans toutes les rivières, les lacs et les étangs de l'Europe, sur-tout dans le nord; il est plus rare dans le midi. On le trouve aussi en Asie et en Amérique. On lui donne différens noms suivant sa grosseur; les plus petits s'appellent *brochetons* on *lançons*; les moyens, *brochets*, et les gros, *brochets-carreaux*. Les brochetons se mangent frits, en matelotte ou en fricassée de poulets, et quand le brochet passe le poids de deux livres, on l'accommode d'une infinité de manières dont les principales seront décrites ci-après.

Le foie du brochet est un manger délicat; on mange aussi les laites, mais on doit rejeter les œufs qu'on regarde comme un violent purgatif, et qui sont au moins très-difficiles à digérer.

La tête du brochet se nomme *hure*; mais ce n'est pas la partie de ce poisson la plus estimée, c'est la queue, suivant ce précepte :

A caudâ lucium, carponem a capite lauda,

par lequel on voit que la tête de la carpe est au contraire le morceau qu'il faut choisir.

On a essayé, il y a quelque temps, de châtrer les brochets et les carpes, pour en rendre la chair plus grasse et plus délicate ; mais cette opération, quoique justifiée par le succès, n'a été jusqu'à présent qu'un objet de curiosité. Voyez CARPE.

Brochet ou *brochetons en fricassée de poulets*. Ecaillez, videz et lavez proprement, ayant soin de détacher la membrane vertébrale et le sang qui est dessous ; jetez les intestins, à l'exception du foie dont vous détachez le fiel sans le crêver ; coupez en tronçons plus ou moins gros suivant la taille du brochet ; mettez ces tronçons dans une casserole avec du beurre et une bonne pincée de farine ; passez un moment sur le feu ; mouillez avec de l'eau et un bon verre de vin blanc ; ajoutez un bouquet de persil, des champignons ou des mousserons, du sel, de la poudre d'épices et la moitié d'une gousse d'ail. Faites cuire modérément, et la sauce étant un peu courte, liez-la, sans la faire bouillir, avec deux jaunes d'œufs délayés avec un peu de crême ou de lait, après en avoir ôté le bouquet de persil. Arrangez les tronçons dans le plat, versez la sauce par-dessus et servez.

On peut, avant de lier la sauce, y mettre le jus d'un citron ou un filet de verjus.

Brochet en matelotte. Voyez MATELOTTE.

Brochet frit. Ecaillez, videz et lavez comme ci-dessus; incisez légèrement le dos des deux côtés; saupoudrez de farine mêlée d'un peu de sel fin, et faites frire de belle couleur dans du beurre fondu et bien chaud, ou dans de l'huile bouillante. Servez garni de persil frit.

Si le brochet est gros, on le coupe par tronçons et l'on sépare ces tronçons en filets.

Brochet à la broche. Ecaillez, videz et lavez, comme dans les articles précédens; essuyez légèrement et remplissez le brochet de branches de persil ou d'une farce faite avec des oignons coupés en dés et cuits au beurre sans être roux, trois œufs entiers, le foie et la laite du poisson hachés, champignons ou mousserons aussi hachés, sel et poudre d'épices. Piquez le brochet de menu lard d'un côté seulement, et enfilez-le d'une brochette que vous attacherez à la grande broche, le côté piqué en dehors. Enveloppez-le d'un papier blanc; faites cuire en arrosant avec du beurre fondu et mêlé avec du vin blanc. Etant presque cuit, ôtez le papier, pour lui faire prendre couleur. Faites la sauce avec un petit roux que vous mouillez de celle de la léchefrite, dans laquelle vous avez délayé deux anchois; passez au tamis, ajoutez le jus d'un citron et servez sous le brochet.

Brochet au four ou *dans la tourtière*. Ecaillez, fendez par le ventre, videz et lavez. Coupez par tronçons de cinq à six pouces de longueur, ce qui suppose un brochet de trois ou quatre livres, et piquez-les d'un côté de lard fin; mettez ces tronçons dans une tourtière sur des bardes de lard et faites cuire au four ou sous le couvercle de la tourtière, feu dessus et dessous, jusqu'à ce qu'ils soient d'une belle couleur blonde. Arrangez-les sur un plat long, chacun en son rang, de sorte qu'ils figurent le brochet dans son entier, et servez sur une sauce aux anchois un peu piquante.

Brochet sur le gril. Ecaillez, fendez le ventre, videz, nétoyez et lavez. Remplissez-le d'une farce comme celle du brochet à la broche ci-dessus. Voy. aussi FARCE. Incisez légèrement votre poisson sur le dos des deux côtés, et enduisez-le de beurre fondu après l'avoir frotté avec du sel fin. Saupoudrez-le de farine, et faites-le cuire lentement sur le gril, en l'arrosant de beurre tiède. Quand il est cuit des deux côtés, servez-le sur une sauce blanche aux câpres un peu large.

Brochet au persil ou *au court-bouillon*. Préparez votre brochet comme il est dit et coupez-le en tronçons suivant sa grosseur, en cinq, par exemple, si le brochet est de deux livres. Mettez ces tronçons dans un chaudron bien étamé sur des branches et racines de persil, et couvrez-les de même ; versez de l'eau à fleur des tronçons, et ajoutez beaucoup de sel, une gousse d'ail et poudre d'épices. Faites cuire sur un feu vif, de manière que le bouillon couvre le poisson et le persil pendant neuf à dix minutes, et ensuite plus lentement. Quand le court-bouillon est réduit à la quantité d'une écuelle à peu près, tirez vos coupons, dégagez-les du persil qui s'y est attaché et arrangez-les dans un plat long en forme de brochet. Versez dessus un peu de court-bouillon.

Le brochet cuit de cette manière peut être servi à sec, ou avec une sauce à l'huile et au vinaigre, ou avec une sauce blanche aux câpres. Dans ce dernier cas, on le sert chaud pour entrée.

Quand le brochet est dans le frai, ce qui arrive au printems, le court-bouillon se fait avec du vin blanc et de l'eau.

Brochet en fricandeau. Étant préparé et piqué comme le brochet à la tourtière ci-dessus, mettez les tronçons dans une casserole, le lard en-dessus, avec un jarrêt de veau, bouquet de persil, sel, poudre d'épices et une gousse d'ail. Faites cuire doucement, tirez-les quand ils sont cuits, et continuez à faire bouillir le jarrêt jusqu'à ce qu'il se déchire ; alors ôtez-le, passez la sauce au tamis, faites-la réduire en glace, glacez vos tronçons, arrangez-les sur le plat bout à bout ou à côté les uns des autres. Versez dessous une sauce faite avec le reste de la glace et du bouillon dans lequel vous aurez fait cuire des champignons ou des mousserons.

Filets de brochet sautés. Ecaillez, videz et lavez un brochet moyen d'une livre et demie ou de deux livres; coupez-le par tronçons et parez-en les filets. Mettez ces filets dans le sautoir avec du persil et de la ciboule hachés, du sel et de la poudre d'épices; faites fondre du beurre et versez-le sur vos filets. Quand on voudra servir mettez le sautoir sur un feu vif, et quand le beurre bout, retournez les filets. Etant cuits, inclinez le sautoir pour les séparer du beurre, dressez-les et versez par-dessus une sauce tomate ou une sauce italienne. Voyez à l'article SAUCE.

Brochet entier au court-bouillon. Enfin si l'on veut absolument servir le brochet froid dans son entier, voici l'un des meilleurs procédés.

Ecaillez, fendez le ventre, videz et lavez jusqu'à ce que la dernière eau soit claire; remplissez le ventre de branches de persil, et faites un point ou deux avec du fil, pour l'empêcher de sortir. Jetez dessus du vinaigre bouillant dans lequel vous aurez fait fondre du sel. Mettez-le dans une poissonnière enveloppé d'un linge blanc, avec du vin blanc, du sel, de la poudre d'épices, quelques tranches de citron, des branches et des racines de persil et du thym. Point d'oignons. Quand il est cuit, tirez-le; ôtez son enveloppe, versez dessus deux ou trois grandes cuillerées de court-bouillon, laissez-le refroidir, et le servez sur une serviette pliée, entouré de persil vert.

Les procédés que l'on vient d'indiquer sortent un peu de la routine commune. Voyez, pour plus amples documens, l'article POISSON.

BROCHET-CARREAU; substant. masc. Se dit d'un très-gros brochet.

BROCHETON; subst. masc. Petit brochet.

BROCOLI; subst. masc. Sorte de chou-fleur qui nous vient d'Italie et dont nous ne faisons pas un grand usage.

BRUSSOLLES; subst. fém. pluriel. C'est la même chose que BREZOLLES; voyez ce mot.

BUTOR; subst. masc. Oiseau du genre du héron, et dont la chair était autrefois si estimée que Belon dit dans son vieux langage : *qui veut faire banquet, sert un Butor.* Mais sa peau contient une grande quantité de graisse, ou plutôt une huile âcre, d'un mauvais goût, qui se répand dans les chairs par la cuisson et leur communique une forte odeur de marécage. C'est pourquoi il faut l'écorcher pour le cuire. Rien ne prouve mieux le changement et la variation des goûts dans le choix des comestibles. (*Baillon.*)

C

CABILLAUD ; subst. masc. Morue fraîche, qui s'apprête comme le turbot. Voyez *Turbot au court-bouillon*.

CAFÉ ; subst. masc. Fruit du cafier, qui a la forme d'une fève; c'est cette fève que l'on fait rôtir et que l'on réduit en poudre pour en composer un breuvage que l'on nomme aussi *café*.

Tout le monde prend du *café*, tout le monde fait du *café*, et peu de personnes savent le faire.

Le *café* qui nous vient de Moka passe pour le meilleur; celui de Bourbon vient ensuite, et après le Bourbon, celui de la Martinique. Le *café* de Saint-Domingue est le moins estimé. Quoiqu'il en soit, on peut faire avec le meilleur *café* une mauvaise boisson, et réciproquement on fait une boisson agréable avec du *café* très-médiocre. Le café étant choisi, faites-le griller d'une belle couleur cannelle dans un cylindre tournant ; le *café* trop grillé perd son parfum et donne à la boisson qu'on en tire une couleur noire et un goût amer. Etant réduit en poudre, mettez-le dans une petite chausse d'étamine, et versez dessus une décoction d'avoine mondée ; répétez cette opération jusqu'à ce que la liqueur soit brillante, ce qui se borne à deux ou trois fois. La quantité de *café* en poudre est d'une cuillerée pour une tasse.

On demandera pourquoi on emploie, pour faire le *café*, une décoction d'avoine au lieu d'eau pure: c'est que cette décoction donne à la liqueur l'arome ou le parfum de la vanille qui s'allie très-bien avec celui du *café*, et qui en diminue aussi l'amertume. Pour faire cette décoction, on met une bonne poignée d'avoine dans une cafetière de sept à huit tasses, on le fait bouillir pendant dix à douze minutes.

On fait des crêmes au *café*. Voyez CRÊME.

CAILLE; subst. fém. Oiseau de passage un peu plus gros que la grive ordinaire, qui vient au printems et s'en va au commencement d'octobre. La caille est ordinairement fort grasse en automne, et c'est pour cela qu'on la mange presque toujours rôtie, après l'avoir vidée par la poche. On la fait aussi griller à la crapaudine à cause de l'excès de sa graisse, et elle est excellente de cette manière. Les cuisiniers qui les remplissent de beurre et les couvrent de bardes de lard pour les faire cuire, s'éloignent donc du véritable esprit de la cuisine qui ne permet pas d'ajouter graisse sur graisse, ni de dénaturer le goût primitif des mets par un surcroît d'assaisonnemens. D'ailleurs il faut regorger de cailles pour les mettre en ragoût, pour en faire des sautés, les préparer au fumet de gibier, etc. c'est abuser de l'art, ou plutôt c'est le méconnaître.

Cependant quand on veut les servir en entrée, on peut les faire cuire à la braise comme il suit :

Cailles à la braise. Plumez, videz et retroussez proprement. Remplissez-les d'une farce faite avec blancs de chapon ou avec du veau, faute de chapon, de la moëlle ou de la graisse de bœuf, jaunes d'œufs crus, sel et poudre d'épices. Foncez une casserole à couvercle de légères bardes de lard, sur lesquelles vous mettez des tranches de bœuf; arrangez vos cailles sur ce double lit, et recouvrez-les de tranches de bœuf seulement. Faites cuire doucement, feu dessus et dessous, et quand elles sont cuites et dressées, versez dessus un ragoût de ris de veau, crêtes et champignons, et, à défaut de ce ragoût, un coulis fait avec un roux léger et du jus dans lequel on a fait cuire des champignons ou des mousserons.

CAILLEBOTTE; subst. fémin. Lait caillé, sur lequel on a versé de la crême douce. C'est proprement du fromage à la crême.

CAILLETEAU; subst. masc. Jeune caille. Voy. CAILLE.

CAISSE; subst. féminin. On fait cuire au four, dans la tourtière ou sur le gril divers mets que l'on a arrangés dans des caisses de papier. Ainsi l'on dit, *des cervelles en caisse*, *des palais de bœuf en caisse*, etc. Voyez les articles relatifs à ces mets, aux mots qui leur sont propres.

On donne aussi le nom de caisse aux plats de fayence, de porcelaine ou d'argent, faits en forme de caisse, et dans les quels on sert les hors-d'œuvres.

CAMPINE; subst. fém. Petite poularde. Voyez POULARDE. (*)

CANAPÉ; subst. masc. Sorte de mets composé de tranches ou de filets de mie de pain roulés dans du fromage rapé, et recouverts d'anchois sur lesquels on sème encore de la rapure de fromage. On les arrose d'huile et on fait cuire au four. Ce plat ne plaît guère qu'à ceux qui aiment beaucoup les anchois et le fromage.

CANARD; subst. masc. Sorte d'oiseau aquatique, qu'on distingue en *canard domestique* et *canard sauvage*. Ce dernier est un oiseau de passage qu'on ne voit guère qu'en hiver; on le mange ordinairement rôti, sans le piquer et le barder, et sans autre assaisonnement que du sel, du poivre et le jus d'un citron, qu'on répand sur le canard coupé en filets. Quant au canard domestique qu'on nomme barboteur, on le prépare de diverses manières, parmi lesquelles nous avons choisi celles qui suivent :

Canard à la purée verte. Plumez, videz, flambez un bon canard, après lui avoir coupé la tête. Retranchez les aîlerons et les pattes, et faites-le cuire à la braise. Faites une purée de pois dans

---

(*) Le Cuisinier impérial a pris le mot Campine pour une manière d'apprêter les poulardes, et il appelle *poularde en Campine*, une *Campine en ballon*.

laquelle vous mêlez des épinards cuits, pour la rendre plus verte; assaisonnez cette purée de sel, poudre d'épices et d'une pointe d'ail; mettez-la dans un plat, le canard par-dessus, et servez.

Au lieu d'une purée de pois, on peut mettre sous le canard, cuit comme ci-dessus, une purée de céleri ou de chicorée blanchie, hachée et liée avec du coulis. On peut aussi le servir avec un ragoût de navets coupés de la grosseur d'une noix, passés au beurre ou au saindoux, et mouillés ensuite avec du coulis. Dans tous ces cas on peut employer avec avantage le résidu de la braise.

Canard aux olives. Le canard étant préparé comme ci-dessus, mettez-le dans une casserole avec du beurre ou du saindoux, et faites-lui faire quelques tours sur le feu. Retirez-le, mettez dans la casserole un oignon coupé en dés, et quand il commence à roussir, ajoutez une pincée de farine; quand le tout a pris couleur, mouillez avec du bouillon ou avec de l'eau; après quelques bouillons, passez au tamis et versez sur le canard. Assaisonnez de sel, poudre d'épices et d'une pointe d'ail; faites cuire à petit feu. Pendant la cuisson, tournez des olives que vous passez à l'eau bouillante pour les mettre ensuite avec le canard, que vous servirez après avoir versé par-dessus les olives avec leur sauce.

La Sarcelle, la Foulque ou Morelle, la Poule d'eau, les Poulets et les Perdrix s'apprêtent de la même manière.

Canard aux petits pois. Mettez dans une casserole votre canard préparé comme ci-dessus, avec des lardons de lard un peu gros et une pincée de farine, et faites-lui faire quelques tours sur le feu. Dès qu'il y a pris couleur, mouillez avec du bouillon ou du jus, et à défaut de l'un et de l'autre, avec de l'eau; assaisonnez de sel et poudre d'épices; ajoutez vos petits pois; couvrez la casserole et faites cuire à petit feu. Etant cuit, dressez le canard, liez les petits pois avec deux jaunes d'œufs et versez par-dessus.

Si vous avez du coulis, employez-le, au lieu de jaunes d'œufs, pour lier les petits pois.

CANE; subst. fém. C'est la femelle du canard; on l'apprête de même.

CANNELLE; subst. fém. C'est l'écorce d'un arbre qui croît dans l'île de Ceylan, et qu'on appelle *Cannelier.* On choisit la plus odoriférante, la plus mince et la plus colorée. La *Cannelle* entre plus dans les préparations officinales que dans celles de la cuisine.

CAPILOTADE; substant. fém. Sorte de ragoût fait avec des viandes rôties.

Coupez votre viande en petits morceaux minces, ou si c'est une volaille, dépécez-la par membres. Mettez-la dans une casserole avec du beurre, de la chapelure fine, sel, poudre d'épices, pointe d'ail, ciboules et persil hachés; mouillez avec du bouillon, ou du jus, ou de l'eau, et faites faire quelques tours sur le feu jusqu'à ce que la sauce soit liée ; ajoutez sur la fin un filet de vinaigre ou de verjus, et servez.

Capilotade de lièvre ou *de lapin.* Elle se fait de même que la précédente, sinon que le mouillement est composé de parties égales de vin blanc et d'eau, qu'il ne faut pas laisser bouillir le ragoût, et qu'on ajoute sur la fin des échalottes hachées avec un filet de verjus.

CAPRE ; subst. fém. C'est le bouton de la fleur du câprier, que l'on cultive beaucoup en Provence, et sur-tout entre Toulon et Marseille. Le câprier est un arbuste originaire de l'Asie. On confit les *câpres* dans du vinaigre, et les plus petites sont les plus estimées ; elles doivent être d'une couleur verte tirant sur le gris. Quelques marchands, pour leur donner une couleur plus verte, emploient le cuivre, ce qui les rend très-dangereuses. On fait un grand usage des *câpres* dans les sauces en gras et en maigre.

CARAMEL ; subst. masc. C'est le sucre réduit au dernier degré de cuisson, ce qui arrive quand il commence à brûler et qu'il a pris une belle couleur cannelle. Il faut l'arrêter là très-promptement. On n'emploie guère le caramel en cuisine que dans les sauces auxquelles on veut donner cette couleur, quand on ne peut faire autrement ; on le mouille avec de l'eau bouillante ou du bouillon très-chaud, dans lequel on le fait fondre.

CARBONNADE ; subst. fém. Viande cuite sur le gril ; c'est la même chose que grillade. Voyez GRILLADE et CRAPAUDINE.

Le Cuisinier impérial appelle *carbonnades* des morceaux de mouton pris entre la dernière côte et le gigot, et il donne quatre manières d'accommoder cette partie du mouton ; mais ce n'est pas telle partie d'un annimal qui fait la *carbonnade*, c'est parce qu'elle est cuite sur le gril ou le charbon, comme son nom le désigne. Nous allons donner la seule de ces quatre manières que l'on puisse nommer *carbonnade*, et qui est encore assez loin d'une *carbonnade* proprement dite.

Carbonnades de mouton à l'anglaise. Prenez la partie du filet comprise entre la dernière côte et le gigot ; il en faut trois ou quatre de la longueur de quatre ou cinq pouces. Faites-les mijoter pendant trois heures dans une casserole foncée de bardes de lard et de tranches de veau avec sel, poudre d'épices, bouquet de persil et de thym, et une bonne cuillerée à pot de bouillon. Quand elles sont cuites, égouttez-les, trempez-les dans du beurre tiède et panez. Laissez refroidir, cassez trois œufs dans le beurre restant, enduisez de ce mélange vos carbonnades avec un bouquet de plumes, et repanez-les une demi-heure avant de servir ; mettez-les sur le gril à un feu doux, et couvrez-les d'un couvercle de tourtière pour leur faire prendre couleur par-dessus. Dressez-les sur un jus clair ou une sauce tomate et servez.

CARDES; subst. fém. pluriel. Côtes qui se trouvent au milieu des feuilles de l'artichaut et de la poirée, et l'on choisit les plus blanches et les plus épaisses.

Cardes à la sauce blanche. Epluchez et coupez-les de la longueur de trois ou quatre pouces. Faites-les blanchir jusqu'à ce qu'elles soient molles, et les ayant tirées et égouttées, faites-les mitonner dans une sauce blanche faite avec du beurre, de la farine, de l'eau, un filet de vinaigre, sel et poudre d'épices, et liée sur le feu.

Cardes au jus, au consommé, au velouté. Epluchez, coupez et faites cuire comme ci-dessus. Etant égouttées, faites-les mitonner dans un bon jus lié avec de la farine, ou dans un consommé, ou dans un velouté, le tout assaisonné convenablement.

CARDON; subst. masc. Plante légumineuse qui ressemble à l'artichaut, mais qui ne porte point de fruit. On en mange les côtes préparées comme il est dit pour les cardes.

CAROTTE; subst. fém. Plante potagère dont la racine est d'un grand usage dans l'économie domestique. Tout le monde la connaît et sait de quelle ressource elle est dans les cuisines. Il n'y a pas de pot au feu où l'on ne mette une ou plusieurs carottes entières ; on la sert ainsi cuite autour du bouilli, et elle entre dans la composition des jardinières, des juliennes et d'autres potages. On peut la servir en purée sous un fricandeau, et avec plusieurs mets dont elle peut être l'accompagnement.

Ragoût de carottes. Coupez et tournez vos carottes, c'est-à-dire, coupez-les d'abord en morceaux de seize à dix-huit lignes en longueur, et ensuite ces morceaux en quartiers auxquels vous donnez la forme d'un rognon, qui a par conséquent seize à dix-huit lignes de longueur. Faites-les cuire dans l'eau bouillante pendant un bon quart-d'heure, et ensuite dans la casserole avec du bouillon ou de l'eau, un verre de vin blanc, un bouquet de persil, sel et poudre d'épices. Liez avec un peu de coulis, et servez le ragoût, ou seul, ou avec les mets que vous jugerez à propos.

A défaut de coulis, faites un roux léger d'oignons et de farine, mouillé et assaisonné comme ci-dessus et passé au tamis, dans lequel vous ferez cuire vos carottes.

Carottes à la sauce blanche. Etant coupées et tournées comme dans l'article précédent, faites-les cuire dans l'eau bouillante, et étant égouttées, faites-les mitonner dans une sauce blanche faite avec du beurre, de la farine, un petit filet de vinaigre et un peu de sel, et dans laquelle on ajoute du persil haché quand elle a été liée sur le feu.

Carottes à la crême. Pelez et coupez en morceaux plusieurs carottes pour les faire cuire à l'eau. Etant cuites, passez-les à la passoire, et mettez dans la purée un peu de beurre, beaucoup de crême épaisse, sel, poudre d'épices et un peu de persil haché. Foncez légèrement de beurre un plat qui aille au feu; mettez-y vos carottes en leur donnant la forme d'un dôme; panez de mie fine parsemée de petits morceaux de beurre, et faites cuire au four ou sous le couvercle d'une tourtière.

CARPE; subst. fém. Poisson d'eau douce fort connu. On le trouve dans les rivières, les lacs et sur-tout dans les étangs, où on l'a rendu, pour ainsi dire, domestique. C'est dans les eaux qui coulent lentement qu'il se plaît le plus, et dans les eaux les plus pures que sa chair a le plus de délicatesse. Les *carpes* du Rhin sont renommées; mais elles sont aussi bonnes et meilleures même dans les étangs alimentés par des eaux vives. La *carpe* grossit promptement, et parvient quelquefois à une grosseur étonnante. On cite une carpe de quatre pieds de long, qui pesait quarante-cinq livres, et une autre qui pesait soixante-dix livres, et l'on dit en avoir vu en Lusace, qui avaient deux cents ans d'âge.

On a imaginé en Angleterre de châtrer les carpes, mâles et femelles, pour les rendre plus grosses et plus délicates. Cette opération est si barbare qu'on n'ose presque la conseiller ni même la décrire. On choisit le moment qui précède le frai, lorsque les ovaires sont remplis; on fend le ventre de la carpe depuis l'anus jusqu'aux nageoires ventrales, on écarte l'ouverture de manière à pouvoir couper les ovaires, sans blesser les intestins et l'artère, et on recoud le ventre. Cette castration des carpes-chapons effraierait sans doute, si l'on n'était pas persuadé que ces chapons à écailles n'ont pas autant de sensibilité que les chapons en plumes, qui meurent quelquefois après avoir subi cette opération. Mais rien n'effraie notre gourmandise, quoique nous n'égalions pas les Romains sur cet article.

La *carpe* est sans dents et sans langue; mais elle a un palais charnu que l'on prend pour sa langue, ce qui fait que les gourmands préfèrent la tête aux autres parties de ce poisson, comme nous l'avons dit en parlant du brochet. Nous dirons à l'article **POISSON**, combien l'art du cuisinier est au-dessous de la perfection dans la préparation, l'assaisonnement et le service du poisson en général.

Etuvée de carpe. Ecaillez et lavez votre *carpe*; ouvrez le ventre depuis l'anus jusqu'à la tête; videz-la sans laver l'intérieur, ôtez la vessie ainsi que le fiel, après l'avoir détaché du foie, ayant soin de ne pas le crever, parce que la liqueur qu'il renferme gâterait tout par son amertume. Si cela arrive, il faut laver les parties qui en seront atteintes. Coupez la carpe par tronçons, suivant sa grosseur, en cinq, par exemple, si la carpe est d'une à deux livres. Retranchez avec de forts ciseaux les nageoires et la moitié de la queue. Mettez les tronçons et le dedans de la carpe dans une casserole avec le mouillement d'un roux d'oignons et de farine, passé au tamis, composé de vin blanc ou d'eau et assaisonné de sel, poudre d'épices et gousse d'ail. Ajoutez champignons ou mousserons et racines de persil. Faites cuire et réduire la sauce à la quantité convenable, et servez confusément, le tour du plat garni de mies frites. Voyez ROUX et CROUTE.

Carpe en matelotte. La carpe n'étant que partie intégrante d'une matelotte, voyez ce mot.

Carpe au bleu. Ainsi nommée, parce que dans la cuisine actuelle on ne l'écaille point pour la cuire, et qu'on la soumet à la douche d'un vinaigre bouillant pour la rendre bleue et lui conserver l'apparence d'une carpe vivante. C'est à peu près comme si l'on servait un sanglier avec sa robe, pour le rendre plus agréable. Ceux qui aiment le bon poisson et qui sont flattés d'un peu de propreté, préféreront sans doute la manière suivante qui réunit ces deux avantages :

Carpe au persil ou *au court-bouillon.* Prenez une carpe grosse et de bonne qualité; écaillez, ouvrez par le ventre, videz, nétoyez le dedans et lavez, coupez en cinq ou six tronçons, et faites cuire dans un chaudron étamé sur des branches et des racines de persil, avec moitié vin blanc et moitié eau, deux gousses d'ail, trois ou quatre échalottes entières, du sel, de la poudre d'épices et un bouquet de persil, de ciboules et de thym. Menez à feu vif, afin que les bouillons couvrent le poisson pendant dix à douze minutes, et ensuite plus lentement, jusqu'à ce que le court-bouillon soit réduit à la contenance d'une écuelle; tirez les coupons avec précaution, ôtez-en le persil qui s'y est attaché, et arrangez-les sur un plat long couvert d'une serviette pliée, chacun en son rang; de manière qu'ils figurent la carpe comme si elle était entière. Entourez-les de persil vert et servez-les à sec pour entremets.

Il est inutile de dire que la laitance de la carpe se sert à ses côtés; on peut même servir les œufs, parce que beaucoup de personnes les aiment.

Carpe au four ou *dans la tourtière*. Voyez *Brochet* sous la même dénomination.

Carpe sur le gril. Ecaillez, ouvrez, videz et lavez proprement. Ayez une farce faite avec des oignons coupés en dés et cuits dans du beurre, sans être roux, quatre œufs, blanc et jaune, quelques mousserons, du persil haché, sel et poudre d'épices. Cette farce étant cuite en consistance d'œufs brouillés, emplissez-en votre carpe et cousez-la; incisez légèrement sur le dos et frottez-la avec du sel et du beurre tiède; saupoudrez de farine, et mettez-la sur le gril pour y cuire lentement, arrosée de temps en temps avec du beurre tiède. Etant cuite, servez-la sur une sauce blanche aux câpres un peu large.

Carpe en fricandeau. Voyez *Brochet* sous la même dénomination ; la carpe s'accommode de même.

Carpe en fricassée de poulets. Comme le brochet ainsi apprêté. Voyez cet article.

Carpe frite. Etant écaillée et lavée, fendez-la par le dos d'un bout à l'autre ; ôtez l'amer et la vessie et applatissez la grosse arête avec le rouleau, farinez-la ainsi que la laitance ou les œufs, et faites frire le tout dans une friture bien chaude. Servez sur une serviette pliée, avec persil frit.

Carpe en farce. Ecaillez, videz et lavez une carpe laitée ; coupez la tête près de l'opercule des ouïes, et la queue à un pouce au-dessus de sa jonction avec le corps. Hachez la chair et le foie de la carpe avec celle d'une petite anguille ou d'autres poissons ; ajoutez-y un peu de beurre, du sel, de la poudre d'épices, des champignons hachés, des fines herbes aussi hachées, de la crème, de la mie de pain fine et quatre jaunes d'œufs. Mêlez le tout et faites-en une farce que vous mettrez dans une tourtière foncée de beurre sur une tranche de mie de pain de l'épaisseur de deux à trois lignes, et à laquelle vous donnerez la forme d'une carpe en ajoutant aux deux bouts la tête et la queue que vous avez coupées. Panez ensuite de mie fine votre farce étendue et figurée en carpe, et parsemez-la de plusieurs petits morceaux de beurre. Placez à côté la laitance sans la paner. Faites cuire au four ou sous le couvercle de la tourtière, et quand elle est cuite et de belle couleur, transportez-la avec sa tranche de pain sur un plat long, mettez-y aussi sa laitance, versez de chaque côté une large sauce aux câpres et servez.

On peut, au lieu d'une sauce blanche, employer une sauce rousse avec champignons ou mousserons.

Carpe entière au bleu ou *au court-bouillon.* Si l'on veut absolument cuire une carpe au bleu dans son entier, voici comment il faut procéder:

Ecaillez, videz et lavez proprement; remplissez le corps de la carpe, à la place de ce que vous en avez tiré, de branches de persil et d'un peu de thym, sans beaucoup presser, mais de manière qu'elle paraisse encore pleine, et cousez le ventre au milieu, d'un point ou deux, pour empêcher ce bouquet de sortir. Mettez la carpe dans une poissonnière sur le support de fer blanc dont ces vases sont ordinairement accompagnés. Voy. POISSONNIÈRE. Votre poisson étant ainsi placé, mouillez-le avec de l'eau et du vin blanc en parties égales; ajoutez sel, poivre, trois gousses d'ail et trois ou quatre échalottes. A moitié de la cuisson, tirez votre carpe par le moyen du support; retournez-la sens dessus dessous sans l'endommager; remettez-la dans la poissonnière; et quand elle est tout-à-fait cuite, retirez la poissonnière, et laissez-y refroidir la carpe dans son court-bouillon. Alors mettez-la sur un plat, et versez dessus plein une cuiller à pot de ce court-bouillon. Etant tout-à-fait froide, ôtez le bouquet du ventre, et servez sur une serviette pliée sur un plat long, avec persil vert.

Si la poissonnière dont on se sert n'avait pas de support, il faudrait envelopper la carpe d'un linge et la lier de plusieurs tours de ficelle, au moyen de quoi on pourrait facilement enlever la carpe.

Il y a encore beaucoup d'autres manières d'apprêter la carpe; mais elles ne méritent pas d'être décrites, et d'ailleurs elles rentrent plus ou moins dans celles que l'on vient d'indiquer.

CARPEAU, subst. masc. Petite carpe.

A Lyon on donne aussi ce nom à une carpe dont la chair est plus délicate que celle de la carpe ordinaire, dont elle diffère par son corps plus court, sa tête plus obtuse et plus large, ses lèvres et son dos plus épais, et son ventre plus applati. On ne trouve, dit-on, des carpeaux que dans le Rhône, la Saône et les étangs de la Bresse et de Dombes; ils sont plus recherchés dans ce pays-là, et quand ils sont gros, ils n'ont point de prix. Il a été constaté que ce poisson n'est qu'une carpe mâle, privée dans sa jeunesse de la faculté de se reproduire, par une espèce de castration; et il est très-probable que cette castration naturelle a lieu aussi dans les autres rivières de France, (*) mais qu'on n'y fait pas

---

(*) C'est ce qui arrive en effet, non-seulement dans les rivières, mais aussi dans les étangs. J'ai vu plusieurs de ces *carpeaux* ou *car-*

d'attention. (*Nouveau Dictionnaire d'Histoire naturelle.*)

CARRÉ DE MOUTON ; se dit de la partie du quartier de devant d'un mouton, dont on a séparé l'épaule et le collet. Ainsi un carré de mouton comprend la moitié du filet et des côtes, depuis le collet jusqu'à la cuisse. On sait que c'est de cette pièce que se tirent les côtelettes, en la coupant entre les côtes depuis les petites près du collet jusqu'à la plus grande et la dernière ; au-delà de celle-ci est une partie de filet qu'on apprête de diverses manières, après l'avoir appropriée et piquée de lard fin. On peut la faire rôtir, la mettre dans la tourtière, ou la faire cuire en fricandeau. Voy. COTELETTE et FRICANDEAU. C'est cette partie du filet qu'on nomme improprement *Carbonnade*.

On appelle aussi *Carré de veau* la pièce semblable prise dans cet animal.

CARRELET ; subst. masc. Poisson de mer fort plat, taillé en losange comme le turbot ; il est blanc d'un côté et grisâtre de l'autre, avec de petites taches rouges. On mange beaucoup de carrelets à Paris ; il s'accommode comme les autres poissons plats, la limande, la plie, la sole, et la

---

po-mulets pêchés dans la Moselle et quelques étangs de la Lorraine, qui n'avaient ni œufs ni laites, et qui étaient plus délicats que les autres carpes.

manière la plus ordinaire est de les faire griller, ou frire. Voyez LIMANDE.

CASSEROLE ; subst. fém. Ustensile dont on connaît le grand usage dans les cuisines. C'est un vase de métal, presque toujours d'airain, dont le fond a peu de concavité, de forme cylindrique, un peu évasé, dont les bords sont moins élevés que ceux des marmites et des braisières, étamé en dedans et muni d'une queue de fer, au moyen de laquelle on le manie facilement. On fait des *casseroles* de fer étamé; mais les cuisiniers en rejettent l'usage, quoiqu'elles ne soient pas sujettes aux inconvéniens qui résultent du vert de gris dans celles d'airain. On a encore imaginé de faire des *casseroles* d'airain, doublées d'argent dans l'intérieur ; mais cette fabrication ne remplit qu'imparfaitement l'objet qu'on se propose, qui est de soustraire cet ustensile au vert de gris ; car l'argent contient toujours un peu de cuivre, et d'ailleurs la surface extérieure demeure exposée à la négligence des gens de cuisine. Enfin on fait des *casseroles* d'argent seulement, qui ne servent que sur la table, pour certains mets qui se distribuent facilement, et dont on veut conserver plus long-temps la chaleur.

On adapte à quelques *casseroles* des couvercles à rebords, sur lesquels on peut mettre de la braise ; ces *casseroles* servent à la cuisson des objets susceptibles d'en prendre et d'en conserver la forme, comme gâteaux de riz et de noulles, pains de hachis et de pommes, etc. Elles servent aussi aux braises et à la confection des mets pour lesquels il faut un feu lent.

CASSEROLE ou CASTROLE; subst. fém. Se dit d'une sorte de mets apprêté avec du riz, comme il suit:

Faites cuire à la braise telle pièce de viande que vous voudrez, mais particulièrement du mouton; dressez-la sur un plat un peu creux, et couvrez-la d'un riz un peu épais et bien assaisonné, cuit avec du bouillon et du lard; versez dessus un peu de lard fondu et unissez la surface avec la lame d'un couteau, en forme de dôme; faites cuire dans un four bien chaud, afin qu'il se forme une croûte croquante et dorée. Servez à sec.

CATCHUP; subst. masc. Mot emprunté de la cuisine anglaise, par lequel on désigne le suc extrait des champignons ou d'autres végétaux, mêlé ensuite avec du vin et assaisonné de sel et d'épices. On trouve dans le Cuisinier anglais les procédés à suivre pour faire le *catchup* de champignons et celui de noix vertes, qui, je crois, ne peut être très-agréable aux Français, ni pour les yeux ni pour le goût. Voyez CHAMPIGNON.

CÉLERI; subst. masc. Plante potagère dont on distingue deux espèces dans les cuisines, le *céleri long* et tendre qu'on mange en salade, et le *céleri-*

navet qui entre aussi dans les salades, coupé en tranches, et qu'on apprête de diverses manières, soit au roux, soit à la sauce blanche, soit en friture.

Céleri au roux. Si les racines sont grosses, coupez-les par quartiers, autrement laissez-les entières en leur donnant la forme d'une poire ou d'un petit navet; faites-les cuire dans l'eau, puis mettez-les dans une casserole avec un coulis clair de veau et de jambon; faites mitonner quelques minutes, et liez ensuite avec un morceau de beurre manié de farine. Si vous n'avez pas de coulis, vous y suppléerez par un roux léger d'oignons et de farine, et dans ce cas il n'y aura pas de liaison à faire.

Céleri à la sauce blanche. Vos racines étant cuites à l'eau comme ci-dessus, faites-les mitonner dans une sauce blanche faite avec du beurre, de la farine, du lait, un filet de vinaigre, sel et poudre d'épices, le tout lié sur le feu.

Céleri frit. Coupez les racines en quartiers et faites-les cuire à l'eau. Etant égouttées, trempez-les dans une pâte claire (voyez *Pâte à frire*) et faites-les frire d'un roux clair. Servez à sec garnies de persil frit.

CERCIFIS; subst. masc. Plante potagère connue aussi sous le nom de SALSIFIS. Voyez ce mot.

CERF; substant. masc. Quadrupède sauvage, le plus bel animal de nos forêts, où il est maintenant très-rare. La chair du faon ou jeune *cerf* est fort bonne à manger, et s'apprête comme celle du chevreuil. Voyez CHEVREUIL. La chair du daguet, ou du jeune *cerf* jusqu'à deux ans, n'est pas mauvaise, et s'apprête de même. Mais celle des *cerfs* au-dessus de cet âge a un goût désagréable et fort; on ne peut la manger qu'en pâté, voyez PATÉ, ou en daube bien assaisonnée et cuite dans du vin blanc, ou en ragoût comme ci-après.

La perfection de l'art alimentaire nous a suggéré l'idée de faire subir la castration au cerf, pour rendre sa chair plus propre à figurer dans nos alimens. En effet, le cerf coupé devient plus doux et plus tranquille, et il n'éprouve plus les ardeurs du rut; il acquiert plus de grosseur et sa chair se conserve plus fraîche, tandis que celle des cerfs entiers infecte lorsqu'ils sont en rut. Nous avons déjà parlé de la castration des brochets et des carpes. Ceux qui admirent les découvertes modernes ont beau jeu pour ranger celle-ci parmi celles qui attestent la perfectibilité de l'esprit humain. Mais j'oublie que je parle de cuisine.

Cerf en ragoût. Prenez une pièce de la culotte et lardez-la de gros lard. Passez à la casserole avec du lard fondu, et faites cuire long-temps à petit feu avec portion égale de vin blanc et d'eau, sel, poudre d'épices, deux gousses d'ail et un bouquet de persil et de thym. Quand elle est cuite, liez la sauce avec de la farine délayée dans du jus; ajoutez câpres, anchois et le jus d'un citron ; versez sur la pièce et servez.

Gelée de corne de cerf. Voyez GELÉE.

CERFEUIL ; subs. masc. Plante potagère et aromatique, dont on fait beaucoup d'usage en cuisine, sur-tout au printems. Le cerfeuil entre dans tous les bouillons gras et maigres, dans les farces, dans les omelettes, etc. On le sert sur les salades printannières.

On appelle *Cerfeuil musqué* une espèce de cerfeuil qu'on cultive aussi dans les jardins, et qu'on trouve dans les Alpes et dans les montagnes de la Suisse. Cette plante est vivace et s'élève à trois ou quatre pieds ; on l'emploie aux mêmes usages que le cerfeuil commun, son parfum est encore plus agréable et ressemble un peu à celui de l'anis.

CERVELAS ; subst. masc. Espèce de saucisse grosse et courte, remplie de chair de porc hachée et assaisonnée de sel et d'épices.

On fait aussi des *Cervelas* avec d'autres viandes, et même avec de la chair de poisson.

On voit que le cervelas n'est qu'une imitation bonne ou mauvaise de la saucisse, suivant l'art du cuisinier. Voyez SAUCISSE et SAUCISSON.

CERVELLE ; subst. fém. C'est la partie blanche, molle et spongieuse du cerveau. On mange les cervelles de bœuf, de veau, de mouton, d'agneau et de porc, préparées de diverses manières.

Cervelles en caisses. Faites dégorger vos cervelles dans de l'eau tiède, et coupez chaque cervelle en deux, trois ou quatre morceaux, suivant sa grosseur; faites mariner ces morceaux dans de l'huile fine, le jus d'un citron, du sel, de la poudre d'épices, du persil, des ciboules et une gousse d'ail hachés; ajoutez des champignons, si vous en avez. Mettez ces cervelles avec leur marinade dans de petites caisses imbibées d'huile, foncées et recouvertes d'une petite barde de lard; faites cuire à petit feu dans une tourtière, feu dessus et dessous, et servez sans les sortir des caisses.

Cervelles à la provençale. Faites dégorger vos cervelles dans de l'eau tiède; arrangez-les dans une tourtière sur des bardes de lard, versez dessus un peu d'huile et couvrez-les de mie fine. Faites cuire dans la tourtière, à petit feu dessus et dessous; et pendant qu'elles cuisent, faites une sauce avec un peu de bouillon, un demi-verre de vin blanc, un peu d'huile, de la mie fine, sel et poivre, persil, ciboules, échalottes et une gousse d'ail hachés; après quelques bouillons, ajoutez le jus d'un citron ou d'une bigarade; versez cette sauce sur le plat et arrangez-y vos cervelles cuites et de belle couleur.

On emploie ordinairement pour ce mets, des cervelles de veau; mais on peut aussi se servir de celles de bœuf, de mouton ou de porc.

Cervelles en matelotte. Faites un roux d'oignons coupés en dés et passés au beurre avec de la farine, comme pour la carpe à l'étuvée. Voyez CARPE et ROUX. Mouillez de vin blanc et de bouillon en parties égales, faites bouillir un moment et passez au tamis clair en exprimant légèrement; mettez-y vos cervelles avec sel, poudre d'épices, une pointe d'ail et des échalottes hachées. Faites cuire doucement, et sur la fin ajoutez un peu d'huile. Servez-les entourées de mies frites.

Cervelles frites. Dégorgez et faites blanchir vos cervelles; coupez-les en plusieurs morceaux et faites-les mariner pendant deux heures avec sel, poivre et vinaigre. Enduisez-les ensuite dans des œufs battus, panez de mie de pain très-fine et faites-les frire de belle couleur. Servez garnies de persil frit.

Cervelles en fricassée de poulets. Dégorgez et faites blanchir; procédez ensuite comme pour la fricassée de poulets. Voyez POULET.

CHAMPIGNON; subst. masc. Plante spongieuse qui diffère essentiellement des autres végétaux et qui ne s'en rapproche que par sa manière de croître. Tout le monde connaît les champignons, on sait combien ce mets est dangereux; mais la sensualité l'emportera toujours sur le danger, et le goût ne s'en passera que quand ils ne croîtront plus.

Ce mets n'est que de pure gourmandise, puisqu'il est prouvé qu'il ne peut servir d'aliment. On distingue les champignons en champignons vénéneux et en champignons bons à manger, et il est reconnu que ces derniers peuvent devenir nuisibles. Il n'en est qu'un peut-être auquel on ne puisse faire aucun reproche ; c'est le mousseron, ainsi nommé parce qu'il vient sous la mousse et les feuilles mortes qui couvrent le sol des bois au printems. Il est inouï qu'il ait causé le moindre accident dans les pays où il croît. Voy. MOUSSERON.

On prévient en partie les accidens causés par les champignons, en les lavant dans de l'eau froide, en les faisant blanchir ensuite dans une nouvelle eau, et en mettant dans les mets qui en sont accompagnés, du vin, du vinaigre, du verjus ou du jus de citron. Quand on éprouve les symptômes du mal occasionné par leur usage, il faut employer sur-le-champ les délayans, les huileux, les acides et sur-tout les émétiques. Il faut recommander encore, dans le choix des champignons, ceux qu'on fait venir sur couche et ceux qui viennent dans des friches ou des prés élevés, et dont le feuilleté est de couleur rose pâle. Quand ce feuilleté est noirci, c'est une preuve que ce champignon est vieux ; on doit alors le rejeter, ainsi que tous ceux qui n'ont aucune marque de fraîcheur. Mais bornons-nous ici aux préceptes de la table, sans trop anticiper sur ceux de l'art de guérir.

Champignons en fricassée de poulets, ou *croûtes aux champignons*. Faites blanchir vos champignons ; passez-les au beurre avec une bonne pincée de farine ; mouillez peu avec de l'eau ou du bouillon ; ajoutez bouquet de persil, sel, poudre d'épices et une demi-gousse d'ail. La sauce étant réduite, liez-la, sans la faire bouillir, avec deux jaunes d'œufs délayés dans de la crême ; exprimez le jus d'un citron, et servez sur des tranches de mie frites de belle couleur dans du beurre fondu, et épaisses de trois à quatre lignes.

Les champignons au coulis d'écrevisses se font de même ; mais on n'y met pas de farine, le coulis sert de liaison.

Champignons au lard, ou *ragoût de champignons*. Épluchez, lavez et faites blanchir vos champignons ; mettez-les dans une casserole avec du lard coupé en petits lardons et un peu de farine ; passez un moment sur le feu ; mouillez avec du jus et du vin blanc ; ajoutez bouquet de persil, sel et poudre d'épices. Faites cuire à petit feu et servez ou pour entremets ou pour garniture.

Œufs brouillés aux champignons. Voy. OEUF.

Poudre de champignons. Prenez de bons champignons, épluchez et faites sécher au four, le pain tiré. Pilez dans un mortier, passez au tamis de crin, repilez ce qui n'a pas passé et mettez cette poudre dans une boîte bien fermée et dans un endroit sec. On s'en sert pour tous les ragoûts, quand on n'a pas de champignons frais. C'est la seule bonne manière de conserver cet assaisonnement ; mais cette poudre ne vaut pas les mousserons séchés dans leur entier.

Catchup de champignons. Catchup est un mot anglais qui désigne ici un extrait de champignons secs, fait avec du vin et assaisonné de poudre d'épices, de gingembre et d'un peu de sel. On fait bouillir cet extrait jusqu'à réduction d'un tiers, on le laisse reposer pendant vingt-quatre heures, et on le soutire pour le mettre en bouteille. Cette recette prouve que nous n'avons pas grand'chose à emprunter des Anglais dans ce genre.

CHABOT; subst. masc. Petit poisson de rivière, qui a quatre à cinq pouces de longueur, sans écailles, et dont la tête est grosse et applatie. Le chabot aime les eaux vives et dont le fond est pierreux; les enfans le prennent assez ordinairement en le piquant avec une fourchette de fer, après avoir soulevé doucement la pierre sous laquelle il est caché. On le nomme aussi *têtard* à cause de sa grosse tête, et *baveux* à cause de la viscosité dont il est enduit. Sa chair est très-délicate, on le mange frit ou cuit au bleu, après l'avoir vidé et bien lavé et lui avoir ôté la tête.

CHAPELURE; subst. fém. Rapure ou poudre de croûte de pain dont on se sert quelquefois pour colorer et lier les sauces, à défaut de coulis et de jus. On doit éviter de l'employer au lieu de mie, pour paner les mets que l'on fait cuire sur le gril, au four et dans la tourtière, parce qu'il en résulte une couleur noire ou trop brune.

On fait de la *chapelure*, soit en rapant la croûte

supérieure d'un pain bien cuit, soit en pilant dans un mortier des croûtes qu'on a fait recuire pour les rendre plus sèches et leur donner plus de couleur.

CHAPON; subst. masc. Coq auquel on a ôté ses testicules pour lui donner plus d'embonpoint et rendre sa chair plus délicate. Le chapon qui a passé sept à huit mois, ne peut plus se manger à la broche; mais il est excellent pour les bouillons et pour les daubes. Ce que nous dirons ici du *chapon* doit s'entendre aussi de la poularde qui n'est qu'une jeune poule engraissée.

Chapon rôti. Plumez, videz, remettez le foie dans le ventre, retroussez et ficelez; coupez les pattes et les ailerons, couvrez l'estomac d'une large barde et faites rôtir. Servez à sec, couvert de sa barde, ou avec une sauce faite avec de l'eau bouillante dans laquelle on a mis quelques zestes et le jus d'une bigarade, du sel et du poivre.

Chapon à la braise ou *dans la tourtière.* Prenez du lard blanchi, deux oignons cuits sous la cendre, un peu de tétine de veau ou de graisse de bœuf, un peu de jambon, persil et ciboules, champignons ou mousserons; hachez le tout et faites faire deux ou trois tours sur le feu. Ajoutez sel et poudre d'épices et trois œufs entiers battus; brouillez et faites cuire cette farce, sans la rendre trop sèche; vous en remplirez votre chapon. Ainsi préparé, vous le ferez cuire dans une braise à feu lent (Voyez BRAISE.), et vous le servirez avec le jus qui en sera sorti, amplifié d'un peu de jus ou de bouillon et du jus d'un citron. Ou bien faites-le cuire doucement dans une tourtière sur des bardes de lard; dressez-le sur un plat et versez dessus une sauce brune ou un ragoût de riz de veau et de champignons.

Chapon au coulis d'écrevisses. Étant préparé et cuit dans une braise ou dans une tourtière comme il est dit à l'article précédent, servez-le, couvert d'un coulis et de queues d'écrevisses.

Chapon farci à la daube. Faites une farce avec du veau, du lard, une pointe d'ail, du persil, sel et poudre d'épices; liez cette farce avec deux jaunes d'œufs crus, et remplissez-en votre chapon, puis mettez-le dans une braisière proportionnée avec un jarret de veau, du vin et de l'eau également, et assez pour qu'il en soit couvert. Assaisonnez de sel, poudre d'épices et d'un bouquet de persil et de thym. Retirez-le quand il est cuit, et, ayant fouetté deux blancs d'œufs avec une cuillerée de court-bouillon, jetez ces blancs dans la braisière et mêlez en fouettant; ajoutez quelques zestes de citron et faites bouillir pendant huit ou dix minutes, ou plus long-temps encore si le court-bouillon n'est pas assez réduit pour se convertir en gelée un peu ferme. Passez-le dans une serviette blanche et fine, sans expression dans une jatte où vous le laisserez refroidir. Quand la gelée est prise, dressez-la avec une cuiller à ragoût autour du chapon.

Pendant que la gelée est encore tiède, versez-en deux ou trois cuillerées sur le chapon, afin qu'il se dessèche moins et qu'il ait meilleure mine.

Coulis de chapon. Voyez COULIS.

On peut encore apprêter le chapon aux olives, comme le canard, et de beaucoup d'autres manières.

CHARBONNÉE; subst. fém. Petit aloyau tiré des fausses côtes de bœuf; il se dit aussi de la côte de bœuf, et on la fait cuire de même sur le gril. Voyez COTE.

CHARLOTTE; on appelle ainsi, probablement du nom de l'inventrice, un entremets composé d'une marmelade de pommes renfermée dans des croûtes, et qui a la forme et la couleur d'un gâteau.

Pour faire une charlotte, pelez plusieurs pommes et coupez-les en morceaux jusqu'au cœur dans une casserole où vous ajoutez un demi-verre d'eau-rose, ou à défaut, d'eau pure, du sucre concassé et une pincée de poudre fine de cannelle. Faites cuire et réduire en marmelade, et ajoutez sur la fin, si vous voulez, une petite poignée de raisins de Corinthe. Prenez une autre casserole de la grandeur que vous voulez donner à votre *charlotte*, et garnie d'un couvercle à rebords; couvrez-en le fond d'une tranche de mie circulaire de même diamètre, de trois lignes d'épaisseur, et trempée dans du beurre fondu et tiède; revêtez les bords de la casserole d'autres tranches de mie de pareille épaisseur, trempées aussi dans le même beurre et toutes d'égale hauteur, ce qui est fixé par la marmelade de pommes que vous versez ensuite dans la casserole; couvrez la marmelade d'une seconde tranche de mie circulaire et beurrée qui doit faire le fond de la *charlotte*. Couvrez la casserole de son couvercle avec du feu dessus et faites cuire au four ou sur un fourneau qui donne la facilité de poser la casserole sur de la braise mêlée de cendres rouges et de l'en entourer jusqu'à hauteur du couvercle. Quand elle a été sur le feu assez long-temps pour que les croûtes aient pris une belle couleur, renversez-la sur le plat et servez.

CHARTREUSE; subst. fémin. Se dit d'un mélange de divers légumes cuits et assaisonnés en maigre, et servi sous la forme d'un gâteau moulé dans une casserole un peu évasée. Le dessus et les côtés des *chartreuses* sont faits et, pour ainsi dire, maçonnés avec des carottes, des navets et des racines coupés en tranches et arrangés avec plus ou moins d'art. Ce mets préparé en gras conserve le nom de *chartreuse*.

CHEVRETTE; subst. fém. C'est la femelle du chevreuil.

CHEVRETTE; subst. fém. Petit crustacée de

mer, moins gros que l'écrevisse commune. On pêche beaucoup de *chevrettes* à l'embouchure de la Seine, où elles sont plus belles et plus grosses qu'ailleurs, aux embouchures de la Loire et de la Garonne, au Pas-de-Calais. On les appelle aussi *Crevettes*, *Salicoques*, et au Havre, elles portent le nom de *Bouquets*, à cause de leur belle couleur qui est d'un rouge tendre. On les fait cuire à l'eau avec du sel et un peu de vinaigre : on fait des ragoûts de leurs queues, on les met dans des omelettes, etc.

CHEVREUIL; subst. masc. Animal quadrupède, sauvage, du genre des cerfs. La chair du *chevreuil* est, comme on sait, excellente à manger; mais il y a beaucoup de choix à faire. La qualité dépend principalement du pays que les *chevreuils* habitent, et dans le meilleur pays il s'en trouve encore de bons et de mauvais. Les bruns ont la chair plus fine que les roux; tous les *chevreuils* mâles qui ont passé deux ans et qu'on appelle *vieux brocards*, sont durs et d'assez mauvais goût; les *chevrettes*, quoique du même âge ou plus âgées, ont la chair plus tendre; celle des faons, lorsqu'ils sont trop jeunes, est mollasse; mais elle est parfaite lorsqu'ils ont dix-huit mois ou un an. Les *chevreuils*, dans les pays de plaines et de vallées, sont rarement bons; ceux des terrains humides sont encore plus mauvais. Dans les parcs ils ont peu de goût. Enfin il n'y a de bien bons chevreuils que dans les pays secs,

7

élevés et entrecoupés de collines, de bois, de terres labourables et de friches, où ils ont autant d'espace, de nourriture et même de solitude qu'il leur en faut; car ceux qui sont souvent inquiétés sont maigres, et ceux que l'on prend après qu'ils ont été long-temps courus, ont la chair insipide et flétrie.

Ces détails ne seront pas inutiles à ceux qui président à l'approvisionnement des cuisines.

Chevreuil à la broche. Prenez une longe de chevreuil, piquez-la de menu lard, et faites-la cuire à la broche, un peu rouge. Servez dessous une sauce faite avec un roux léger d'oignons et de farine, mouillé d'abord avec un peu d'eau chaude et ensuite avec du vinaigre aux fines herbes; faites bouillir après avoir ajouté sel et poudre d'épices; passez au tamis, et ajoutez, si vous voulez, deux anchois lavés et hachés.

On peut de même faire rôtir l'épaule ou une partie du filet.

Rable de chevreuil rôti ou *dans la tourtière.* Parez et piquez de menu lard un beau rable de chevreuil. Faites-le cuire à la broche ou dans la tourtière sur des bardes de lard, et servez avec une sauce faite comme celle de l'article précédent.

A défaut de cette sauce, on peut détacher, avec un peu de jus et de vinaigre, ce qui reste dans la tourtière, y ajouter sel, poivre et échalottes hachées et servir sous le rable.

On apprête encore le chevreuil à l'étuvée, comme on peut le voir ci-après à l'article CIVET.

CHOCOLAT; subst. masc. C'est une espèce de pâte sèche faite avec la noix de cacao et du sucre, auxquels on ajoute de la vanille ou de la cannelle pour la rendre plus agréable. On mange le chocolat en tablettes, on le prend en boisson, on en fait des crêmes et des bonbons. Tout le monde sait la manière de le préparer en boisson, soit à l'eau, soit au lait; et pour les crêmes, voyez au mot CRÊME.

CHOU; subst. masc. Plante potagère fort connue dont il y a plusieurs sortes; le chou blanc hâtif, le chou de Milan, le chou cabu, le chou d'Yorck, le chou rouge, le chou-navet, le chou-fleur, etc. Tous s'apprêtent de la même manière, à l'exception des trois derniers qui ont une couleur ou une forme différente.

Choux pommés au petit salé. Epluchez et coupez vos choux en filets; faites blanchir dans l'eau bouillante pendant quelques minutes, et faites-les cuire doucement dans un pot, avec un morceau de petit salé, et, si l'on veut, un peu de graisse d'oie. Quand ils sont cuits, mettez-les dans une casserole, le petit salé au milieu, et renversez sur le plat où vous voulez les servir.

On ne met point ou on ne met que peu de sel ni aucun autre assaisonnement dans ce mets, parce que le petit salé, s'il est bien fait, doit y suppléer.

Chou farci. Prenez un beau chou entier ; parez-le et faites-le cuire dans l'eau bouillante pendant un quart-d'heure ; retirez-le dans l'eau fraîche où vous le laissez refroidir un moment, et pressez-le sans le déchirer. Mettez-le ensuite sur une table pour en étendre les feuilles l'une après l'autre, sans les détacher du trou, et jusqu'à ce que vous arriviez aux plus petites qui forment le cœur et que vous enleverez. Ayez une farce faite avec un morceau de rouelle de veau, autant de graisse de bœuf et un peu de lard, un oignon cuit, persil et ciboule, le tout haché et mêlé ensuite avec deux œufs crus, quelques cuillerées de crême, sel et poudre d'épices. Mettez de cette farce dans le cœur du chou, et ensuite sur toutes les feuilles l'une après l'autre, ayant soin de les replacer à mesure, de manière qu'elles forment le chou. Entourez-le de plusieurs tours de ficelle et faites-le cuire doucement dans une braise, ou simplement dans un pot foncé de bardes de lard, feu dessus et dessous. Etant cuit et retiré, déliez-le, glacez-le et servez avec une sauce un peu large faite avec un coulis gras, dans lequel vous pouvez employer le fond de votre cuisson.

Choux à la crême. Epluchez et coupez en tranches un ou plusieurs choux, suivant le plat que vous voulez faire ; faites-les cuire dans l'eau, et quand ils sont cuits, rafraîchis et égouttés, mettez-les dans une casserole avec du beurre, sel et poivre ; faites mijoter, ajoutez quelques cuillerées de crême, mêlez avec la spatule et servez.

Choux braisés. Etant coupés en tranches, cuits, rafraîchis et égouttés comme dans l'article précédent, mettez-les dans une braisière ou dans un pot avec du saindoux ou du beurre, si vous les voulez en maigre, du sel et de la poudre d'épices. Faites mitonner sur un feu doux en remuant souvent et jusqu'à ce qu'ils aient de la couleur. Dressez en dôme et servez. Au lieu de saindoux, on peut employer de la graisse d'oie, ils n'en seront que meilleurs.

On emploie encore le chou découpé dans les macédoines, en quartiers pour garniture de bouilli, etc.

CHOU-CROUTE ou SOURCROUTE, subst. fém. Mot traduit de l'allemand *sauer-kraut*, qui signifie *chou aigre, mariné.* Pour faire la *chou-croute*, on coupe les choux en filets très-déliés avec une machine faite exprès, qui est une espèce de rabot garni de plusieurs lames tranchantes, sur lesquelles on fait passer le chou à plusieurs reprises jusqu'à ce qu'il soit entièrement coupé. On met les choux ainsi réduits en filets dans un baril avec du sel, du poivre et des grains de genièvre, et on les met en presse sous un rondeau chargé de plusieurs grosses pierres. En cet état on les laisse fermenter pendant quelques semaines, et on les tire du baril à mesure qu'on en fait usage.

La *chou-croute* est fort en vogue en Allemagne et dans les provinces de France qui l'avoisinent,

On la fait cuire comme les autres choux, et on la mange avec du petit salé, des saucisses, du saucisson coupé en tranches, du mouton, etc.

CHOU-FLEUR ; subst. masc. Espèce de chou dont la tête, au lieu d'être un composé de feuilles, est une masse charnue, mamelonnée, blanche, en dôme un peu applati et formant en quelque sorte un bouquet. Cette tête s'apprête de diverses manières, et elle sert aussi de garniture à quelques entrées.

Choux-fleurs en gras et en maigre pour entremets. Prenez une ou plusieurs têtes, suivant leur grosseur ; séparez les branches, et ôtez-en les feuilles ainsi que la peau des tiges ; épluchez-les avec soin pour en ôter les insectes qui s'y trouvent quelquefois, sur-tout dans l'arrière-saison. Faites-les cuire pendant un quart-d'heure, et jamais plus, dans une eau blanche où vous avez mis un peu de sel et une cuillerée de farine délayée. Tirez-les pour les arranger en dôme dans une passoire de cette forme et un peu profonde ; remplissez les interstices avec les branches les moins belles et avec des morceaux de tige ; renversez sur le plat, et versez dessus une sauce blanche, ou une sauce rousse faite et liée avec du bon coulis. Servez pour entremets.

Choux-fleurs en pain. Epluchés et préparés comme ci-dessus, faites-les blanchir seulement à l'eau bouillante pendant quatre ou cinq minutes ; faites-les égoutter dans une passoire et arrangez-les dans une casserole foncée de bardes de lard, beurrée intérieurement sur les bords, et dont le fond soit de même grandeur que celui du plat où vous les servirez ; ne remplissez pas les vides formés par les tiges.

Faites une farce avec de la rouelle de veau, autant de graisse de bœuf, persil, ciboules, champignons ou mousserons, le tout haché avec sel et poudre d'épices ; ajoutez trois œufs crus entiers ; remplissez avec cette farce les vides des *choux-fleurs*, unissez la surface avec une cuiller et que rien ne déborde ; couvrez la casserole de son couvercle, et faites cuire au four ou dans un tas de braise mêlée de cendres chaudes et du feu sur le couvercle. Votre pain étant cuit, renversez-le sur le plat, après avoir passé la lame d'un couteau entre les *choux-fleurs* et les bords de la casserole ; ôtez les bardes, versez dessus un bon coulis et servez pour entrée.

Choux-fleurs au parmesan. Epluchez et blanchissez comme au premier article. Etant bien égouttés, mettez au fond d'un plat du parmesan ou du gruyère avec un peu de beurre ; arrangez-y vos tiges la tête en haut, de manière qu'elles forment le dôme ; versez dessus une sauce faite avec du coulis, du beurre et un peu de poivre. Point de sel. Couvrez le dôme de nouvelle rapure de fromage, et faites cuire et attacher au four ou sous un couvercle de tourtière, feu dessus et dessous. Servez pour entremets.

CHOU-NAVET; plante potagère, dont la racine est charnue comme le navet; on l'apprête de même.

CHOU ROUGE; chou dont la pomme est d'un rouge violet; on le coupe et on l'apprête comme le chou blanc. On le confit aussi au vinaigre, après l'avoir coupé en filets minces, et on en fait des garnitures de salades.

CIBOULE; subst. fém. Plante dont la racine est bulbeuse, et dont les touffes, plus garnies que celles de l'échalotte, s'élèvent à huit ou dix pouces; elle est connue dans quelques cantons sous le nom d'appétit; elle est vivace, et on la multiplie en séparant ses touffes au printemps. On fait un grand usage de cette plante dans les cuisines, parce qu'elle vient de bonne heure et qu'elle repousse à mesure qu'on la coupe. On l'emploie communément avec le persil dans les bouquets qui servent à l'assaisonnement, et on la met dans les sauces claires coupée en petits brins d'une ligne de longueur.

CIBOULETTE; subst. fém. C'est la même chose que *ciboule*.

CIMIER; subst. masc. C'est la partie la plus charnue de la cuisse du bœuf près de la queue.

CITRON; subst. masc. Fruit du citronnier; il est de forme ovale, rarement ronde, d'une couleur jaune pâle, rempli d'un jus très-acide et couvert d'une écorce dont la surface est parsemée de cellules remplies d'une huile légère, aromatique et inflammable. On emploie fréquemment dans nos cuisines et sur nos tables le jus et l'écorce du *citron*, comme un assaisonnement à la fois salutaire et agréable; mais on fait plus d'usage du jus que de l'écorce.

CITROUILLE; subst. fém. Plante potagère cucurbitacée, et dont le fruit porte aussi le nom de *citrouille*. Ce fruit sert à faire des potages, des fricassées et même du pain.

Citrouille fricassée. Otez la peau, coupez la chair en dés d'un pouce, et faites-la bouillir dans l'eau pour l'amollir; égouttez et fricassez avec du beurre, du lait, une pincée de farine, sel et poivre; liez ensuite avec deux jaunes d'œufs crus délayés avec de la crème, et servez.

Potage de citrouille au lait. Voy. POTAGE.

CIVE, subst. féminin. Plante potagère, dont la racine est bulbeuse, à peu près comme celle de la grosse échalotte; on la multiplie par la séparation de ces bulbes. La *cive* tient lieu d'oignons dans les cuisines, parce qu'elle le précède.

CIVET; subst. masc. Sorte de ragoût fait avec du chevreuil ou avec du lièvre; on n'apprête ainsi que la partie antérieure du corps de ces animaux, et voici comment on procède:

Civet de lièvre. Faites un roux avec de l'oignon et de la farine rissolés dans du beurre ou de la graisse, et mouillés avec du bouillon ou de l'eau ; quand ce mouillement a bouilli pendant cinq à six minutes, passez au tamis clair avec expression, et remettez-le dans la casserole avec du vin blanc ou du vin rouge, sel, poivre, une gousse d'ail et deux ou trois échalottes coupées menu ; mettez-y votre lièvre coupé en morceaux avec le cœur et le foie, et ajoutez-y le sang qu'il peut avoir rendu. Faites cuire et réduire convenablement, et servez pour entrée.

Le civet de chevreuil s'apprête de la même manière.

CLAREQUET ; subst. masc. Espèce de pâte transparente qu'on fait dans les offices avec des poires, des pommes, des coins, des prunes, etc. et du sucre.

COCHON ; substant. masc. Quadrupède domestique de l'espèce du sanglier. Tout le monde sait le grand usage que l'on fait du cochon dans les cuisines et sur toutes les tables. Voyez les manières de le saler et de l'apprêter aux nombreux articles qui lui sont propres, tels que ANDOUILLE, CERVELAS, FILET, FOIE, HURE, JAMBON, SAUCISSE, SAUCISSON.

COCHON DE LAIT ; jeune cochon qui tète encore. Quand il est tué, mettez-le dans un baquet d'eau qui est près de bouillir; échaudez-le pendant une minute, retirez-le et enlevez-en toutes les soies en le frottant fortement sur une table avec la main; s'il en reste, remettez-le dans l'eau chaude et frottez de nouveau. Videz-le pendant qu'il est chaud, et mettez-le à l'eau froide pour le bien laver; ensuite essuyez-le et laissez-le mortifier pendant vingt-quatre heures.

Cochon de lait rôti. Étant préparé comme on vient de le dire, mettez dans le corps un bouquet de persil mêlé d'un peu de sauge et de thym avec sel et poivre, et cousez-le. Retroussez et embrochez, et faites cuire à feu clair pendant cinq quarts-d'heure s'il est petit, et plus long-temps s'il est gros. Pendant qu'il cuit, arrosez-le avec de l'huile, et avant de le servir, coupez-lui la tête, afin que la peau soit croquante.

Cochon de lait en gelée. Coupez-le par morceaux le plus proprement qu'il est possible; laissez la tête entière, ou coupez-la en deux suivant l'ouverture des mâchoires. Mettez ces morceaux dans une grande casserole ou une braisière avec un jarret de veau, un gros bouquet de persil, de sariette et de thym, deux ou trois gousses d'ail, sel, poudre d'épices, du bouillon ou de l'eau et une pinte au moins de vin blanc, de manière que le mouillement couvre le cochon. Faites cuire sur le fourneau pendant une heure et demie ou un peu plus si le cochon est gros. Quand il il est cuit, retirez les morceaux avec une écumoire ; dégraissez le court-bouillon et passez-le au tamis. Fouettez trois blancs d'œufs avec une cuillerée à pot de ce court-bouillon, et versez dans la braisière avec le reste en fouettant encore. Mettez sur le feu et faites bouillir pendant huit à dix minutes ; ajoutez à la fin le jus d'un citron et quelques zestes de son écorce ; passez dans une serviette fine sans expression. Arrangez vos morceaux sur les plats où vous voulez les servir, et versez la gelée par-dessus ; mettez-les dans un lieu sec et frais afin qu'elle se fige.

On peut servir cette gelée en dôme, en arrangeant les morceaux dans une casserole un peu évasée, au fond de laquelle on aura mis préalablement quatre ou cinq écrevisses cuites pour lui donner plus d'apparence. Les morceaux étant arrangés et applanis, la couenne tournée en dehors, on verse la gelée dessus de manière qu'ils en soient couverts, et quand elle est bien prise, on trempe un moment la casserole dans l'eau chaude jusqu'au niveau de la gelée et on la renverse sur un plat dont le fond soit au moins du même diamètre que la casserole.

On peut encore présenter le cochon de lait en gelée, en le coupant seulement en quatre quartiers, après en avoir séparé la tête qu'on laisse entière. Alors un seul quartier suffit pour faire un plat.

Cochon de lait farci. Echaudez, nettoyez et videz ; dessossez-le, à la résrve de la tête et des pieds.

Faites une farce avec une livre de rouelle de veau, une demi-livre de graisse de bœuf, quatre onces de lard, le foie du cochon, une gousse d'ail, deux ou trois échalottes, le tout haché; ajoutez quatre onces de jambon cru coupé en petits dés, sel, poudre d'épices, quatre œufs crus, entiers et fouettés, et enfin quatre onces de mie de pain trempée dans une chopine de lait chaud. Mêlez-le tout, et mettez cette farce dans le ventre du cochon avec quelques truffes fraîches; cousez-le et retroussez-le comme pour le mettre à la broche; mettez-le dans une tourtière avec des bardes de lard dessus et dessous; faites-le cuire au four ou sous le couvercle de la tourtière, feu dessus et dessous. Servez pour entremets froid.

Au lieu de le mettre au four ou sous la tourtière, on peut le faire cuire dans une braisière pour le mettre en gelée. Alors n'y mettez point de bardes de lard; enveloppez-le d'une serviette que vous cousez légèrement pour la maintenir; liez ensuite de plusieurs tours de ficelle et faites-le cuire comme celui en gelée de l'article précédent. Faites refroidir votre gelée dans une casserole, et quand elle est bien prise, renversez-la comme il est dit à cet article, dans un plat dont le fond soit de même diamètre que cette casserole, et servez-la en pendant du cochon de lait placé sur une serviette.

Cochon de lait en galantine. Voyez GALANTINE.

Cochon de lait en étuvée. Coupez-le en morceaux comme pour une gelée, et faites-le cuire comme une étuvée de carpe. Voyez CARPE et ÉTUVÉE.

COIN ; subst. masc. Fruit du cognassier, dont on fait beaucoup d'usage dans l'office ; on le met en compotes, on en fait des confitures, des pâtés, des liqueurs.

COMPOTE ; subst. fém. Sorte de confiture faite avec moins de sucre que les confitures destinées à être gardées long-temps.

On donne aussi le nom de *compote* à un ragoût de pigeons et à une daube de bœuf que l'on sert dans sa sauce. Voyez au mot PIGEON l'article *Pigeon en compote*.

CONCOMBRE ; subst. masc. Plante rampante qui produit le fruit de même nom. On l'apprête diversement.

Concombres farcis en gras ou en maigre. Pelez-les proprement ; coupez-les dans leur longueur pour les vider, et faites-les blanchir dans l'eau bouillante.

Si vous les apprêtez en gras, faites une farce avec du veau, et mieux avec du blanc de volaille, du lard blanchi ou de la graisse de bœuf, un peu de jambon cuit, champignons ou mousserons, fines herbes, pointe d'ail, sel et poivre, le tout bien haché et mêlé ; remplissez de cette farce vos moitiés de concombres ; panez-les de mie fine mêlée de petits morceaux de beurre ou de lard rapé, et faites cuire dans la tourtière sur des bardes de lard, soit au four, soit sous le couvercle de cette tourtière. Étant cuits et de belle couleur, ôtez les bardes et servez sur un bon coulis avec un peu de vinaigre.

Si c'est en maigre, faites votre farce avec du poisson, des laitances de carpes, de la mie de pain, des champignons ou mousserons, le tout haché et mêlé avec trois œufs crus délayés avec de la crême, sel et poudre d'épices ; remplissez vos concombres de cette farce, panez, beurez et faites cuire comme ci-dessus. Servez sur une sauce blanche faite avec du beurre, de la crême, un filet de vinaigre, une pincée de farine, un peu d'eau, sel et poudre d'épices, le tout lié et passé sur le feu. On y ajoute, si l'on veut, une pincée de persil haché.

Concombres fricassés. Après les avoir pelés et vidés, coupez-les en dés de toute leur épaisseur et faites-les cuire à l'eau ; étant égouttés, faites-les mitonner dans une sauce grasse ou maigre comme celles de l'article précédent.

Quelques personnes mangent les concombres crus et coupés en rouelles minces et marinées dans du vinaigre.

CONFISERIE ; subst. fém. C'est l'art de faire

des confitures de toutes les espèces et divers ouvrages de sucrerie, comme biscuits, macarons, etc. Nous ne parlons dans ce Dictionnaire que des ouvrages de confiserie qui peuvent être servis en entremets.

CONFITURE; subst. fém. On donne ce nom aux fruits, aux fleurs et aux racines que l'on cuit au sucre ou au miel, pour les rendre plus agréables au goût et pour les conserver. La confection des confitures est l'objet de l'office.

CONSOMMÉ; subst. masc. Bouillon succulent extrait d'une viande extrêmement cuite, et qui se forme en gelée quand il est refroidi.

Pour faire un consommé, mettez dans une casserole, sur quelques tranches d'oignons et de carottes, deux livres de culotte de bœuf, deux livres de rouelles de veau avec un jarret, deux tranches de jambon, deux poules, et, si l'on veut, deux perdrix; ajoutez un peu de bouillon pris sur le derrière du pot, et faites attacher légèrement sur le feu. Mouillez ensuite avec du bouillon bien clair et mettez le tout dans une marmite avec un bon bouquet de persil et une gousse d'ail. Faites cuire doucement pendant cinq à six heures, et ayant retiré les viandes, passez le *consommé* au tamis fin.

Ce *consommé* étant onctueux et cordial, peut être donné aux convalescens et aux personnes faibles. On s'en sert dans les potages clairs et pour les sauces légères.

On donne aussi à ce bouillon le nom d'*empotage*.

COQ; subst. masc. Le mâle de la poule; sa chair est sèche et ne peut se manger que bouillie; on en fait du bouillon qui est, dit-on, restaurant et apéritif.

CORIANDRE; subst. fém. Plante annuelle, originaire d'Italie, et qui produit un fruit sphérique, léger, de la grosseur d'un petit pois, et dont chaque hémisphère renferme une semence. Ce fruit qui, ainsi que la plante, sent la punaise quand il est vert, est d'une odeur agréable quand il est sec; on en fait peu d'usage dans les cuisines; mais les Hollandais s'en servent dans leurs alimens. On en fait des dragées, on en met dans des crêmes.

CORNE DE CERF; on en fait des gelées. Voy. GELÉE.

CORNICHON; subst. masc. Jeune concombre que l'on confit dans le vinaigre.

Pour confire les cornichons, on les choisit de la grosseur du petit doigt, on les essuie avec un linge pour en ôter les petits grains noirs dont ils sont parsemés, on coupe la queue et le petit bout opposé; on les fait mariner avec du sel pendant vingt-quatre heures, et on les met ensuite dans du vinaigre blanc avec du poivre en grains, quelques gousses d'ail et des sommités d'estragon. On y ajoute, si l'on veut, des boutons de fleurs de capucines, et le fruit même quand il n'est qu'à la moitié de sa grosseur. Couvrez d'un double papier fort le pot dans lequel vous les avez mis. Gardez-vous de donner à vos cornichons une couleur verte par le moyen du cuivre, comme quelques personnes osent le faire.

COTE; subst. fém. Os courbé et plat, qui s'étend de l'épine du dos jusqu'à la poitrine. Il ne se dit en cuisine que des *côtes* du bœuf et de celles du cerf. Les *côtes* du veau, du mouton, du chevreuil, etc. prennent le nom de côtelettes.

On fait cuire la *côte* de bœuf ou à la braise, ou au vin de Malaga, ou sur le gril, ou en fricandeau. Voyez ce dernier article au mot BOEUF. Dans tous les cas, on approprie la *côte* comme une côtelette, et on la bat pour l'amortir. Si on la met sur le gril, on la trempe dans du beurre tiède ou dans de l'huile, on l'assaisonne de sel et poudre d'épices, et on la fait griller à petit feu. On sert dessous du jus un peu réduit, dans lequel on met un petit filet de vinaigre et de la ciboule hachée ou coupée très-menue.

COTELETTE; subst. fém. On donne ce nom aux côtes de veau, de cochon, de mouton et d'agneau, lorsqu'elles sont séparées les unes des autres.

Les *côtelettes* sont un mets commun et néanmoins recherché, quand on sait l'apprêter et le servir, ce qui est rare. Il faut d'abord les parer proprement, c'est-à-dire, les couper, réduire la côte à sa juste longueur et la dégager par le bout d'environ un pouce, en ôter les nerfs et les os superflus, les applatir avec le couperet et leur donner une forme agréable. Cette préparation est indispensable pour toutes sortes de *côtelettes*.

Côtelettes de mouton grillées. Préparez comme on vient de le dire, assaisonnez-les légèrement de sel fin et d'un peu de poivre; mettez-les sur le gril à un feu un peu vif, afin que le jus se concentre. Il ne faut qu'un quart d'heure pour les cuire. Etant cuites des deux côtés et encore un peu rouges, servez à sec ou sur un jus clair, réduit et mouillé d'un filet de vinaigre.

Avant de les mettre sur le gril, on peut les tremper dans l'huile et les paner; il faut alors que le feu soit un peu moins ardent.

Côtelettes de veau sur le gril. Comme celles de mouton, avec cette différence que le veau, pour être plus cuit, doit cuire plus lentement.

Côtelettes de mouton à la purée d'oignons. Coupez en dés dix ou douze gros oignons et mettez-les dans une casserole avec du beurre et un peu d'eau; faites-les cuire sans qu'ils soient roux, et passez-les dans une passoire; remettez la purée qui en provient dans la casserole avec sel, poudre d'épices, un peu de farine et cinq un six cuillerées de crême épaisse; chauffez et remuez avec la spatule jusqu'à ce que vos oignons aient la consistance d'une purée un peu épaisse, et servez cette purée sous vos côtelettes, après les avoir fait cuire sur le gril sans les paner.

Vous pouvez aussi les faire cuire dans la tourtière sur des bardes de lard, piquées ou non piquées, et enduites en dessus de beurre tiède.

Côtelettes de mouton en robe de chambre. Vos *côtelettes* étant cuites dans du bouillon et glacées avec ce bouillon réduit en glace, enveloppez-les d'une farce faite avec une rouelle de veau, de la graisse de bœuf, des champignons, du sel, de la poudre d'épices et deux œufs crus entiers; panez-les et faites-les cuire dans une tourtière sur des bardes de lard; étant cuites et de belle couleur, servez-les sur ces bardes avec une sauce claire.

Côtelettes de mouton farcies. Prenez un carré de mouton avec toutes ses *côtelettes*, et faites-le cuire à demi dans l'eau ou mieux dans du bouillon. Dépouillez la chair, dont vous ôterez les nerfs et les peaux; hachez-la avec du lard blanchi ou de la graisse de bœuf, persil, ciboule, champignons ou mousserons, sel et poudre d'épices. Pilez ensuite dans un mortier avec de la mie de pain trempée dans de la crême; rejettez les peaux et les nerfs qui peuvent être restés, et liez la farce avec trois jaunes d'œufs; divisez-la en autant de parties que vous voulez avoir de *côtelettes*; figurez ces *côte-lettes* en appliquant la farce sur chacune des côtes que vous avez réservées, n'en laissant passer qu'un bout d'environ un pouce ; mettez chaque *côtelette* sur une barde de pareille grandeur ; panez de mie fine et arrosez d'un peu de beurre tiède ; faites cuire dans une tourtière, et servez pour hors-d'œuvre ou autour du bouilli.

Ces *côtelettes* peuvent se servir à sec ou sur une sauce claire ou sur une purée d'oignons. Voy. les articles précédens.

Côtelettes de veau en papillottes. Trempez-les dans de l'huile et panez-les avec de la mie fine mêlée de persil haché, sel, et poudre d'épices ; mettez de chaque côté une barde de lard de même grandeur, et enveloppez chaque *côtelette* dans un papier blanc légèrement beurré ou huilé. Faites-les cuire lentement sur le gril ou dans la tourtière, et servez-les sans sauce.

Côtelettes de veau en fricandeaux. Piquez-les d'un côté avec du menu lard, suivant le fil de la viande, c'est-à-dire, à lardons perdus, et faites-les cuire comme les fricandeaux. Voyez FRICANDEAU. Quand elles sont cuites et glacées, servez-les sur une sauce faite avec du bouillon et le reste de la glace, ou sur de l'oseille, des épinars, du céleri, de la chicorée, etc.

Côtelettes aux fines herbes. Prenez des *côte-*

lettes de veau, de mouton ou de cochon, et les ayant appropriées, passez-les au beurre ou au lard sur le feu dans une casserole ; mettez-y une pincée de farine ; remuez et mouillez avec de l'eau ou du bouillon ; ajoutez bouquet de persil et de ciboules, une gousse d'ail, sel et poudre d'épices, et faites cuire à petit feu. Etant cuites et la sauce réduite, passez-la au tamis clair, ajoutez-y de fines herbes hachées et pilées, savoir : persil, ciboules, cerfeuil, estragon et pimprenelle, et liez-la sans faire bouillir, avec deux jaunes d'œufs délayés avec un peu de cette sauce. Servez les *côtelettes*, la sauce par-dessus.

Côtelettes frites et sautées. On fait frire toutes sortes de *côtelettes* après les avoir doublement panées ou enduites avec du jaune d'œuf et de la mie fine.

On les fait sauter en les mettant assaisonnées dans un sautoir avec du beurre tiède ; on place le sautoir sur un feu ardent pendant sept à huit minutes. Quand les *côtelettes* sont fermes et cuites des deux côtés, on les glace, si l'on veut, avec un bon morceau de glace qu'on substitue au beurre dans le sautoir, on les dresse en couronne et on les sert sur une sauce faite avec du jus lié et bien assaisonné. Voyez SAUTÉ.

COULIS ; subst. masc. C'est le suc extrait des viandes, des poissons et des végétaux consommés par la cuisson, et lié ou épaissi avec un intermède convenable, comme farine, mie de pain, chapelure, purée fine, etc. Les *coulis* s'emploient dans les sauces pour leur donner plus de consistance et de goût, et servent de sauces eux-mêmes.

On ferait un gros volume si l'on voulait rapporter tout ce qui a été dit sur les *coulis*, les quintessences, les consommés, les veloutés, les espagnoles, et en un mot sur les sucs animaux et végétaux à l'usage de la cuisine. Nos cuisiniers semblent s'être évertués à l'envi dans cette partie de leur art, pour imaginer les choses les plus savantes et sur-tout les plus dispendieuses. Les maîtres de maison les plus riches seraient bientôt ruinés s'ils confiaient leur cuisine à des artistes qui auraient la manie d'exceller dans ce genre, pour lequel les extraits de jambons, de volailles, de bécasses et de perdrix ne sont pas encore assez bons. On est parvenu à faire des extraits d'extraits, et la science des réductions met dans une cuiller la substance de cinq à six perdrix. Mais l'artiste qui a le véritable esprit de son art, sait l'exercer à moins de frais, et c'est dans l'emploi des viandes et des assaisonnemens les plus ordinaires qu'il fait briller son talent. Nous nous bornerons donc à indiquer ici succintement les procédés les plus faciles et les plus expéditifs pour la confection des coulis ; on pourra aussi avec un peu d'intelligence, y mettre plus de recherche, et même approcher des plus grands maîtres, sans faire la même dépense.

Coulis roux. Prenez deux livres de veau et une demi-livre de jambon; coupez-les par tranches et mettez-les dans une casserole sur quelques morceaux de lard, deux gros oignons et une grosse carotte coupés en petits dés; couvrez la casserole et faites suer sur le fourneau, jusqu'à ce que le mélange soit attaché et de belle couleur; mettez-y une bonne pincée de farine et remuez jusqu'à ce qu'elle soit colorée aussi; alors mouillez de jus de bouillon et d'eau dans la proportion qui vous sera commandée par le besoin et le goût; ajoutez une croûte, des champignons ou mousserons, truffes fraîches, bouquet de persil et de ciboules, sel et poudre d'épices. Faites cuire doucement; retirez la viande et passez au tamis clair en exprimant légèrement.

Voilà ce que le Cuisinier anglais appelle un *coulis* exquis; mais on sait qu'on donnerait plus de relief à ce *coulis*, si, avant de le passer, on ajoutait du blanc de volaille ou de perdrix cuite à la broche, après l'avoir pilé dans un mortier de marbre. On sent aussi qu'on peut en retrancher, sans beaucoup l'affaiblir, les truffes fraîches et les champignons. Je le répète, c'est au cuisinier intelligent à modifier les recettes suivant le goût et les circonstances.

Coulis blanc en maigre. Prenez deux douzaines d'amandes douces pelées et pilées, de la mie de pain trempée dans de la crème ou du lait, de la chair bien blanche de poissons cuits, des mousserons frais, persil et ciboules. Faites bouillir le tout pendant un quart d'heure dans de l'eau ou du bouillon de grenouilles, et passez au tamis clair avec expression. Voyez ROUX.

Coulis roux en maigre. Coupez en dés quatre ou cinq oignons moyens et deux carottes; passez-les au beurre jusqu'à ce qu'ils aient une belle couleur cannelle; mouillez avec du bouillon maigre; ajoutez des croutes de pain, un bouquet de persil, sel et poudre d'épices; faites mitonner pendant trois quarts d'heure ou une heure, et passez au tamis clair avec expression.

On voit que ce coulis peut, avec un léger changement, servir en gras; il ne faut que substituer du lard au beurre et du bouillon gras au bouillon maigre. On ne peut rien de plus simple.

Enfin on peut convertir le jus clair en coulis, en y faisant mitonner une croûte et en le passant au tamis clair avec expression.

Coulis d'écrevisses. Prenez trente à quarante écrevisses de moyenne grosseur et faites-les cuire à l'eau, avec du sel et du persil; ôtez-en les écailles bien nettoyées, pour les piler dans un mortier et les réduire en pâte fine en y mêlant une douzaine d'amandes douces; passez cette pâte avec un bon morceau de beurre, trois oignons et une carotte coupés en dés, et quand le roux est à moitié fait, mouillez avec du bouillon de poisson ou de l'eau;

ajoutez sel, poudre d'épices, bouquet de persil, une croûte de pain, des champignons ou des mousserons, ou des truffes; faites bouillir pendant une demi-heure; ajoutez-y votre pâte d'écrevisses et passez au tamis clair, en exprimant légèrement, pour être employé aux soupes maigres et aux sauces de poissons.

On peut préparer ce coulis en gras, en mêlant la pâte d'écrevisses avec un jus fait avec de la rouelle de veau, un oignon, une carotte, le tout coupé en tranches et passé sur le feu avec du lard; on fait attacher, on ajoute un peu de farine à laquelle on fait prendre un peu de couleur, et on mouille avec du bouillon gras ou de l'eau, à quoi l'on ajoute les assaisonnemens nécessaires, et quand le tout a bouilli pendant une heure, on y mêle la pâte d'écrevisses, et l'on passe au tamis clair en pressant légèrement.

COURT-BOUILLON; subst. masc. C'est le liquide dans lequel on fait cuire le poisson, après l'avoir assaisonné et sans aucune liaison. Ce liquide est du vin ou de l'eau, ou l'un et l'autre ensemble, et quelquefois du lait. Voyez **POISSON**.

Ne mettez jamais d'oignons dans les courts-bouillons.

CRAPAUDINE; subst. fém. Se dit des pigeons ou des cailles qu'on fait cuire sur le gril après les avoir ouverts par le dos. Ainsi, l'on dit *une cra-*

paudine de pigeons ou *des pigeons à la crapau-dine*; et pour parler plus élégamment, on dit qu'ils sont *à la St. Laurent.*

CRÊME; subst. fém. C'est la partie grasse du lait. La crême est mêlée et non dissoute dans le lait, dont elle se sépare d'elle-même par le repos en s'élevant à sa surface, d'où on l'enlève, comme on sait, pour la convertir en beurre.

On fait entrer la crême dans beaucoup de mets, sur-tout en maigre, et on la mange quelquefois, ou seule, ou sous le fromage blanc, qu'on appelle pour cela *fromage à la crême.*

Crême fouettée. Quand on la sert seule, on la fait ordinairement mousser en neige, en la fouettant avec une pincée de gomme adragant, (*) réduite en poudre et avec un peu d'eau de fleur d'orange. Quand elle est bien élevée, on la laisse reposer un moment, et on l'enlève avec une écumoire pour la dresser en pyramide dans un com-

---

(*) La gomme adragant est un suc gommeux qui découle de lui-même d'un arbrisseau qui est assez commun dans le Levant. Cette gomme est en filets ou en grumeaux, sèche, un peu gluante, sans odeur et sans goût, blanche, rousse ou noire. On préfère la blanche qui ressemble à la colle de poisson et qui est transparente, propre et sans mélange de corps étrangers. On la réduit en mucilage en la mettant en poudre dans l'eau-rose, l'eau de fleur d'orange ou dans l'eau pure ; la dose est d'une demi-once pour six onces d'eau. Ce mucilage rafraîchit la poitrine, adoucit la toux ; on l'emploie dans les gerçures des lèvres, et il donne de la consistance aux pâtes dont on forme les pastilles et les trochisques.

potier. On en garnit le pourtour, si l'on veut, avec quelques lardons de citron ou de limon confit.

Crème; on donne par extension le nom de *crème* aux entremets préparés avec de la *crème* ou du lait, sucrés et aromatisés, comme on le juge à propos. En voici plusieurs variétés :

Crème ordinaire. Mettez sur le feu dans une casserole une pinte de lait, deux onces de sucre, une pincée de coriandre et les zestes d'un quart de l'écorce d'un citron frais ; faites bouillir et réduire à près de moitié ; délayez cinq jaunes d'œufs avec une pincée de farine, et mêlez-les avec votre lait en remuant ; passez au tamis clair en pressant légèrement et la faisant tomber dans le plat où elle doit être servie. Faites-la prendre au bain-marie, (*) et et quand elle est prise, semez légèrement du sucre en poudre sur la surface que vous glacerez avec une pêle rouge. On peut aussi la servir sans être glacée.

Crème brune au café. Faites bouillir et réduire à moitié une pinte de lait avec trois onces de sucre ; Ajoutez-y deux tasses de café, préparé comme on l'a dit au mot CAFÉ. Délayez cinq jaunes d'œufs avec une pincée de farine et deux ou trois cuillerées de votre lait ; et après avoir bien mêlé le

---

(*) Ce bain-marie est une casserole remplie d'eau prête à bouillir sur laquelle on pose le plat de manière que le dessous touche à la surface de l'eau ; on adapte sur le plat un couvercle sur lequel on met un peu de feu.

tout, passez au tamis clair avec une légère expression, et faites prendre au bain-marie. Quand la *crême* est prise, servez-la sans être glacée.

Crême au chocolat. Mettez dans une casserole une pinte de lait avec une once et demie de sucre, et faites bouillir jusqu'à ce qu'il soit réduit à la moitié ; ajoutez deux onces de chocolat en poudre, remuez avec la spatule, et quand il sera bien fondu, liez la crême, sans la faire bouillir, avec trois jaunes d'œufs délayés avec un peu de crême douce ; versez votre crême sur un plat, pour la servir froide.

On peut faire prendre cette crême au bain-marie, comme les précédentes, en y mettant cinq jaunes d'œufs bien délayés.

Crême d'épinars. Prenez des épinars bien cuits et égouttés, deux fois gros comme un œuf, quatre onces d'amandes douces pilées, un peu d'écorce de citron verd, une demi-chopine de crême et autant de lait, six jaunes d'œufs et une once de sucre en poudre; mêlez le tout ; passez dans une passoire moyenne ; mettez le mélange dans un plat, et faites prendre votre crême sur de la cendre chaude, sous un couvercle de tourtière où vous mettrez du feu un peu plus fort. Servez pour entremets, chaude ou froide.

Crême au caramel. C'est la même que la crême ordinaire, dans laquelle on mêle quatre onces de sucre réduit en caramel, avant d'y mettre les jaunes d'œufs. Ce caramel tient lieu des trois onces de sucre qu'on met dans le lait avant de le faire bouillir.

On peut encore faire cette crème qu'on appelle aussi *crême brûlée*, sans la faire cuire au bain-marie. Pour lors, après avoir fait réduire à moitié une pinte de lait avec deux onces de sucre, on fouette séparément les jaunes et les blancs de quatre œufs, et quand le lait est presque froid, on y mêle ces jaunes et ces blancs en les fouettant avec une cuillerée d'eau de fleur d'orange et une bonne cuillerée de farine délayée d'abord avec un peu de lait ; on met ce mélange sur le feu, en le remuant toujours jusqu'à ce que la crême s'épaississe ; on la verse dans un plat, on la poudre de sucre rapé, et on la glace avec la pêle rouge.

Crême à l'espagnole. Délayez trois cuillerées de farine de riz bien fine avec trois jaunes d'œufs et deux cuillerées d'eau de fleur d'orange ; mettez le tout dans une pinte de lait réduit à moitié sur le feu, et dans lequel vous avez mis deux onces de sucre ; faites épaissir ce mélange sur le feu en remuant toujours ; versez ensuite sur le plat ou dans de petits pots.

Crême de pistaches. Prenez quatre onces de pistaches, et réduisez-les en pâte dans un mortier, en y mettant plein une cuiller à café d'esprit de vin ou le double d'eau-de-vie ; ajoutez ensuite deux jaunes d'œufs, et délayez le tout dans une pinte de lait réduite à moitié sur le feu avec deux onces de sucre. Faites épaissir sur le feu en remuant avec la spatule, et versez dans un plat ou dans des petits pots.

Créme en gelée de corne de cerf. Faites bouillir quatre onces de rapure de corne de cerf dans trois chopines d'eau jusqu'à réduction de moitié, et passez la décoction dans une serviette fine sans expression; versez-la dans une pinte de lait réduite à moitié sur le feu, et ajoutez-y trois onces de sucre. Faites bouillir ce mélange pendant quelques minutes, et versez-le dans des verres un peu évasés ou dans des tasses qui en aient la forme. Quand la crême est refroidie et bien prise, plongez les verres ou les tasses dans l'eau chaude, et renversez-les sur le plat l'un après l'autre, chacun à la place qu'il doit occuper, savoir; un au milieu et six autres au tour; piquez le dessus de quelques lardons d'amandes ou de pistaches.

Crêmes blanches veloutées. Ces crêmes se font au café, à la rose, à la fleur d'orange, au sureau, au céleri, etc.

Faites réduire à moitié sur le feu une pinte de lait avec trois onces de sucre, en remuant toujours ou très-souvent avec une spatule; ajoutez-y de l'eau-rose ou de l'eau de fleur d'orange, ou des fleurs de sureau, ou des côtes de céleri, ou une once de café torréfié en grains et encore tout chaud. Délayez gros comme une fève de bonne présure dans une cuillerée de votre lait ; mêlez le tout et passez dans un tamis clair sur le plat où vous devez servir votre crême ; posez ce plat sur des cendres chaudes et couvrez-le d'un couvercle de casserole, sur lequel vous mettrez aussi un peu de feu ; quand la crême est prise, ôtez-la et servez-la froide.

Nous avons préféré dans toutes ces recettes le lait bouilli et réduit à la crême, parce qu'il est plus aisé de se procurer du lait que de la crême, et que celle-ci est sujette à tourner sur le feu. Nous avons aussi un peu ménagé le sucre.

CRÊPE ; subst. fém. On appelle ainsi une pâte claire qu'on a fait frire dans du beurre, que les Anglais nomment *Pankake*, et connue en quelques pays sous le nom de Pancoufe. Cette pâte se fait avec de la farine, du lait et des œufs, à quoi l'on ajoute, si l'on veut, divers assaisonnemens, comme sucre, cannelle, muscade, etc. Ce mets ne vaut pas la peine d'être décrit plus amplement.

CRÉPINE ; subst. fém. Se dit, en termes de boucherie et de cuisine, de la toile de graisse qui couvre la panse du cochon, du veau et de l'agneau ; on la nomme aussi *toilette*. On se sert souvent de *crépine* pour envelopper ce qu'on fait cuire sur le gril.

On donne encore le nom de *crépine* à une espèce de farce faite avec de la rouelle de veau, du lard blanchi, de la graisse de bœuf, des jaunes d'œufs, de la crême, une pointe d'ail, persil, champignons ou mousserons, sel et poudre d'épices; on enveloppe cette farce dans des morceaux de *crépine*; on fait cuire sur le gril ou dans la tourtière, et l'on dresse en couronne sur une sauce claire un peu piquante.

CRESSON; subst. masc. Plante dont les feuilles sont rondes, d'un vert obscur et d'un goût piquant et agréable quoiqu'un peu amer. Cette plante croît dans les eaux vives et fleurit en juillet et en août; on l'emploie dans les salades et pour garnir les volailles rôties, les poissons cuits au bleu, les jambons, etc.

On appelle *Cresson alénois*, celui qu'on cultive dans les jardins et dont on se sert au défaut de l'autre, pour les garnitures de salades printanières.

CRÊTE; subst. fémin. Excroissance charnue, rouge, ordinairement dentelée qui vient sur la tête des coqs, des poules et de quelques autres oiseaux, comme certains canards.

On garnit de crêtes beaucoup de ragoûts, on les arrange avec art sur des hachis, et on les sert aussi seules en ragoût.

Ragoût de crêtes. Passez-les au lard fondu avec des champignons ou avec des truffes coupées par tranches épaisses de deux lignes; mouillez de bouillon et faites cuire à petit feu en ajoutant un bouquet du persil, du sel et de la poudre d'épices ; dégraissez et liez avec du coulis.

On peut farcir les grosses crêtes avec un hachis de blanc de volaille, moëlle ou graisse de bœuf, un jaune d'œuf dur, sel et poudre d'épices. Il faut faire en sorte que cette farce ne sorte point pendant la cuisson.

Si l'on n'a pas assez de crêtes pour faire un plat, on y ajoute un riz de veau que l'on place au milieu en dressant.

CROQUANTE; subst. fém. Espèce de pâtisserie faite avec des amandes, du sucre, des œufs et du beurre, applatie et desséchée au four.

CROQUETS ou CROQUETTES. Petits morceaux de farce frits, dont on garnit les entrées.

Prenez des blancs de poulets et de perdrix, du lard et un riz de veau blanchis, champignons ou mousserons, fines herbes. Hachez bien le tout, et mêlez avec quatre jaunes d'œufs et deux blancs fouettés ensemble, de la mie de pain, de la crême, sel et poudre d'épices. Formez vos *croquets* de la grosseur d'une noix, roulez-les dans un œuf battu, panez-les et faites frire dans du saindoux bien chaud. Servez-les autour des entrées pour garniture.

Vous pouvez les servir aussi pour hors-d'œuvre d'entrée; il convient alors de les faire à peu près de la grosseur d'un petit œuf; on met dessus des feuilles de persil frites.

CUISSE; subst. fém. Partie du corps d'un animal depuis la hanche jusqu'au jarret. C'est la plus charnue dans les quadrupèdes dont nous faisons notre nourriture, et de laquelle on tire le plus d'avantages. On la sert en entier dans le gros gibier, le cochon, le mouton et l'agneau; la cuisse du veau s'emploie en fricandeaux, en farce et dans un grand nombre de ragoûts. Voyez FRICANDEAU.

On met sur le gril les cuisses de volailles rôties, après les avoir incisées légèrement des deux côtés, et assaisonnées de sel et de poivre; on les sert à sec.

Les cuisses de dindon rôti se mettent de même sur le gril, et on les sert sur une remoulade ou sur une sauce-Robert. Voyez SAUCE.

CUISSOT; subst. masc. Cuisse de sanglier, de chevreuil et de faon. Il ne se dit pas des cuisses des animaux domestiques; ainsi c'est improprement qu'on dit un *cuissot de veau*.

CULOTTE DE BŒUF. C'est la partie la plus charnue de la cuisse du bœuf près de la queue; on l'appelle aussi *cimier*.

La culotte est la meilleure partie du bœuf, et celle qu'on préfère pour faire les bouillons et pour être servie en bouilli. On la sert aussi en entremets froid, préparée comme il suit.

Culotte de bœuf à l'écarlatte. Prenez un morceau de douze à quinze livres, et laissez-le un peu mortifier; désossez et lardez de gros et longs lardons assaisonnés de sel, poudre d'épices, coriandre et gingembre en poudre; faites mariner pendant huit jours dans une terrine avec un litron de sel, une poignée de grains de genièvre, du thym, du persil, et quelques feuilles de laurier; mettez votre bœuf avec sa marinade enveloppés d'un linge dans une braisière, et mouillez avec deux bouteilles de vin et quatre bouteilles d'eau; faites cuire lentement pendant six heures, et quand il est cuit et refroidi, sortez-le de son enveloppe et servez sur une serviette pliée, pour entremets.

D

DAIM; subst. mas. Animal quadrupède qui a beaucoup de ressemblance avec le cerf. Le faon du *daim* se prépare comme le chevreuil, et quand il est plus vieux, on l'apprête comme le cerf. Voy. CERF et CHEVREUIL.

DARIOLE; subst. fém. Espèce de petite tarte, dont on remplit l'abaisse avec une pâte claire faite avec de la farine, des œufs, du lait et un peu de sucre; on parsème les darioles de petits morceaux de beurre et on les fait cuire dans un four chauffé modérément.

DARNE; subst. fém. Tranche de gros poisson, comme saumon, alose.

DAUBE; substantif fém. Viande qui se mange froide, après avoir été cuite dans le liquide et les assaisonnemens convenables. On sert les daubes sans sauce ou avec leur sauce convertie en gelée ferme et transparente. Voyez la manière de les faire aux articles qui leur sont propres.

DÉGOUT; subst. masc. C'est ainsi qu'on appelle en cuisine le jus que la chaleur fait sortir des viandes à la broche et qui tombe dans la lèchefrite.

DÉSOSSER; verbe actif. Oter les os d'une volaille, d'une pièce de gibier ou de boucherie; on le dit aussi de certains poissons dont on ôte les arrêtes. Cette opération demande quelquefois de l'adresse, sur-tout dans le désossement des hures de cochon et de sanglier. Voyez DINDON et HURE.

DINDE; subst. fém. C'est le nom qu'on donne à la poule d'Inde.

DINDON; subst. masc. C'est la même chose que *coq d'Inde*. Tout le monde connaît ce gros oiseau qui nous a été apporté des Indes occidentales. Le *dindon* se distingue de la *dinde* par un petit bouquet de crin qui se trouve sur la poitrine; la *dinde* n'a dans cet endroit qu'un petit morceau de chair sans crin, et elle est plus tendre et plus délicate que le mâle. Le *dindon* et la *dinde*, quand ils sont jeunes, se mangent ordinairement rôtis; on ne les pique point à moins qu'ils ne soient très-jeunes; mais on les fait rôtir bardés et enveloppés d'un papier blanc qu'on ôte à la fin de la cuisson, sans leur faire prendre couleur.

Dinde farcie aux truffes. Tout le monde connaît les *dindes* farcies de Périgueux ; on peut les imiter quand on a des truffes fraîches. Prenez une jeune *dinde*, grasse, blanche et fraîchement tuée ; hachez son foie avec ceux de deux ou trois autres volailles et autant de lard ; passez cette farce sur le feu avec sel et poudre d'épices, et mettez-y des truffes fraîches de la grosseur d'une noix avec quelques autres truffes hachées. Après avoir flambé votre *dinde* et en avoir coupé les aîlerons et les pattes, remplissez-la de cette farce encore chaude ; cousez la *dinde* et laissez-la mortifier pendant huit à dix jours au moins suivant la température ; bardez-la, enveloppez-la de papier blanc et faites cuire à la broche. Vers la fin de la cuisson, ôtez le papier, faites prendre couleur et servez.

Dinde ou *Dindon en daube.* Prenez une vieille *dinde* ou un vieux *dindon* ; coupez les aîlerons et les pattes, videz, troussez et flambez. Faites une farce avec son foie, de la rouelle de veau, du lard, des fines herbes, un peu de jambon, le tout haché puis mêlé avec deux œufs entiers battus, sel et poudre d'épices. Remplissez de cette farce le corps de votre *dindon*, et après l'avoir cousu, enveloppez-le dans un linge que vous cousez aussi, et liez de plusieurs tours de ficelle. Mettez-le dans une braisière avec deux jarrets de veau, du vin blanc et de l'eau, un gros bouquet de persil et de thym, deux gousses d'ail, sel et poudre d'épices. Faites cuire doucement pendant quatre ou cinq heures, et quand il est cuit, retirez-le de la braisière, clarifiez le mouillement avec deux blancs d'œufs fouettés, passez-le dans une serviette fine, mettez-le refroidir dans une jatte, et quand la gelée et bien prise, mettez-la en morceaux autour du *dindon* avec une cuiller à ragoût, après l'avoir dégagé de son enveloppe.

Dindon ou *dinde en galantine.* Coupez le cou, les ailerons et les pattes de votre *dindon*, et flambez-le. Ouvrez-en la peau sur le dos depuis le cou jusqu'au bout du croupion; détachez-la proprement du corps, sans la percer et sans la déchirer, enlevez les chairs et coupez les blancs en filets dans toute leur longueur, et de la grosseur du pouce; hachez le reste avec les blancs de deux poules; ou, si vous n'avez point de poules, avec du veau et presque autant de lard que vous avez de viande; assaisonnez cette farce de sel, poudre d'épices et fines herbes hachées. Placez un linge propre et assez grand pour envelopper le *dindon* dans une forme ou moule qui en ait à peu près la figure, et à défaut de moule, dans une casserole qui en approche; étendez sa peau sur ce linge; arrangez sur cette peau un premier lit de votre farce, et sur cette farce des légères bardes de lard; puis un lit de vos filets entremêlés de petites truffes ou de grosses truffes coupées en lardons, ayant soin de disposer ces filets et ces lardons suivant la longueur du moule; faites un second lit de farce, puis un second lit de filets, et continuez ainsi jusqu'à la fin. Tout étant employé, recouvrez avec la peau de manière que rien ne puisse en sortir, et ensuite avec le linge que vous coudrez légèrement. Retirez le *dindon* de la forme, et enveloppez-le de plusieurs tours de ficelle entrelacés, en long et en large; placez-le dans une braisière, où vous le ferez baigner dans du bouillon ou de l'eau et une bouteille de vin blanc; ajoutez deux jarrets de veau, les os et débris du *dindon*, un gros bouquet de persil et de thym, quatre feuilles de laurier, deux gousses d'ail, de la poudre d'épices et une poignée de sel. Mettez sur le feu et faites mijotter pendant quatre ou cinq heures; retirez alors votre galantine de la braisière et laissez-la refroidir dans son enveloppe, afin qu'elle ne se dessèche pas. Passez votre mouillement dans un tamis, dégraissez-le, et l'ayant clarifié avec deux blancs d'œufs, comme à l'article précédent, passez-le sans expression dans une serviette fine, laissez-le refroidir et prendre en gelée pour la placer en gros morceaux autour de la galantine, que vous aurez ôtée de son linge avant qu'elle soit entièrement froide.

Dindon en pâté. Voyez PATÉ.

Aîles et cuisses de dindons en fricandeaux. On les pique de lardons fins, et on les fait cuire comme les fricandeaux. On les sert sur une sauce faite avec du bouillon et le reste de la glace; on sert les ailerons seuls quand on en a assez pour faire un plat; si on n'en a que deux, on les sert avec les cuisses.

Blanquette de dindon rôti. Émincez et applatissez avec la lame du couteau les blancs qui restent d'un *dindon* rôti; passez-les au beurre sur le feu avec une pincée de farine et quelques champignons ou mousserons; mouillez avec du jus et un peu de vin blanc, et ajoutez sel, poudre d'épices et bouquet de persil; faites mijoter et réduire à sauce un peu courte; exprimez le jus d'un citron et servez.

Si vous voulez la servir en blanc, mouillez avec du bouillon ou de l'eau et avec du vin blanc, liez la sauce avec deux jaunes d'œufs et ajoutez un filet de verjus.

Cuisses de dindon rôti. On peut les apprêter de deux manières :

1.° Incisez légèrement vos cuisses des deux côtés, assaisonnez de sel et de poivre, et faites passer pendant un quart d'heure sur le gril; servez sur une remoulade, ou sur une sauce piquante, ou sur une sauce-Robert. Voyez REMOULADE, *Sauce piquante* et *Sauce-Robert.*

2.° Mettez dans une casserole deux verres de lait, un morceau de beurre manié avec une cuillerée de farine, sel, poivre, échalottes, gousse d'ail, bouquet de persil et de thym; tournez sur le feu jusqu'à ébullition; mettez-y les cuisses et faites mijoter pendant une demi-heure; prenez le gras de cette sauce pour en enduire vos cuisses, et panez-les de mie fine; arrosez-les encore du reste de ce gras ou de beurre tiède, et faites prendre couleur sur le gril ou dans une tourtière; servez-les sur du jus mêlé d'un peu de vinaigre ou de jus de citron.

Il est encore d'autres manières d'apprêter les dindons et les dindes, qu'on peut voir dans les livres français qui traitent de la cuisine. Quant au Cuisinier anglais qui prétend avoir posé les colonnes d'Hercule dans son art, ce serait perdre son temps que de vouloir s'instruire dans ce recueil obscur de procédés aussi alambiqués que dispendieux.

DINDONNEAU; subst. mascul. Jeune dindon au-dessous de cinq à six mois. On ne le sert ordinairement que rôti après l'avoir piqué de menu lard ou de lardons de jambon.

DORER; se dit en termes de pâtissier, et signifie: donner à la pâte une couleur jaune et luisante en l'enduisant de jaunes d'œufs battus.

DRESSER; c'est, en termes de cuisine, arranger les mets sur les plats où l'on veut les servir. C'est une partie essentielle de l'art du cuisinier; car un plat mal présenté est presque un plat manqué. Il y a des mets qui se placent, pour ainsi dire, d'eux-mêmes, comme les rôtis et en général les mets formés d'une seule pièce. Il faut plus d'art pour les autres. Exemples : Les côtelettes cuites sur le gril se dressent en couronne, suivant le contour du plat, la concavité de la côte en dedans, et la sauce se coule dans le centre sans en arroser les côtelettes ; les rôties se dressent de même, et non en pyramide ou confusément ; les épinars, en dôme applati, garnis d'un cordon de mies frites, dans le contour du plat, et d'une rosace au centre ; les fricandeaux, sur leur sauce ou sur leur farce ; une hure de cochon ou de sanglier, sur une serviette pliée qui couvre le fond du plat, sans le déborder, la hure entourée de persil vert et ornée d'une fleur ou d'un petit rameau de laurier entre les deux oreilles. Une farce de volailles, ou dans laquelle il y a de la chair de volaille, peut être présentée des trois manières ; 1.° formée en pain dans une casserole ; 2.° en dôme applati, comme les épinars, orné d'un cordon de testicules de coqs et de crêtes au centre ; 3.° sous la figure de la volaille même qu'on a imitée avec la farce, etc. Voyez FARCE.

E

ÉCAILLER ; c'est ôter les écailles d'un poisson qu'on veut apprêter. On doit écailler tous les poissons, excepté ceux qu'on peut servir pelés après les avoir fait cuire avec leurs écailles, comme le brochet, la perche et la tanche qui sont difficiles à écailler ; on ne doit jamais servir un poisson avec ses écailles. Voyez POISSON.

ÉCHALOTTE ; subst. fém. Plante potagère fort connue ; sa racine est bulbeuse, et d'une odeur forte. Il y en a de deux espèces, grosse et petite. On en fait un grand usage dans les cuisines, surtout dans les sauces d'un goût piquant et relevé.

ÉCHINÉE ; subst. fém. Morceau du dos du cochon. Voyez COCHON.

ÉCLANCHE ; substant. fém. C'est la cuisse du mouton séparée du corps de l'animal ; on l'appelle plus communément *gigot*. Voyez ce terme.

ÉCREVISSE ; subst. fém. Poisson de la classe des crustacées et dont on distingue deux espèces principales, savoir, les écrevisses de mer qu'on appelle *Homards* et *Langousies*, et les écrevisses de rivière. On choisit parmi les dernières, celles qui sont grosses, charnues et bien nourries, et sur-tout celles qui viennent d'être pêchées. Les *écrevisses* que l'on garde enfermées dans l'eau deviennent maigres, noires et de mauvais goût. Il y a des *écrevisses* dont les pieds sont rouges avant d'être cuites, et dont toute l'écaille est noire; mais toutes deviennent rouges extérieurement par la cuisson, à l'exception de quelques *écrevisses* de la Sarre, qui restent noires à très-peu près.

On peut rendre les *écrevisses* aussi rouges que si elles étaient cuites, en répandant sur leur écaille de l'eau-de-vie ou de l'esprit de vin. On dit même que celles qu'on pêche dans le ruisseau qui passe à Curel, et qui se jette dans la Marne au-dessous de Joinville, sont entièrement rouges avant d'être cuites, et qu'on servit un plat de ces *écrevisses* rouges et vivantes sur la table de Léopold, de glorieuse et éternelle mémoire, qui gouverna la Lorraine avec tant de sagesse au commencement du siècle dernier.

Quoiqu'il en soit, on ne sert guère les *écrevisses* que d'une seule manière, cuites à l'eau avec leurs écailles et dressées en pyramide sur une serviette pliée, ce qu'on appelle un *buisson ardent*. Etant ainsi cuites, elles servent de garniture et de parure à plusieurs mets, et on fait avec leurs écailles un coulis rouge qui donne à ces mets un aspect agréable, et dont nous avons donné la recette au mot COULIS.

Écrevisses cuites à l'eau. Lavez-les dans plusieurs eaux; foncez un chaudron étamé de branches et de racines de persil; mettez-y les écrevisses avec du sel et du poivre et couvrez-les de nouveau persil; versez de l'eau de manière qu'elles y baignent à moitié ou au tiers seulement, et faites cuire sur un feu un peu vif au commencement et plus lent vers la fin. Douze à quinze minutes suffisent pour les faire cuire. Servez à sec sur une serviette, disposées en pyramide.

Si l'on veut les manger avec une sauce, on épluche la queue sans l'arracher et on ôte les petites pattes. Etant ainsi préparées, on peut les mettre en fricassées de poulets ou à la béchamel.

Quand on a beaucoup d'écrevisses, après les avoir fait cuire comme il vient d'être dit, on choisit les plus petites, dont on épluche les queues pour les mettre dans une omelette ou dans des œufs brouillés, ou dans une fricassée de poulets.

ÉMINCÉE; subst. fém. Se dit d'un ragoût de viande coupée en morceaux très-minces. Les *émincées* se font presque toujours avec des viandes cuites.

EMPOTAGE; substant. masc. Encore un mot de nouvelle fabrique, pour désigner un bouillon un peu substantiel, un consommé. Voyez CONSOMMÉ.

ENDIVE; subst. fém. Plante potagère, qui est une sorte de chicorée, et dont on distingue plusieurs espèces. Quand elle est blanche, on la mange en salade, et on la sert réduite en farce sous des fricandeaux ou sous des œufs durs ou pochés.

ENTRÉE; substant. fém. Se dit des mets qui se servent au commencement du repas. Comme ces mets sont généralement connus, et qu'on les désigne dans cet ouvrage quand il est nécessaire, il est inutile d'en faire ici l'énumération. C'est le premier service.

ENTREMETS; subst. masc. Se dit proprement de tous les mets que l'on sert sur la table après le rôti et avant le dessert; mais on sert presque toujours les entremets avec le rôti, et c'est ce qu'on appelle le second service.

ÉPAULE; subst. fém. C'est la partie ou membre antérieur du corps, qui, dans les animaux quadrupèdes tient à la poitrine et se joint à la jambe de devant.

L'épaule de veau se sert ordinairement rôtie.

L'épaule de mouton se sert aussi cuite à la broche avec une sauce claire aux ciboules ou à l'échalotte, ou sur une farce de chicorée ou de laitue. Ou bien on la fait cuire dans une braise bien assaisonnée, on l'enduit d'une sauce épaisse liée avec des jaunes d'œufs, on la pane, on l'arrose légèrement avec le gras de la braise, on lui fait prendre couleur au four ou dans la tourtière, et on la sert sur une sauce à l'échalotte, ou simplement sur du jus assaisonné de gros poivre.

On peut faire aussi des émincées avec les épaules de veau et de mouton cuites à la broche, et elles se préparent comme la blanquette de dindon. Voyez DINDON.

ÉPERLAN; subst. masc. Petit poisson de mer qui remonte dans les rivières, ainsi nommé, parce qu'il a la couleur de la perle; il n'a pas plus de six pouces de longueur et il ressemble un peu à l'able, excepté par les nageoires, qui sont rouges à leur racine dans l'*éperlan* comme celles du *gardon*, petit poisson de rivière ainsi que l'able.

On mange l'*éperlan* en matelotte, ou frit, ou au court-bouillon. Voyez COURT-BOUILLON et MATELOTTE.

ÉPICE; subst. fém. On désigne sous ce nom tout aromate étranger, d'une saveur chaude et piquante, dont on se sert pour assaisonner les viandes, les poissons et presque tous les comestibles: le poivre, la muscade, la cannelle, le piment, le gingembre, le girofle, etc. sont des *épices*.

La plupart des cuisiniers abusent des épices, croyant rehausser leurs mets par les assaisonnemens les plus ardens ou les plus aigus; mais l'excès des *épices* est aussi contraire à la santé que peu agréable au goût, et ce n'est pas dans l'emploi immodéré de ces assaisonnemens que les bons artistes se distinguent. On fait usage dans les cuisines d'une poudre à laquelle on donne le nom des quatre *épices*, parce qu'elle est composée de girofle, de muscade, de poivre noir et de gingembre. Les marchands qui la débitent y ajoutent de l'anis, de la coriandre ; du safran et des herbes aromatiques telles que le thym et la marjolaine, et presque toujours cette poudre est sophistiquée. On évitera les inconvéniens qui résultent de ces mauvaises compositions en adoptant la poudre dont la recette suit :

Poudre d'épices. Prenez deux onces de poivre commun, une once de piment et quinze clous de girofle ; passez le tout au moulin à poivre et ensuite au tamis ; repassez au moulin ce qui n'a pu passer au tamis ; mêlez le tout, et mettez cette poudre dans une boîte de fer blanc pour vous en servir au besoin.

ÉPIGRAMME ; subst. fém. C'est proprement une émincée associée à un ou plusieurs morceaux de la même viande.

Ainsi, pour faire du bœuf en épigramme, émincez une partie d'un aloyau en l'ôtant de la broche, passez les morceaux sur le feu avec un peu du jus de cet aloyau, du beurre fariné, deux ou trois cornichons coupés en tranches minces, sel et poudre d'épices. Cinq minutes suffisent pour lier ce ragoût que vous mettez sur l'aloyau et que vous couvrez de sa peau que vous avez levée proprement avant de couper l'émincée.

Pour faire une épigramme d'agneau, faites une blanquette ou émincée avec l'épaule rôtie, et dressez-la au milieu d'une couronne formée des côtelettes de cet agneau sautées, et de morceaux de tendrons grillés.

Tout cela est fort joli ; mais on ne voit pas pourquoi on donne à ces mets le nom d'*épigramme*.

ÉPINARS ; subst. masc. pluriel. Plante potagère fort connue et d'un grand usage en cuisine. Les *épinars* sont un aliment assez sain, peu nourrissant et de facile digestion ; c'est un mets très-utile dans le cas où l'on interdit les viandes, après des indigestions de viande ou de poisson, et dans les diarrhées qui les suivent.

Manière d'apprêter les épinars. Amortissez-les à l'eau bouillante, et faites-les égoutter avec expression ; hachez menu ; passez à la casserole avec du beurre frais, sel et poudre d'épices, et ajoutez un ou deux verres de crême, suivant la quantité. Ne les faites point bouillir.

Si c'est en gras, mettez du lard au lieu de beurre, et du jus avec une pincée de farine au lieu de crême. Ainsi apprêtés en gras, on les sert sous des fricandeaux comme l'oseille et la chicorée.

Quand on sert les épinars en entremets, on les dresse en dôme applati ; on met sur le bord un cercle de mies frites, au milieu duquel on met, si l'on veut, une rosace de même.

Vert d'épinars. On nomme ainsi la couleur verte que l'on tire des épinars pour colorer différentes sauces. Pour la faire, on fait blanchir une poignée d'épinars avec quelques feuilles de persil ; après les avoir retirés, rafraîchis et pressés, on les pile dans un mortier et on les passe au tamis clair avec expression, après les avoir humectés avec du bouillon très-chaud.

ESCARGOT ; subst. masc. Limaçon à coquille. On distingue les *escargots* en terrestres et aquatiques ; il y en a dans les bois, dans les vignes, dans les haies, dans les jardins, dans les rivières et dans la mer, qui diffèrent les uns des autres par la grandeur et la couleur. Il est question ici de l'escargot à coquille brune ou grise, qui se trouve dans les bois, dans les vignes et dans les haies, qui, à l'approche de l'hiver, bouche sa coquille d'un opercule blanchâtre, et ne s'en dégage que vers la fin d'avril. C'est pendant l'hiver qu'on en fait la recherche dans les trous qu'il a creusés lui-même pour s'y cacher. Les Romains, dans les beaux jours de leur gourmandise, estimaient tant les *escargots*, qu'ils les engraissaient dans des enclos et les payaient à des prix excessifs. Nous avons imité les Romains sur ce point, et nous élevons encore des *escargots* dans des fosses qu'on nomme escargotières, creusées dans un verger ou un enclos, couvertes d'une grille de fil de fer et entourées d'arbres qui les mettent à l'abri des rayons du midi. Là on les nourrit avec des herbes et du son jusqu'au temps où le froid les oblige de s'enfermer dans leurs coquilles ; ainsi on peut en manger tout l'hiver, même dans le temps où la neige ne permet pas de les aller chercher dans les neiges et dans les haies.

Manière d'apprêter les escargots. Faites-les bouillir pendant sept à huit minutes dans un chaudron avec de l'eau et des cendres; ôtez le chaudron du feu; enlevez l'opercule des *escagots* et retirez-les de leur coquille avec une lardoire ou une fourchette de fer; jetez-les à mesure dans l'eau fraîche, et gardez les coquilles. Quand ils sont tous hors de la coquille, aussi entiers qu'il est possible, lavez-les de suite dans plusieurs eaux, et dans la dernière mettez un filet de vinaigre. Faites-les cuire ensuite à petit feu pendant deux ou trois heures dans une marmite avec de l'eau, du sel, du poivre, une gousse d'ail, un bouquet de persil et de thym et un morceau de beurre un peu fariné. Laissez-les refroidir dans leur sauce. Lavez et faites égoutter les plus belles coquilles et surtout celles dont les escargots sont entièrement sortis. Maniez un bon morceau de beurre avec de fines herbes hachées. Mettez un peu de court-bouillon dans chaque coquille et ensuite un *escargot*, ou deux s'ils sont petits; fermez la coquille avec du beurre manié, et placez l'*escargot* dans l'un des trous d'une escargotière (*). Quand tous sont garnis, placez l'escargotière sur un trépied, couvrez-

---

(*) L'escargotière est un plateau d'argent ou de cuivre étamé dans lequel on a pratiqué plusieurs trous hémisphériques pour y placer autant d'escargots.

la d'un couvercle de tourtière et faites cuire, ou plutôt faites chauffer avec des cendres chaudes dessus et dessous. Servez chaudement sur l'escargotière même, ou en pyramide sur un plat.

Œufs brouillés aux escargots. Etant cuits dans un court-bouillon, comme on vient de le dire, coupez-les chacun en cinq ou six morceaux, et mettez-les sur le feu dans une casserole avec un bon morceau de beurre et des œufs battus. Faites prendre et servez chaudement, entourés de mies frites.

ESPAGNOLE ; subst. fém. C'est ainsi qu'on nomme une sauce tellement substantielle qu'on peut la regarder comme la base et l'assaisonnement de toutes les sauces. Nous en donnerons ici la recette, ne fût-ce que pour en dégoûter les personnes qui ne peuvent ou ne veulent pas atteindre à la sublimité dispendieuse de la cuisine.

Grande espagnole. Mettez dans une casserole deux noix de veau, un faisan, ou quatre perdrix, quelques tranches de jambon, quatre ou cinq grosses carottes, autant d'oignons, autant de clous de girofle, une bouteille de vin de Madère sec, une cuillerée à pot de gelée ou de consommé. Faites bouillir à grand feu, et quand le mouillement est réduit, mettez-le sur un feu plus doux jusqu'à ce qu'il soit réduit en glace d'un blond foncé. Retirez la casserole du feu pendant dix minutes. Faites suer à part deux ou trois sous-noix avec deux cuillerées à pot de consommé ; quand ce consommé est réduit, piquez vos sous-noix avec le couteau pour en faire sortir le jus, et puis mettez sur un feu doux pour que la viande s'attache doucement. La glace étant blonde, retirez la casserole du feu et tenez-la couverte pendant dix minutes ; alors remplissez-la de *grand-bouillon*, en y ajoutant quatre carottes et quatre oignons, et faites mijoter pendant deux heures. Prenez le mouillement de ces trois sous-noix pour mouiller la première casserole qui doit être un peu grande. Faites bouillir et ayez soin d'écumer ; puis mettez un roux avec le mouillement, deux ou trois feuilles de laurier, du thym, des champignons, un bouquet de persil et de ciboule et quelques échalottes. Mettez la casserole sur le coin du fourneau, afin qu'elle bouille doucement pendant trois heures, ayant soin de bien écumer et d'essuyer l'intérieur de la casserole, pour que la sauce ne soit pas trouble. Il faut qu'elle ne soit ni trop brune ni trop pâle, ni trop claire ni trop épaisse (*) Voyez ESSENCE.

(*) Outre cette *grande espagnole*, le Cuisinier impérial apprend à faire ce qu'il appelle une *espagnole travaillée*, qui est un composé réduit de grande espagnole, de consommé, de blond de veau et de champignons. C'est ce qu'on peut appeler l'*Alcohol* des sauces. Aussi recommande-t-il de prendre de grandes casseroles. Il en faut de grandes en effet, et si grandes que je ne doute pas que, l'art alimentaire marchant toujours vers sa perfection, il ne faille une boucherie entière, une faisanderie et une pièce de madère sec pour confectionner un verre de sauce extraite de ces matières premières. *Qui vult decipi decipiatur.* C'est aux maîtres de maison que je parle ; car si je m'adressais aux cuisiniers, je ne leur parlerais pas latin, et je leur dirais en bon français : *qui vult decipere decipiat.*

ESPRIT DE VIN; subst. masc. Eau-de-vie rectifiée, c'est-à-dire, repassée une ou plusieurs fois à l'alambic. Nous n'en parlons ici que pour observer qu'il vaut mieux employer en cuisine l'esprit de vin que l'eau-de-vie, le premier étant purgé, par la distillation, d'une huile désagréable que l'eau-de-vie conserve toujours. On mêle alors l'esprit de vin d'une égale quantité d'eau pure ; ce mélange représente à peu près un volume égal d'eau-de-vie.

ESSENCE; subst. fém. Se dit des jus et coulis extraits des meilleures viandes, dont on se sert dans les cuisines pour lier les sauces et donner plus de corps aux ragoûts. Un cuisinier qui faisait un grand usage des *essences* disait à son maître, pour justifier ses comptes, qu'il mettait dix jambons dans une fiole. Voici une recette un peu moins chère.

Essence de jambon. Foncez une casserole avec le gras d'une livre et demie de jambon, une grosse carotte et deux oignons coupés en tranches ; mettez ensuite votre jambon en tranches épaisses de trois ou quatre lignes ; faites suer jusqu'à ce que le tout s'attache à la casserole sans brûler ; ensuite ajoutez peu à peu du bouillon ou du jus de veau, quelques champignons ou mousserons, un bouquet de persil et de ciboules, une gousse d'ail et une croûte de pain ; couvrez bien la casserole, et quand le tout a mijoté et pris la consistance convenable, passez au tamis de crin avec une légère expression.

Essence de gibier. Mettez dans une marmite quatre lapins, quatre perdrix, deux ou trois livres de sous-noix et parures de veau, et une bouteille de vin blanc; faites bouillir jusqu'à ce que le mouillement ait acquis la consistance d'une glace peu colorée; mouillez avec du bouillon et du consommé en parties égales; ajoutez six carottes, quatre oignons, trois clous de girofle et un bouquet composé de persil, de thym et de serpolet. Faites bouillir sur un feu doux, et quand les viandes sont cuites, passez votre essence dans une serviette fine sans expression.

ESTRAGON; substant. masc. Plante potagère, d'une saveur âcre et aromatique mêlée d'une douceur approchante de celle de l'anis. On emploie les sommités de l'*estragon* dans les salades; il en relève le goût et corrige la fadeur de la laitue et des autres plantes aqueuses qui se mangent en salade; on le met dans les bouquets garnis, on le hache avec les autres fines herbes, et on en fait un excellent vinaigre, etc. Voyez VINAIGRE.

ESTURGEON; subst. masc. Poisson cartilagineux dont on distingue deux espèces principales, le petit *esturgeon* ou l'*esturgeon* commun, et le grand *esturgeon*. Le premier remonte les grands fleuves pour y déposer son frai; et ceux qu'il fréquente le plus sont la Garonne, la Loire, le Rhin,

EST

le Pô, le Danube, l'Elbe, l'Oder, le Tanaïs et le Volga qui abondent aussi en saumons. On en prend aussi dans la Seine et dans la Moselle. Ce poisson a quelquefois vingt-cinq pieds de longueur, et sa taille la plus commune est de douze à quinze pieds.

Les Romains, dont le nom se trouve toujours au bout de la plume des gourmands, estimaient beaucoup la chair de l'*esturgeon*, et elle est encore recherchée aujourd'hui, par les amis de la bonne chère. On la mange fraîche, apprêtée de diverses manières dont nous allons parler; on la sale; on la marine; on la fait sécher. La laite est la partie de ce poisson que l'on préfère; on sale et on encaque les œufs de la femelle, et c'est ce qu'on appelle *caviar*. La fermeté de la chair qui ressemble à celle du veau, permet de la faire cuire à la broche.

Le grand *esturgeon* ne se trouve guère que dans la mer Caspienne, la mer Noire et les grands fleuves qui y versent leurs eaux. Il y est très-abondant, et sa taille surpasse de beaucoup celle du petit *esturgeon*; on en cite un qui pesait deux mille huit cents livres. Sa chair n'est pas aussi estimée que celle du petit *esturgeon*; mais on fait une grande consommation, en Russie, du caviar que l'on en tire, et on fait avec sa vésicule aérienne la colle de poisson si connue par sa grande utilité.

Esturgeon à la broche. Piquez de menu lard; faites cuire lentement et de belle couleur; servez-le sur un coulis d'écrevisses.

Esturgeon en fricandeau. Comme le brochet en fricandeau. Voyez BROCHET.

Esturgeon au court-bouillon. Comme le brochet au court-bouillon. Voyez BROCHET.

Esturgeon aux fines herbes. Coupez par tranches de deux doigts d'épaisseur ; faites mariner pendant trois ou quatre heures avec poivre, fines herbes, sel et un peu de vinaigre ; panez de mie fine ; faites griller et servez sur une remolade. Voy. REMOLADE.

Esturgeon grillé en gras. Coupez par morceaux de deux ou trois doigts d'épaisseur et faites cuire dans du vin blanc avec un bouquet de persil, une gousse d'ail, sel et poivre ; panez et faites griller de belle couleur ; servez sur une sauce piquante faite avec le court-bouillon, un peu d'huile, un filet de vinaigre, deux jaunes d'œufs durs et délayés, et des échalottes hachées.

ÉTUVÉE ; subst. fém. Se dit en général de tout ragoût fait avec du vin, soit en viande ou en poisson. On apprête particulièrement la carpe de cette manière. Voyez CARPE. L'*étuvée* ne diffère de la matelotte qu'en ce que celle-ci est composée de plusieurs poissons différens.

ÉTOURNEAU ; substant. masc. Oiseau un peu moins gros que le merle, d'un plumage noir, tiqueté de blanc, avec une teinte de bleu et de pourpre qui change suivant les aspects. La chair de l'*étourneau* est mauvaise, sur-tout quand il est vieux, et on le sert rarement sur les tables.

F

FAISAN; subst. masc. Oiseau de la grosseur du coq, originaire de la Colchide, aujourd'hui Mingrélie; il est sauvage encore en beaucoup de pays. Il y a des *faisans* sauvages dans les montagnes du Dauphiné et du Forez, dans les forêts de Loches et d'Amboise, et dans plusieurs îles du Rhin. Nous les avons rendus presque domestiques; on les élève dans des endroits entourés de murs élevés, qu'on appelle faisanderies. Le *faisan* fait l'ornement de nos forêts, par l'éclat de son plumage, et celui de nos tables par la délicatesse et le fumet de sa chair; c'est un aliment sain, nourrissant et de facile digestion. On l'apprête comme le poulet, et le plus souvent on le sert rôti, bardé ou piqué de lard fin, et quelquefois farci de son foie avec les assaisonnemens convenables. Il n'est pas nécessaire de dire qu'il faut en ôter les pattes et les aîlerons; on laisse la tête avec ses plumes et on l'enveloppe d'une papillotte qu'on ôte en servant.

FAON; subst. masc. Le petit de la biche, d'un daim ou d'un chevreuil; le seul mot de *faon* désigne celui de la biche. Voyez ces mots.

FARCE; subst. fém. Se dit des viandes, des poissons et des herbes hachés, assaisonnés et liés, soit pour être mangés séparément, soit pour servir de garniture ou d'accompagnement. Comme on fait un grand usage des *farces* en cuisine, nous allons indiquer celles qui ont le plus d'emploi, afin qu'on ne soit pas obligé de chercher ailleurs celles qui conviennent à tel mets en particulier.

Farce générale en gras. Prenez une rouelle de veau, autant de graisse de bœuf et de lard ensemble et en parties égales, persil, ciboules, une petite gousse d'ail, des champignons, ou des mousserons ou des truffes fraîches ; hachez le tout ensemble très-menu ; ajoutez une poignée de mie de pain fine, quatre ou cinq cuillerées de crême, quatre œufs entiers fouettés, sel et poudre d'épices ; mêlez bien le tout et employez à volonté. Vous pouvez en faire des saucisses et des crépines.

Farce de poisson. Prenez la chair d'un brochet, celle d'une anguille ou celle d'une carpe, d'un barbeau, etc. Hachez bien menu ; ajoutez une omelette un peu baveuse hachée avec champignons, ou mousserons ou truffes vertes, mie de pain fine, crême, fines herbes hachées, sel et poudre d'épices. Mêlez bien le tout pour vous en servir comme vous le jugerez à propos. Vous pouvez en farcir des poissons, des choux ; vous pouvez l'employer en saucisses et en crépines, comme la précédente, en faire des boulettes frites, lui donner la forme d'un poisson dont vous avez conservé la tête et la queue joints ensemble par l'arrête vertébrale.

Farce de volailles. Elle se fait comme la farce générale en gras, en substituant au veau le blanc et même toute la chair d'une ou de plusieurs volailles. On l'emploie aux mêmes usages, et si l'on veut la servir seule, on peut lui donner la forme d'une volaille, la paner de mie fine, la faire cuire au four ou sous le couvercle d'une tourtière, et la servir à sec ou sur une sauce piquante.

Farce simple en gras ou *en maigre.* Faites cuire six gros oignons sous la cendre chaude; pelez et hachez. Passez-les au beurre et cassez dans le casserole cinq œufs entiers; fouettez et mêlez le tout avec sel et poudre d'épices, fines herbes et mousserons hachés. Faites cuire, en remuant toujours, en consistance d'œufs brouillés; farcissez-en un poisson, une volaille, un chou, des laitues, etc.

Si c'est une volaille, vous vous servirez, si vous voulez, de lard au lieu de beurre, et vous ajouterez à la farce le foie haché et mêlé avec les œufs.

FARINE; subst. fém. La farine entre dans presque tous les ragoûts et toutes les sauces dont elle fait la liaison; on en saupoudre les poissons que l'on fait frire ou griller. On apprend par l'usage la dose de *farine* qui convient aux liaisons. Une liaison trop épaisse est désagréable; une liaison trop claire l'est encore plus.

FENOUIL; subst. fém. Plante aromatique, dont les sommités entrent dans les garnitures de salades et dans quelques assaisonnemens; on s'en sert aussi pour envelopper les maquereaux que l'on cuit sur le gril. Voyez MAQUEREAU.

FÈVE; subst. fém. Plante légumineuse fort connue, que l'on cultive dans les jardins et en plein champ. On les mange vertes et sèches.

Fèves vertes à la crême. Choisissez les tendres, à la moitié de leur grosseur; passez-les dans la casserole avec du bon beurre à demi-roux, sel, persil et ciboules hachés, et un peu de sarriette; mouillez avec de l'eau, et quand elles sont cuites, mettez-y de la crême fraîche, et, si vous voulez, un peu de sucre.

Purée de fèves. Prenez des *fèves* vertes ou sèches et dérobées; faites-les cuire à l'eau et réduisez-les en purée dans une passoire; mettez-les dans une casserole avec du beurre, du sel, un peu de crême et du persil haché; faites mijotter en mêlant, et servez.

FEUILLANTINE; subst. fém. Pâtisserie feuilletée qu'on sert à l'entremets et qu'on garnit de plusieurs manières en façon de tartelettes.

1.º Faites deux abaisses de pâte feuilletée de l'épaisseur d'un petit écu. Prenez de la crême et de la mie de pain fine, de la cannelle en poudre, un peu de sucre aussi en poudre et quelques gouttes de jus de citron; mêlez bien le tout et garnissez-en l'abaisse de dessous placée dans un moule à tartelettes; couvrez de la seconde abaisse, dorez et mettez au four.

2.º Substituez à la composition précédente une crême de pistaches, et suivez le même procédé.

3.° Mettez sur l'abaisse inférieure une crême de frangipane froide, et faites cuire au four. Étant cuites, glacez-les avec du sucre en poudre et la pêle rouge ; parsemez-les de nompareille.

FEUILLETAGE; subst. masc. Terme de pâtisserie ; pâte feuilletée.

FILET ; subst. masc. Se dit de la partie charnue qui est le long de l'épine du dos de quelques quadrupèdes et de l'arrête vertébrale de quelques poissons, et on ne lui donne ce nom que quand ces animaux sont mis en pièces pour notre nourriture. *Un filet de bœuf, de chevreuil. Des filets de perche, de brochet.*

On dit que les viandes sont coupées en filets, quand on les a coupées suivant leur fil en morceaux longs et déliés, pour être employés à différens mets, suivant l'art du cuisinier.

Filet de bœuf à la broche. Parez-le, ôtez-en les nerfs et les peaux, et piquez le dessus de lard fin ; faites cuire doucement à la broche un peu rouge, et servez sur une sauce piquante aux anchois ou sur une poivrade. Voyez SAUCE et POIVRADE.

Filet de bœuf à la sultanne. Prenez un petit filet de bœuf, parez-le comme ci-dessus, et applatissez-le avec le plat du couperet ou avec un gros rouleau ; couvrez-le d'une couche mince de farce de volaille cuite ou de veau à défaut de volaille, et mettez sur cette couche un mélange de foies gras ou de riz de veau blanchis et coupés en petits dés, de champignons ou mousserons, cornichons et fines herbes hachés ensemble, et assaisonnés de sel et poudre d'épices ; roulez votre filet et enveloppez-le de bardes de lard assujetties avec du filet ensuite d'une feuille de papier blanc. Faites cuire doucement à la broche, sans être rouge, et servez avec une sauce à la sultane. Voyez SAUCE.

Filets de mouton aux épinars. Levez les filets d'un grand carré de mouton ; piquez-les de lard fin ; faites cuire et glacez en fricandeaux ; passez au beurre des épinars blanchis et bien pressés ; mouillez-les d'un peu de bouillon et assaisonnez de sel et poudre d'épices ; ou bien mettez-les dans la casserole pour les mêler avec ce qui reste de la glace. Servez vos filets dessus.

Filets de lièvre à la tourtière. Prenez un rable de lièvre, ôtez-en les filets, et les ayant parés, piquez-les de lard fin ; faites-les cuire dans une tourtière sur des bardes de lard, et servez sur une poivrade ou sur une sauce piquante. Voyez SAUCE et POIVRADE.

Filets de cochon. De même que les filets de lièvre de l'article précédent.

Filets de poisson en caisse. Foncez une caisse d'argent ou de papier d'une farce de poisson. Voyez FARCE. Mettez vos filets de poisson par-dessus, et recouvrez de la même farce ; saupoudrez de mie fine parsemée de petits morceaux de beurre. Faites cuire au four ou dans une tourtière, feu dessus et dessous. Servez avec une sauce maigre ou sans sauce.

Filets de poisson frits. Faites mariner vos filets dans du vinaigre avec sel et poivre; farinez-les, faites frire et servez garni de persil frit.

FLAMBER; verbe actif. Passer par le feu ou par dessus le feu : on flambe la volaille pour en brûler le duvet qu'on n'a pu enlever en la plumant; on flambe aussi une volaille, des grives, un cochon de lait, etc. en les arrosant quand ils sont à la broche, avec du lard fondu qu'on fait brûler au-dessus. C'est ce qu'on appelle *passer au feu d'enfer.*

FLAN; subst. masc. Petite tarte qu'on fait avec de la crême, et qu'on mange chaude. Voy. TARTE.

FLEZ; subst. masc. Poisson de mer plat, couvert de petites écailles et qui a quelques taches jaunes sur le corps. Ce poisson qui ressemble à la plie, mais qui est plus long, remonte dans les rivières et quelquefois fort loin de la mer. On le fait frire comme la limande, ou on le fait cuire à l'eau avec du sel et du persil, ou on le fait griller pour le servir avec une sauce blanche.

FOIE; subst. masc. Viscère qui sert à la sécrétion de la bile. On ne mange que les foies du veau, du cochon et du chevreuil; on recherche ceux de la volaille et du poisson, et l'on sait que l'on est parvenu à grossir et à engraisser le foie de l'oie, au point de lui donner un volume décuple de celui qu'il a naturellement. Tout le monde connaît les pâtés de foies d'oie de Strasbourg, qui joignent l'élégance à la délicatesse. C'est aux dépens de l'oie que son foie acquiert cet embonpoint ; l'animal reste étique. Mais on peut sans barbarie se procurer des foies qui approchent de ceux-là, comme on le dira ci-après.

Foie de veau à la broche. Piquez de lard fin et faites cuire à la broche à petit feu. Servez sur une poivrade ou sur une sauce piquante. Voy. SAUCE et POIVRADE.

Foie de veau en boudin. Voyez BOUDIN.

Foie de veau en ragoût. Lardez-le de gros lard assaisonné de poivre et de fines herbes hachées ; mettez-le dans une casserole à couvercle sur des bardes de lard, et faites suer doucement, feu dessus et dessous. Quand il est à moitié cuit, versez-y deux verres de vin blanc et un verre de bouillon ; ajoutez sel, poudre d'épices et échalottes hachées, et achevez la cuisson. Liez la sauce, sans faire bouillir, avec deux jaunes d'œufs délayés avec du coulis, et servez.

Foie de veau sauté. Coupez en deux votre foie de veau suivant sa longueur, et puis chaque moitié en travers par morceaux épais de quatre ou cinq lignes ; arrondissez ces morceaux par un bout, et taillez-les un peu en pointe par l'autre bout, de manière qu'ils représentent le profil d'une poire. Assaisonnez-les de sel, poudre d'épices et persil haché et mettez-les dans un sautoir avec six onces de beurre tiède. Au moment de servir, mettez ce sautoir sur un feu ardent, et quand vos morceaux sont roides d'un côté, retournez-les de l'autre. Etant cuits, retirez-les du sautoir ainsi que le beurre, mettez-y un verre de vin blanc et cinq à six cuillerées d'espagnole. Voyez ESPAGNOLE. Faites un peu réduire et passez au tamis clair sur vos morceaux de foie dressés en couronne.

Si vous n'avez pas d'espagnole, comme cela est probable, mettez une bonne cuillerée de farine dans le sautoir, et après l'avoir délayée avec le beurre, vous la mouillez avec deux verres de vin blanc et un peu de jus ou de bouillon; assaisonnez de sel et poudre d'épices, faites réduire un moment et versez au milieu de vos morceaux dressés en couronne, comme il est dit.

Foie de cochon en hâtereaux. Coupez en tranches épaisses d'un doigt; assaisonnez de sel et de poivre; enveloppez de crépine et faites cuire sur le gril. Servez sans sauce ou sur une sauce piquante.

Foies d'oies. Prenez quatre ou cinq foies d'oies entiers; faites-les tremper dans de l'eau fraîche, sans en ôter le fiel, pendant quarante-huit heures, ayant soin de changer l'eau de cinq heures en cinq heures; ensuite ôtez les fiels et faites blanchir; passez au beurre avec un peu de farine et quelques champignons ou mousserons; mouillez avec du bouillon ou du jus et un verre de vin blanc; ajoutez sel, poudre d'épices et bouquet de persil; faites bouillir pendant une demi-heure, jusqu'à réduction convenable, et servez avec jus de citron.

On peut employer à divers usages les foies d'oies ainsi macérés dans l'eau fraîche; on en fait des farces et des garnitures délicates; on en fait des pâtés froids assaisonnés de truffes, à l'instar de ceux de Strasbourg. Mais il faut convenir que les foies n'acquièrent jamais par ce procédé l'embonpoint et la délicatesse de ceux qu'on tire des oies mises en graisse à cet effet. Voyez OIE.

Foies gras en rôties. Passez-les au feu avec du lard; hachez ensuite avec un peu de blanc de volaille cuite, un peu de lard, champignons, sel et poudre d'épices; ajoutez deux œufs entiers battus, et étendez cette farce sur des tranches de mie de pain épaisses de deux ou trois lignes; panez de mie fine parsemée de petits morceaux de beurre, et faites cuire dans une tourtière légèrement enduite de beurre. Servez à sec et de belle couleur.

Foies gras en crépine. Prenez la moitié de vos foies pour faire une farce comme dans l'article précédent; coupez de la crépine en morceaux, et sur chaque morceau étendez un peu de cette farce, sur laquelle vous mettrez un foie; recouvrez de farce, et enveloppez le tout avec la crépine. Faites cuire dans la tourtière ou sur le gril, et servez avec un peu de jus chaud.

On peut encore préparer les foies de plusieurs autres manières ; c'est au cuisinier à choisir suivant son goût et ses moyens. On sait d'ailleurs que les foies entrent dans la composition de toutes sortes de farces pour les pâtés, les daubes, les galantines, etc.

FRAISE ; subst. fém. C'est le nom qu'on donne dans les boucheries et dans les cuisines au mésentère et aux boyaux du veau et de l'agneau.

Fraise de veau au naturel. Après l'avoir fait dégorger dans l'eau tiède, faites-la cuire dans une marmite avec de l'eau dans laquelle vous aurez délayé une poignée de farine ; ajoutez sel, poivre, bouquet de persil et une gousse d'ail. Servez à courte sauce et avec du vinaigre.

Fraise de veau au gratin. Etant blanchie dans une eau farinée, laissez-la refroidir ; coupez-la en petits morceaux ; passez au beurre avec une pincée de farine et mouillez avec un peu d'eau ou de bouillon et un verre de vin blanc ; ajoutez sel, poudre d'épices et bouquet de persil ; faites mijoter et réduire à sauce courte et lier avec deux jaunes d'œufs ; tirez et laissez refroidir. Mettez sur le plat où vous devez la servir, du beurre, de la mie fine et de la rapure de fromage, gruyère ou parmesan ; dressez sur ce fond votre fraise en dôme ; panez et beurrez la surface. Faites prendre couleur au four ou sous le couvercle d'une tourtière et servez.

FRANGIPANE ; subst. fém. Espèce de crême dont on couvre les tartes, et qui est faite avec de la farine, du lait, des œufs, des amandes, du sucre, de l'écorce de citron rapée ou de la fleur d'orange. Cette crême tire son nom du frangipanier, arbre d'Amérique dont les fleurs ont un parfum très-agréable.

FRESSURE ; subst. fém. Terme collectif par lequel on désigne plusieurs parties intérieures du corps de quelques animaux, savoir, le cœur, le foie, la rate, le poumon ou le mou.

Après l'avoir fait dégorger dans l'eau fraîche et blanchir à l'eau bouillante, on la découpe en morceaux et on l'apprête en fricassée de poulets.

FRICANDEAU ; subst. masc. Se dit d'un morceau de veau piqué de lard fin et glacé avec le liquide réduit dans lequel on l'a fait cuire ; et par extension, de toute viande ou poisson apprêté de cette manière.

C'est de la cuisse de veau que l'on tire ce que l'on appelle proprement *fricandeau*. Cette cuisse se divise naturellement en trois parties par des cloisons membraneuses à l'aide desquelles on peut les séparer et les approprier en *fricandeaux*, gros, moyen et petit. Le moyen est le moins bon, et le petit, joint à la rotule du genou, se sert avec elle.

Après avoir séparé les *fricandeaux*, on en ôte les peaux, pour avoir la facilité de les piquer, ce qui se fait aisément pour le gros et pour le petit; au moyen tient une espèce de filet intermédiaire qu'on nomme *bouchon* et qui n'est pas aussi tendre que le reste. On met ce bouchon avec les autres débris de la cuisse pour en faire du jus ou de la farce, et l'on garde les os et le jarret pour les faire cuire avec les *fricandeaux* et donner par-là plus de consistance à la glace dont on les dore. Mais pour être bien instruit sur ce point, il faut mettre la main à l'œuvre et procéder plus d'une fois à la dissection des *fricandeaux*.

Fricandeau ordinaire. Votre fricandeau étant approprié et battu avec le rouleau, piquez-le de lard fin du beau côté, qui est celui dont on a ôté la peau, et faites-le passer à l'eau bouillante. Mettez-le cuire dans une casserole avec un peu de sel, poudre d'épices, bouquet de persil et d'estragon, une gousse d'ail, le tout mouillé d'eau ou de bouillon, et ayez soin de le poser sur le côté non piqué. Quand il est cuit, tirez-le, dégraissez la sauce et passez-la au tamis dans une autre casserole; faites-la réduire jusqu'à ce qu'elle soit d'une belle couleur cannelle; dorez votre fricandeau du côté piqué, en l'enduisant de cette glace avec un pinceau de soies, et l'ayant placé au milieu du plat où il doit être servi, versez à côté une sauce faite du bouillon ou du jus et le reste de la glace et liée avec un peu de farine.

On peut servir les fricandeaux ainsi apprêtés sur une farce d'oseille, d'épinars ou de chicorée, sur une purée de céleri, de carottes ou d'oignons.

Les farces d'herbes se préparent en les faisant cuire à l'eau, en les hachant et en les mêlant avec le reste de la glace; on y ajoute autant qu'il est nécessaire, un peu de farine, de jus et d'assaisonnement. On tourne ce mélange sur le feu dans la casserole d'où on a tiré le fricandeau, jusqu'à ce qu'il soit bien lié; on l'arrange sur le plat, et l'on pose doucement le fricandeau dessus.

Les purées s'apprêtent et se servent de même, avec cette différence qu'au lieu de les hacher on les passe dans une passoire propre à cet effet.

On met en fricandeaux les filets du veau, du mouton, du cochon, du chevreuil et du lièvre, les riz de veau, les ailes et les cuisses du dindon, les volailles entières, les poissons et leurs filets, les darnes de saumon, les tronçons d'anguille, etc. Et quand on n'emploie ni jus ni bouillon pour les faire cuire, il est presque toujours nécessaire de se servir de jarrets ou de pieds de veau pour faire la glace; observant que, quand les fricandeaux sont cuits avant que le jarret soit défait, on doit laisser ce dernier plus long-temps dans la casserole. Mais pour éviter ces lenteurs, on se sert, dans ce cas, d'une glace apprêtée d'avance, dans laquelle on fait cuire les fricandeaux, en y ajoutant autant d'eau ou de bouillon qu'il est nécessaire. (*) Voyez GLACE.

FRICASSÉE; subst. fémin. Viande coupée par morceaux, assaisonnée et cuite promptement; ce mot s'applique sur-tout aux ragoûts de poulets dépécés. Voyez POULET.

On dit proverbialement de quelqu'un qui aime à faire bonne chère, qu'*il est savant en fricassée*.

FRICASSER; faire une fricassée : *Fricasser*, veut dire aussi figurément, *dissiper son bien en bonne chère*.

FRIRE; faire cuire dans une poêle ou dans une casserole avec du beurre, du saindoux ou de l'huile bouillante.

(*) Voici la manière anglaise de faire un fricandeau à la française, extraite du Cuisinier anglais, tom. I, pag. 61.

Coupez d'une cuisse de veau des tranches suffisamment épaisses et de cinq à six pouces de long; enduisez-les d'un jaune d'œuf. Mettez-y du sel et du poivre et rapez dessus un peu de muscade. Ajoutez un peu de persil haché. Laissez les tranches sur un plat de terre, et mettez-les devant le feu. Arrosez-les avec du beurre, et laissez-les rissoler. Alors retournez-les de l'autre côté; enduisez-les comme la première fois et faites-les cuire de la même manière. Ensuite faites un bon jus roux avec des truffes, des morilles et des jaunes d'œufs durs que vous avez fait bouillir ensemble; garnissez avec du citron et du persil frit, et servez.

On croirait que c'est dans la vue de déprécier la cuisine française, que les célèbres Wollams et Collingwood ont imaginé ce ragoût, qui n'est sûrement pas le *nec plus ultrà* de la gourmandise. Leurs portraits placés au devant de leur œuvre sont bien meilleurs que leurs recettes.

FRITURE; subst. fém. Se dit des choses frites. *Une friture de carpe, de grenouilles.* Les différentes fritures sont expliquées aux articles qui leur sont propres.

FROMAGE; subst. masc. C'es la partie mucilagineuse ou gélatineuse du lait. Tout le monde sait la manière de préparer les fromages blancs ordinaires. Les autres se trouvent par-tout. Ceux dont on se sert dans la cuisine sont le Gruyère et le Parmesan qui sont au premier rang parmi tous les autres.

G

GALANTINE; subst. fém. Se dit d'une daube mélangée de farce et de viande en filets et enveloppée dans la peau d'un cochon de lait ou d'une volaille. Nous avons parlé de la *galantine* de dindon à l'article de ce nom; voici les procédés à suivre pour celle de cochon de lait:

Cochon de lait en galantine. Le cochon étant échaudé, nettoyé, vidé et lavé, coupez la tête et les pattes; désossez-le sans endommager la peau. Faites une farce avec son foie et une partie de sa chair dont vous réservez le reste, de la graisse de bœuf, des truffes, du persil, une gousse d'ail, un peu de sauge, sel et poudre d'épices. Etendez la peau dans une forme ou une petite casserole oblongue de la longueur et de la grosseur du cochon, et sur un linge assez grand pour lui servir d'enveloppe. Mettez sur cette peau un lit de farce épais de deux ou trois lignes; rangez sur ce lit des filets de lard, de jambon, de la chair que vous aurez réservée, et des truffes; faites un second lit de farce et un second rang de filets, et ainsi de suite jusqu'à contenance de la peau que vous refermez et cousez. Enveloppez ensuite la galantine avec le linge placé dans la forme, et entourez-la de plusieurs tours de ficelle en long et en large. Faites-la cuire pendant trois heures ou plus, s'il est nécessaire, dans une braisière oblongue avec de l'eau ou du bouillon et autant de vin blanc, sel, poivre, bouquet de persil, de sauge, de thym, de ciboules et de quelques feuilles de laurier. Etant cuite, retirez-la et laissez-la presque tout-à-fait refroidir dans son enveloppe. Servez-la froide pour entremets, à sec ou entourée d'une gelée faite avec son court-bouillon, comme on l'a expliqué pour la galantine de dindon. Voyez DINDON.

GALETTE, subst. fém. Espèce de gâteau qu'on fait cuire au four avant le pain ou avec le pain.

Galette commune. Pétrissez un morceau de pâte levée avec du beurre frais et des œufs, en ajoutant autant de farine qu'il est nécessaire pour que cette pâte soit un peu ferme; applatissez avec le rouleau de l'épaisseur d'un doigt; dorez avec un jaune d'œuf, et répandez çà et là de petits morceaux de beurre. Mettez au four avec le pain, et tirez-la quand elle est cuite et de belle couleur.

Galette à la crême. Faites une abaisse avec une pâte pêtrie avec de la farine, du beurre et un œuf; placez cette abaisse sur un grand plateau, et relevez-en les bords de la hauteur de trois ou quatre lignes; mettez au four un moment avant d'enfourner le pain. Quand elle est presque cuite, retirez-la et versez dessus quatre ou cinq œufs délayés avec un peu de crême et du sel; parsemez-la de petits morceaux de beurre, et remettez au four pendant cinq à six minutes. Servez chaudement pour déjeûner.

GALIMAFRÉE; subst. fém. Espèce de fricassée composée de restes de viandes cuites, coupées en morceaux. De l'eau, du sel et du poivre en font tout l'assaisonnement, si c'est de la viande blanche; on ajoute pour les autres du vin ou un filet de vinaigre, avec une gousse d'ail et des échalottes hachées.

GARBURE; subst. fém. C'est le nom que l'on donne à certains potages épais, soit en gras ou en maigre. On en trouve les procédés dans plusieurs ouvrages de cuisine; nous donnerons ici comme les meilleurs ceux qui sont consignés dans l'Almanach des Gourmands, septième année, pages 10 et suivantes.

En gras. Il faut d'abord avoir un bon empotage ou, à défaut, d'excellent bouillon; ensuite vous prenez des choux que vous coupez en quatre. Après les avoir fait blanchir et rafraîchir, vous les passez pour les égoutter, et vous ficelez chaque quartier séparément. Vous foncez une casserole ou une braisière avec des bardes de lard; vous arrangez dessus vos choux avec du petit lard, quelques tranches de jambon, des rouelles ou un jarret de veau. Après avoir recouvert le tout de bardes de lard, vous y ajoutez carottes, oignons et un bouquet garni. Mouillez ensuite le tout avec votre empotage, et faites cuire à petit feu.

Lorsque vos choux sont bien cuits, vous coupez du pain de potage que vous faites mitonner un peu épais avec votre bouillon. Vous égouttez ensuite vos choux sur un linge blanc et les pressez; vous saupoudrez une soupière d'argent ou de terre qui aille au feu, de gruyère et de parmesan râpés; vous y mettez un lit de choux saupoudrés de même, puis un lit de pain mitonné et également saupoudré, et vous élevez successivement les lits jusqu'à ce que la soupière soit pleine, en observant de finir par un lit de choux que vous saupoudrez plus encore que les autres. La soupière étant ainsi remplie, vous la mettez gratiner doucement soit au four, soit sous un four de campagne entre deux feux, et vous servez brûlant.

Si vous avez des fonds de braises, vous pouvez vous en servir pour faire cuire vos choux; ils n'en seront que meilleurs.

Vous servez en même temps que la *garbure*, mais dans une écuelle à part, de bon bouillon bien chaud pour ceux qui n'aiment pas le potage épais.

En maigre. Vous commencez par faire un bon bouillon maigre avec pois secs, carottes et céleri. Vous passez ce bouillon et vous faites suer dans une marmite des oignons, des carottes et du céleri coupés en dés avec du beurre. Quand le tout est d'une belle couleur, vous mouillez avec votre bouillon, et vous y ajoutez ou des cuisses ou des corps de grenouilles, ou tous les deux ensemble, sel, poudre d'épices et bouquet de persil. Faites bouillir pendant sept ou huit minutes et passez au tamis clair. Finissez votre *garbure* comme ci-dessus, bien entendu que vous emploierez du beurre, au lieu de lard, pour faire cuire vos choux, et que vous mouillerez avec du bouillon maigre.

Garbure aux marrons ou *potage distingué*. Faites rôtir une vieille perdrix fraîchement tuée; faites cuire en même temps dans un empotage ou bon bouillon une cinquantaine de marrons de Lyon rôtis et bien épluchés. Pilez la chair de votre perdrix, après en avoir ôté les eaux et la peau; égouttez vos marrons et mettez-les dans le mortier avec la perdrix déjà pilée; pilez de nouveau et amalgamez le tout ensemble. Passez au tamis clair avec expression, et faites mitonner dedans du pain de potage ou des mies frites, en procédant comme pour une purée de lentilles.

Cette alliance de la perdrix avec la pulpe du marron, donne un produit très-savoureux d'un goût distingué. Ce potage est singulièrement restaurant et convient sur-tout aux estomacs des favoris de Vénus qui ont toujours beaucoup à réparer. (*)

Garum; voyez ANCHOIS.

GARDON; subst. masc. Petit poisson blanc de rivière et d'étang, connu aussi sous le nom de *rosse*; sa chair est molle et peu estimée; on le mange ordinairement en friture.

GATEAU; subst. masc. Espèce de pâtisserie faite avec de la farine, du beurre et des œufs, et qu'on diversifie, en y mêlant d'autres ingrédiens, et en lui donnant différentes formes. Nous allons indiquer les procédés le plus en usage.

Gâteau d'amandes. Prenez un litron de farine, du beurre gros comme un œuf, quatre œufs entiers, trois onces de sucre en poudre fine, six onces d'amandes douces, pelées et pilées; pétrissez le tout ensemble et applatissez cette pâte avec le rouleau en lui donnant la forme ronde; faites cuire au cette après l'avoir saupoudré de sucre.

―――――――――――――――――――――――

(*) D'où vient le mot *Garbure*? Je l'ignore. Un cuisinier, plus plaisant qu'érudit, m'a dit qu'il vient de Garbe, pays que Lafontaine a rendu si célèbre; mais cela n'est pas croyable. Je crois plutôt qu'il est dérivé de l'italien *Garbuglio*, qui signifie confusion, mélange.

Gâteau de brioche. Faites un levain avec un demi-litron de farine, un peu d'eau chaude et à peu près une demi-once de levure de bierre; enveloppez cette pâte dans un linge, et laissez-la reposer pendant une heure dans un endroit chaud; une demi-heure suffit en été. Pétrissez ensuite ce levain avec un litron de farine, trois quarterons de beurre, six œufs entiers, un peu d'eau, une pincée de sel; enveloppez encore cette nouvelle pâte d'une serviette, pour la laisser reposer pendant huit ou neuf heures; distribuez-la ensuite en petits gâteaux dans des moules beurrés, ou formez-la en une seule brioche dans un grand moule; dorez avec de l'œuf battu, et faites cuire au four pendant une heure, plus ou moins, suivant la grandeur des moules.

Gâteau au riz. Faites bouillir une pinte de lait avec trois onces de sucre, et mettez-y crever du riz bien mondé, lavé et séché. Étant cuit en consistance de bouillie épaisse, mêlez-y six jaunes d'œufs et ensuite les six blancs fouettés en neige; ajoutez une cuillerée d'eau de fleur d'orange, et versez cette pâte, qui doit être un peu liquide, dans une casserole à couvercle, dont vous avez enduit l'intérieur de beurre affiné et ensuite de mie fine. Faites cuire au four ou sur un fourneau, dans un tas de cendres rouges mêlées de braise, pareil feu sur le couvercle. Quand il est cuit, renversez le *gâteau* dans le plat où vous devez le servir.

Gâteau de Savoie. Ce gâteau n'est qu'un biscuit qu'on peut faire comme les autres, avec les changemens ci-après :

Mettez douze œufs dans le plateau d'une balance, et sur l'autre plateau autant de sucre fin; ôtez six œufs d'un côté, et substituez au sucre de la farine très-fine égale en poids aux six œufs restant. Cassez les douze œufs; mettez les jaunes dans une terrine, et les blancs dans une autre. Mettez avec les jaunes le sucre que vous avez pesé, de la rapure de citron vert et une cuillerée d'eau de fleur d'orange, et battez le tout ensemble pendant près d'une demi-heure; mêlez-y ensuite les blancs que vous avez fouettés en neige et la farine que vous y versez peu à peu en fouettant toujours. Versez ensuite ce mélange dans un moule approprié ou dans une casserole un peu profonde dont vous avez enduit l'intérieur avec du beurre affiné et tiède. Faites cuire au four à une chaleur très-modérée pendant une heure et demie. Votre gâteau étant cuit, renversez le doucement sur un plat; pour le servir froid.

Il peut arriver que ce gâteau ait trop de couleur en sortant du four; alors on le gratte légèrement avec le tranchant d'un couteau, pour en enlever la surface trop brune. On fait une glace blanche avec du sucre en poudre fine, un blanc d'œuf et un peu de jus de citron mêlés et fouettés ensemble; on en couvre le gâteau en l'unissant proprement, et on laisse sécher cette glace avant de servir.

Gâteau de vermicelle. Il se fait comme celui de riz ; mais il ne faut qu'un moment pour cuire cette pâte dans le lait.

Gâteau au fromage. Pétrissez une livre de farine avec une demi-livre de beurre et de la crême battue, ajoutez quatre œufs entiers et un peu de fromage blanc et mou, de manière que votre pâte soit un peu ferme. Formez votre gâteau en couronne sur une feuille de papier beurrée, et répandez dessus de petits morceaux de fromage mêlé avec du beurre. Faites cuire au four et servez chaud ou froid.

Gâteau à l'allemande, ou *Kaiselkoucke*. Prenez une livre de farine, deux cuillerées de levûre de bière, une livre de beurre, six œufs entiers et quatre onces de sucre en poudre. Pétrissez d'abord la farine avec les œufs, la levûre et le sucre, et délayez ensuite avec le beurre tiède jusqu'à consistance d'une pâte très-molle. Ajoutez deux cuillerées d'eau de fleur d'orange et deux ou trois onces de raisins de Corinthe. Mettez cet appareil un peu liquide dans un moule bien beurré et évasé, et ne le remplissez qu'à demi, afin que le gonflement de la pâte ne la fasse pas déborder. Couvrez le moule d'un linge et placez-le dans un endroit chaud. Quand la pâte est bien levée, mettez-la au four, et quand le gâteau est cuit, renversez-le sur le plat où il doit être servi.

Gâteau mollet. Délayez cinq cuillérées de farine avec sept œufs crus et entiers; ajoutez une once de sucre en poudre, un grain de sel, une cuillerée d'eau de fleur d'orange et une chopine de bon lait, et formez de ce mélange une pâte claire et sans grumeaux. Faites fondre dans une tourtière trois ou quatre onces de beurre, et quand il est très-chaud, versez-y votre pâte, après l'avoir bien remuée. Couvrez la tourtière et mettez sur le couvercle du feu un peu vif. Votre gâteau étant cuit, bien renflé et de belle couleur, servez-le chaudement.

GAUFRE; subst. fém. Pâte légère, mince et croquante, cuite entre deux plaques de fer, où elle prend l'empreinte des dessins qu'on y a gravés. Tout le monde connaît les gaufres et la façon de les faire; mais on ne connaît pas également les gaufres épaisses qu'on appelle *flammandes*, et qui se cuisent dans un gaufrier qui a plus de capacité. En voici la recette et le procédé:

Gaufres flammandes. Délayez un litron de farine avec du lait tiède, une demi-once de levûre de bière et un peu de sel; ajoutez huit blancs d'œufs bien fouettés, et une demi-livre de beurre fondu avec un peu d'eau de fleur d'orange; couvrez et laissez lever cette pâte dans un endroit un peu chaud. Faites chauffer le gaufrier, et frottez-le avec un morceau de beurre enveloppé dans un linge; versez-y une bonne cuillerée de pâte, de manière qu'elle s'étende sur tout le gaufrier sans le déborder ; fermez et retournez sur-le-champ le gaufrier et faites cuire des deux côtés. La gaufre étant cuite et de belle couleur, servez-la chaudement saupoudrée de sucre fin.

Observez qu'il n'est pas nécessaire de graisser le gaufrier pour chaque gaufre, parce que le beurre qu'on a mis dans la pâte remplit cet objet ; il suffit quelquefois de le frotter pour la première gaufre.

GÉLATINE ; subst. fém. C'est la même chose que *gelée*.

GELÉE ; subst. fém. Se dit du suc extrait de quelque substance animale ou végétale, clarifié et congelé. On fait des *gelées* avec les poissons, la corne de cerf et avec le suc des fruits, et on en donne aux malades et aux convalescens, quand ils ne sont pas en état de prendre une nourriture plus solide.

Il n'est question dans cet article que des *gelées* animales ; les *gelées* végétales concernent l'office.

Gelée ordinaire. Mettez dans une braisière un coq ou un chapon, deux jarrets de veau, quatre pintes d'eau et une pinte de vin blanc ; faites bouillir et écumez ; ajoutez un bouquet de persil et un peu de sel. Quand les viandes sont défaites, ôtez-les, dégraissez et passez le bouillon au tamis ; remettez-le dans la braisière avec un bâton de cannelle et l'écorce d'un citron légèrement zesté ; faites bouillir et réduire à trois ou quatre chopines. Fouettez deux blancs d'œufs; mettez avec ces blancs une grande cuillerée de votre bouillon; fouettez encore, et mêlez, toujours en fouettant, avec le bouillon qui est dans la braisière. Faites encore bouillir pendant sept à huit minutes; exprimez-y le jus du citron dont vous avez employé les zestes, et passez ensuite dans une serviette fine pliée en deux, sans expression. Mettez cette gelée dans un lieu frais, pour qu'elle se fige.

Gelée de poissons. Le court-bouillon, dans lequel on a fait cuire le poisson, se fige et forme une gelée qu'on peut rendre très-agréable à la vue et au goût en y ajoutant des ingrédiens appropriés, et en la clarifiant. On peut la servir sur le poisson même coupé par tronçons. Mais pour cela il faut en avoir en plus grande quantité que le poisson qu'on sert n'en peut fournir: on prend alors le court-bouillon de plusieurs poissons cuits ensemble, et si cela ne suffit pas, on y mêle un peu de gelée de viande. Cette gelée étant aromatisée du jus d'un citron, clarifiée au blanc d'œuf et filtrée à la chausse ou dans une serviette fine, se verse sur les tronçons du poisson arrangés dans une casserole un peu évasée; on la laisse refroidir et prendre, puis ayant plongé pendant un quart de minute la casserole dans l'eau chaude, on la renverse sur un plat dont le fond soit de même diamètre que cette casserole.

Gelée de corne de cerf. Faites bouillir dans l'eau de la raclure de corne de cerf jusqu'à consistance de gelée, ce qui se connaît en en versant une goutte sur une assiète, où elle doit se figer quand elle est refroidie. Passez au tamis clair; fouettez un blanc d'œuf avec un verre de vin blanc, le jus d'un citron et plein une cuiller à pot de votre gelée; ajoutez un peu de cannelle et de sucre, faites bouillir pendant sept à huit minutes; passez dans un linge blanc sans expression et laissez refroidir.

On assure que cette gelée est un restaurant, et qu'elle fortifie l'estomac. On lui attribue aussi d'autres propriétés, ainsi qu'au cœur, à la moëlle, au talon et autres parties du même animal. Mais c'est bien assez de la qualité restaurante de la gelée. Voy. **ASPIC.**

GELINOTTE; substant. fém. Jeune poule engraissée et fort délicate à manger. C'est la même chose que *poularde;* mais on entend plus particulièrement par le mot *gelinotte*, la poule des bois, plus grosse que la perdrix et un peu moins grosse que la poule domestique.

Cet oiseau fréquente les bois où il y a beaucoup de coudriers et d'épines. On en voit en hiver dans la Lorraine, dans les Ardennes, dans les montagnes du Forez et du Dauphiné, au pied des Alpes. Il y a dans la mer de Gênes une île nommée l'*île des Gelinottes*, parce qu'on y en trouve une grande quantité. Les *gelinottes* ne font que deux petits, l'un mâle et l'autre femelle, et quand ils sont un peu grands, le père et la mère les mènent hors de leur pays et les abandonnent. On les prend au printems et en automne ; leur chair, qui blanchit par la cuisson, est plus délicate que celle de la perdrix. Cet oiseau est très-rare et très-recherché, et malgré les efforts que l'on a faits pour l'élever comme le faisan, on n'a pu y réussir. La *gelinotte* se mange rôtie.

GENIÈVRE ; subst. masc. C'est le fruit du genévrier et c'en est aussi le synonyme. Ce fruit est de forme sphérique, à peu près de la grosseur d'un pois, et de couleur bleue-noirâtre. On s'en sert dans la salaison du cochon, dans les salmis, dans la préparation de la chou-croute ; et l'on fait sécher les jambons et les saucissons à la fumée du bois et des baies de genièvre. On fait aussi avec les baies une liqueur qui est un excellent cordial.

GIBELOTTE ; subst. fém. Espèce de fricassée qu'on fait avec du vin blanc, et qui ne convient guère qu'aux poulets et aux lapins.

Gibelotte de lapins. Habillez et coupez en morceaux un bon lapin, et enlevez avec soin les esquilles des os cassés par le couperet ; passez-les sur le feu avec un bon morceau de beurre frais, champignons ou mousserons, et une bonne pincée de farine ; mouillez avec une chopine de vin blanc et un verre de bon jus ; ajoutez un bouquet de persil et de ciboules, une pointe d'ail, sel et poudre d'épices, et faites cuire à petit feu, jusqu'à ce que la sauce ait de la consistance.

Les gibelottes de poulets se font de même.

GIBIER; subst. masc. C'est en général tout ce qui est la proie du chasseur; mais on désigne plus particulièrement sous ce nom les animaux sauvages qui servent à la nourriture de l'homme, comme les chevreuils, les lièvres, les perdrix, les grives, etc. On appelle *menu gibier* tout ce qui est au-dessous de la perdrix, comme les grives, les râles, les alouettes, les rouges-gorges, etc. Le gros gibier est donc tout ce qui est au-dessus de la perdrix. Voyez, aux articles qui leur sont propres, les différentes pièces de gros et de menu gibier.

GIGOT; subst. masc. Cuisse du mouton coupée pour être mangée; on l'appelle aussi *éclanche*.

Gigot à la broche. On le bat avec le rouleau, on le fait cuire sans l'arroser et on le sert un peu rouge. On peut mettre dessous une farce d'épinars ou de chicorée, ou des pommes de terre sautées ou cuites avec sa graisse dans la tourtière.

Gigot piqué à la broche. Après l'avoir battu, ôtez-en la peau, et piquez-le de lard fin sur toute la surface qui doit être vue. Faites-le mariner pendant douze heures dans du vin blanc, avec sel, poudre d'épices, feuilles de laurier et fines herbes. Mettez-le à la broche et l'arrosez avec sa marinade.

Faites une sauce avec des oignons coupés en dés et de la farine frits ensemble, et mouillez avec ce qui se trouve dans la léchefrite; ajoutez les filets de deux anchois écrasés et délayés, et passez le tout au tamis clair en exprimant légèrement. Servez votre gigot sur cette sauce, le côté piqué en-dessus.

Gigot en fricandeau. Battez-le, ôtez la peau et le bout du manche, et piquez-le de lard fin; faites-le cuire avec du bouillon, sans y mettre de sel, ou avec de l'eau et du sel, un bouquet de persil, une gousse d'ail, de la poudre d'épices. Quand il est cuit, dégraissez le bouillon, passez-le au tamis, et faites-le réduire en glace; enduisez de cette glace le côté piqué du gigot, détachez avec du bouillon ce qui reste dans la casserole; ajoutez-y un peu de coulis et servez le gigot sur cette sauce. On peut le servir aussi sur une farce d'épinars blanchis, égouttés, hachés, mouillés et liés avec un peu de coulis et le reste de la glace.

On peut se dispenser de piquer le gigot; il suffit de le larder de quelques gros lardons assaisonnés. Pour lors, ayant fait la sauce comme on vient de le dire, on y ajoute une petite poignée de persil blanchi pendant cinq à six minutes et haché très-fin. On peut l'appeller Gigot au persil.

Gigot en hachis. Prenez un gigot cuit à la broche; ôtez-en la peau et les nerfs, et hachez-en la chair très-menue avec du lard, une gousse d'ail, une pincée de persil, sel et poudre d'épices; ajoutez-y deux ou trois œufs entiers et mêlez bien ensemble. Couvrez de cette farce l'os de votre gigot en lui en donnant la figure sur le plat où il doit être servi, et dont vous avez beurré le fond. Panez de mie fine et parsemez de petits morceaux de beurre. Faites cuire au four ou dans la tourtière, feu dessus et dessous ; étant cuit et de belle couleur, servez sur une vinaigrette à l'échalotte. Voyez POIVRADE.

Il est encore beaucoup d'autres manières d'apprêter le gigot de mouton ; mais toutes rentrent plus ou moins dans celles que nous venons de décrire, et de plus longs détails seraient superflus.

GINGEMBRE ; subst. masc. C'est la racine d'une plante qui croît naturellement à la Chine et aux Indes orientales, et que l'on cultive aux Antilles et dans quelques parties de l'Amérique entre les tropiques. Cette racine a quelque rapport avec celle du roseau ; elle est tuberculeuse, branchue, un peu applatie, longue comme le petit doigt et d'un gris jaunâtre ; elle a une saveur âcre et piquante et une odeur aromatique assez agréable. Le *gingembre* de la Chine passe pour le meilleur.

On nous apporte le *gingembre* sec ou confit des îles Antilles : on doit préférer la racine récente, blanche et odorante, et rejetter celle qui est rongée par les vers et remplie de poussière. On en fait peu d'usage dans les assaisonnemens ; quelques épiciers la font entrer dans la poudre de cuisine.

La confiture de *gingembre* est très-agréable, et on la sert quelquefois sur nos tables.

GIROFLE; subst. masc. C'est à la fois le calice, le bouton de la fleur et l'embryon du fruit de l'arbre que l'on appelle *Giroflier*, et qui croît dans les îles Moluques près de l'équateur. Ces trois parties constituent le *clou de girofle*, ainsi nommé, parce qu'il a en effet la figure d'un clou dont la tête est formée de quatre pointes, entre lesquelles est placée une petite boule de la grosseur d'un petit pois, en sorte que le corps du clou représente le calice de la fleur, et le petit globe la fleur non encore ouverte et au centre de laquelle se trouve l'ovaire ou l'embryon du fruit avec son pistil.

Le *giroflier* s'élève depuis dix-huit jusqu'à trente pieds, et son tronc a douze à dix-huit pouces de diamètre; il est à peu près de la forme du laurier auquel il ressemble encore par ses feuilles; les fleurs qui naissent en bouquets, à l'extrémité des rameaux, sont encore à quatre pétales, de couleur bleue et d'une odeur très-pénétrante. Aux fleurs succèdent des fruits ovoïdes comme une olive, creusés en nombril, n'ayant qu'une capsule de couleur verte, blanchâtre d'abord, puis roussâtre, ensuite d'un brun noirâtre, creusée d'un sillon dans sa longueur. C'est ce fruit que les droguistes appellent *Antofle de girofle*; les Indiens le nomment *mère des fruits*, et les Européens l'appellent *Clou-matrice*; il le cède au clou en vertu aromatique.

Ces détails sur le girofle ne doivent pas déplaire à ceux qui savent le grand usage qu'on fait de cette épice dans nos cuisines ; il n'y a point de ragoût, point de sauce, point de mets assaisonné où on ne le fasse entrer ; les cuisiniers ignorans portent cet usage jusqu'à l'excès, et cet abus n'est pas moins contraire à la santé qu'au bon goût.

GLACE ; subst. fém. Se dit en cuisine du bouillon extrait des viandes et réduit sur le feu à la consistance d'une sauce. C'est avec cette réduction que l'on glace les fricandeaux et les autres pièces de boucherie, de volaille, de gibier et de poisson que l'on prépare de cette manière. Il faut que la glace soit blonde et transparente ; la viande noire, comme le bœuf, le mouton, le chevreuil, le lièvre, la rendent trop brune. Comme on a toujours besoin de glace dans les grands repas, on peut la préparer d'avance ; voici la manière de la faire.

Mettez dans une marmite la moitié d'une cuisse de veau dont vous réservez le gros bout pour d'autres usages, deux poules, des carottes, des oignons, du céleri et une bonne pincée de poudre d'épices ; remplissez-la d'eau, ou de bouillon, ou d'eau et de bouillon ensemble, observant de régler la dose de sel sur le rapport de l'eau au bouillon. Faites bouillir et écumez, et laissez ensuite mijotter pendant quatre heures ; passez ce bouillon dans une serviette fine, et faites-le réduire jusqu'à ce qu'il s'attache à la cuiller.

On peut faire de la glace avec beaucoup de légumes et un jarret de veau, ou des débris de veau et de volailles. Le procédé est toujours le même. Quand la glace se trouve trop salée, on y ajoute un petit morceau de beurre frais.

GLACES; subst. fém. pluriel. On donne ce nom aux crêmes et aux liqueurs glacées que l'on sert à la fin des repas ou après les repas; sur-tout pendant l'été. La confection des glaces n'est point du ressort de la cuisine; mais comme on peut se trouver dans le cas d'en faire, soit qu'on ne puisse ou qu'on ne veuille point recourir à ceux qui les font, nous indiquerons ici les procédés qu'on doit suivre, et nous prendrons pour exemple des glaces à la crême.

Glaces à la crême. Faites bouillir pendant cinq ou six minutes une pinte de crême avec six onces de sucre; ajoutez à la fin les zestes d'un citron et une cuillerée d'eau de fleur d'orange; liez cette crême avec trois jaunes d'œufs, sans bouillir, passez-la au tamis clair et laissez-la refroidir.

Quand elle est froide, mettez-la dans une salbotière qui est un vase d'étain, de fer blanc ou d'argent, de forme cylindrique oblongue, et muni d'un couvercle à anse pour la facilité du maniement. Placez cette salbotière debout dans un vaisseau de bois de pareille hauteur et d'un diamètre tel qu'il y ait trois ou quatre pouces d'intervalle entre la salbotière et l'intérieur de ce vaisseau. C'est dans cet intervalle que l'on met la glace qui doit congeler la crême. Pilez cette glace et mettez-y un cinquième de sel commun ; votre salbotière en étant entourée au moins au niveau de la crême, agitez-la en la tournant au moyen de son anse, et quand la crême commence à s'attacher aux parois, ratissez-la avec une cuiller de bois, afin que les parties qui sont au centre changent de place et viennent se congeler à leur tour. Ce mouvement continuel que vous imprimez à la salbotière empêche la crême de se convertir en glaçons aqueux et qui ôteraient aux glaces leur onctuosité. Quand votre crême est entièrement prise, servez-la en pyramides dans des verres destinés à cet usage.

L'effet du sel qu'on mêle avec la glace est de hâter la congélation : la dose de ce sel n'est point une chose indifférente ; car si l'on n'en met point assez, la pénétration mutuelle d'où dépend le refroidissement n'est ni assez prompte ni assez complette ; et si l'on en met trop, celui qui ne se fond point, toujours plus chaud que la glace, la fait fondre par le seul attouchement des surfaces et sans la refroidir. Pour éviter ces deux inconvéniens, on doit mêler avec la glace autant de sel que l'eau froide peut en dissoudre, qui est à peu près un cinquième du poids total.

On sait qu'on diversifie les glaces à l'infini ; on en fait avec l'orange, le citron, l'abricot, la pêche, et même on leur donne la forme de ces fruits ;

on en fait au café, au chocolat, à la vanille, aux pistaches, au beurre, au pain bis. On les sert sur les tables sous la forme d'un fromage élevé. Mais dans les maisons particulières on ne prend de ce luxe que ce qu'on peut, en mettant à profit les objets dont on peut disposer facilement et sans dépense.

GODIVEAU; subst. masc. Hachis ou farce qu'on emploie dans quelques pâtés, dans les poulpetons et d'autres mets. Voyez PATÉ et POULPETON.

GOUJON; subst. masc. Petit poisson de rivière fort commun en France et en Allemagne, de la longueur de quatre, cinq ou six pouces; sa chair est blanche, assez bonne et de facile digestion. On le mange ordinairement frit, ou en étuvée, ou cuit à l'eau et au persil.

Goujons en étuvée. Après les avoir vidés et lavés, mettez-les dans une casserole avec un roux de farine léger et mouillé avec du vin blanc; ajoutez échalottes, persil et ciboules hachés, quelques champignons ou mousserons, sel et poudre d'épices; faites bouillir pendant un quart d'heure, et faites en sorte que la sauce ne soit ni trop longue ni trop courte; versez-y un peu d'huile d'olive avant de servir.

GRATIN; substant. masc. C'est la partie d'un mets quelconque qui s'est attachée dans le fond du vase ou du plat dans lequel on l'a fait cuire. De *gratin* on a fait *gratiner*, qui signifie faire attacher au fond du plat les mets disposés à cet effet. Ainsi l'on gratine la bouillie, le riz cuit au lait, le macaroni, les blanquettes froides de veau, de morue, de fraise de veau, etc. On mange les choux-fleurs au *gratin*.

Les *gratins* se font ordinairement, en mettant dans le fond du plat du fromage rapé, du beurre et de la mie de pain. Voyez les procédés des plats gratinés à leurs articles respectifs.

GRENOUILLE ; subst. fém. Animal amphibie à quatre pieds, qui respire par des poumons, qui n'a qu'un ventricule dans le cœur, et qui est ovipare. Tout le monde connaît ce joli animal qu'on trouverait plus agréable encore, si le crapaud, auquel il a le malheur de ressembler en quelques traits, n'existait pas. Mais tout le monde ne sait pas que sa chair est très-bonne à manger ; qu'on en fait des bouillons fort sains, qui conviennent dans les chaleurs d'entrailles, et propres à adoucir les âcretés de la poitrine et à dissiper les boutons du visage. Le rôle que la grenouille joue dans le galvanisme ou l'électricité animale, doit la rendre chère aussi aux partisans de cette grande découverte. Mais, il faut l'avouer, on a pour cet amphibie une sorte d'aversion dans la plupart de nos provinces et même à Paris. Je me rappelle que dans ma jeunesse, étant campé en Artois avec quelques-uns de mes camarades, notre cuisinier nous proposa de belles *grenouilles* qu'il avait prises dans le jardin, ce qui fut accepté ; cette *grenouil-lophagie* ne plut pas aux paysans qui en furent les témoins, et nous vîmes bien qu'ils nous regardaient comme des gens sentant le fagot. Peut-être qu'aujourd'hui ils sont moins scrupuleux et qu'ils savent profiter d'un comestible que la Providence a mis sous notre main bien plus que l'huître et l'écrevisse, et dont l'aspect inspire moins de répugnance.

Grenouilles en fricassée de poulets. C'est la manière la plus ordinaire de les apprêter. Ecorchez un demi-cent de belles grenouilles coupées en deux au-dessus du croupion. Nouez les cuisses et coupez les pattes. Mettez-les dans une casserole avec un bon morceau de beurre et une bonne pincée de farine, et faites-leur faire deux ou trois tours pour amalgamer le beurre et la farine ; mouillez avec un verre de vin blanc et un demi-verre de bouillon ou d'eau ; ajoutez bouquet de persil, sel et poudre d'épices. Faites cuire un quart d'heure ou une demi-heure au plus sur un feu modéré, ensorte que la sauce soit courte. Otez le bouquet, et liez, sans faire bouillir, avec deux ou trois jaunes d'œufs délayés avec de la crème. Servez.

On peut de même les faire cuire dans un roux léger d'oignons et de farine, mouillé avec du vin blanc et réduit à courte sauce.

Grenouilles frites. Vos cuisses de grenouilles étant écorchées, nouées et coupées comme ci-dessus, faites-les mariner avec un peu de vinaigre, une échalotte coupée en tranches et quelques feuilles de persil ; une heure suffit. Trempez-les ensuite dans une pâte à frire et mettez-les une à une dans une friture bien chaude, autant que la poêle en peut contenir ; retournez-les pendant qu'elles cuisent, et quand elles sont de belle couleur, servez-les en pyramide, garnies de persil frit. Voyez *pâte à frire.*

Bouillon de grenouilles. Nous avons donné la manière de le faire à l'article BOUILLON. Nous observerons seulement ici que si l'on veut un bouillon clair et non lié, on ne mettra point de farine dans le roux qui en fait la base. On fera donc suer dans une casserole quarante à cinquante corps de de grenouilles sans tête et sans cuisses, avec un gros oignon, deux carottes et cinq à six racines coupés en dés. Quand le tout est attaché et d'un beau blond, on mouillera avec de l'eau et on fera bouillir pendant une demi-heure, après y avoir ajouté un bouquet de persil, du sel et un peu de poivre. On passera ensuite au tamis clair sans expression.

Les cuisses peuvent remplir le même objet que les corps ; mais on les réserve, si l'on veut, pour être servies en fricassée ou en friture.

GRIVE ; subst. fém. Oiseau commun en France et dont on distingue plusieurs espèces. Celles dont les oiseleurs prennent le plus sont la *grosse grive* ou *haute grive*, ou *tourdelle*, la *petite grive* ou *grive commune*, et la *grive rouge* ou *roselle*, dite *grive de Champagne*, dont le dessous de l'aile est rougeâtre et qui est plus petite que la grive commune. Toutes sont recherchées pendant le mois d'octobre, quand la graisse de leur chair la rend plus délicate.

On les mange ordinairement rôties sans les vider, après les avoir plumées proprement, les pattes coupées au genou, la tête écorchée et les yeux ôtés. On met dans la léchefrite des tranches de mie de pain pour recevoir ce qui en tombe ; on les fait rôtir, en les arrosant à un feu un peu vif ; et, quand la tête est blanche, on les sert promptement sur les rôties.

Grives en salmis. Prenez des grives rôties ou même à demi-rôties ; coupez-les en deux en travers ; videz-les ; écrasez et délayez ce que vous en avez tiré, à l'exception du sac ou gesier, avec un peu d'eau ; ajoutez un bon verre de vin blanc, sel, poivre, échalottes coupées en tranches et dix grains de genièvre écrasés sur la table avec le plat du couteau. La sauce étant réduite, ajoutez un bon morceau de beurre frais ou de l'huile d'olive et le jus d'un citron, et servez sur les rôties arrangées au fond du plat.

Grives en pâté. Préparées comme il est dit pour la broche, videz-les ; faites une farce fine avec leurs foies, de la rouelle de veau, du lard, une pincée de persil, une gousse d'ail, sel et poudre d'épices et deux œufs entiers battus. Remplissez vos grives de cette farce; foncez de bardes de lard une terrine de fayence à couvercle; couvrez ces bardes d'un lit de la même farce; arrangez vos grives sur ce lit; recouvrez-les de farce et ensuite de bardes de lard. Versez sur le tout un demi-verre de vin blanc, et ayant lutté le couvercle avec de la pâte, faites cuire au four pendant une heure ou une heure et demie. Servez froid.

Grives en caisses. C'est le même procédé que pour les rouges-gorges en caisses, avec cette différence que les caisses des rouges-gorges en contiennent trois ou quatre, et qu'ici chaque caisse ne doit contenir qu'une grive. Voyez ROUGE-GORGE.

GRONDIN, ou GRONEAU; subst. masc. Poisson de mer, du genre des trigles, que l'on confond avec le rouget, à cause de sa couleur rouge. On le nomme aussi *rouget-grondin.* C'est un très-beau poisson et dont la chair délicate a peu d'arêtes. On le vide, on le nettoie, et après l'avoir fait cuire en mijotant avec du vin blanc, du sel, du poivre et du persil, on enlève avec précaution ses écailles et la cuirasse de sa tête, et on le sert avec une sauce piquante, ou aux câpres, ou à l'italienne. Voyez SAUCE.

GRUAU; subst. masc. Avoine mondée et réduite

en farine grossière ; on appelle aussi *gruau* la bouillie préparée avec cette farine, ainsi qu'il suit :

Mettez du *gruau* dans une casserole avec du lait, un petit bâton de cannelle, une pincée de coriandre, du sucre et un grain de sel ; faites bouillir doucement jusqu'à consistance de crême; passez au tamis clair dans une jatte de porcelaine ou dans une casserole d'argent ; mettez sur de la cendre chaude et couvrez; quand il s'est couvert d'une crême épaisse, servez.

GUIGNARD ; subst. masc. Oiseau de passage, qu'on croit être une espèce de pluvier ; il est de la grosseur du merle et a la chair très-délicate : il devient si gras que le transport en est difficile sans qu'il se corrompe. On le trouve en assez grand nombre dans les environs de Chartres, et on le paie fort cher à Paris. On le mange rôti.

H

HABILLER; signifie en cuisine dépouiller un animal de sa peau, si c'est un quadrupède; le plumer et le vider, si c'est un oiseau; l'écailler, le vider et le laver, si c'est un poisson. Ainsi l'on dit *habiller un chevreuil, habiller une perdrix, habiller une carpe*, et l'on devrait dire *déshabiller*.

HACHIS; subst. masc. Se dit des viandes ou des poissons qu'on a hachés fort menu, pour en faire un mets avec les assaisonnemens convenables.

Hachis mêlé. Prenez des restes de viandes cuites; hachez-les avec persil, ciboules, champignons, une pointe d'ail, et poudre d'épices; passez sur le feu avec du beurre et un peu de farine, et mouillez d'un peu de bouillon. Faites mijotter sans bouillir, et servez garni d'œufs pochés et entouré de mies frites.

Hachis mêlé en pain. Après avoir haché vos viandes cuites et assaisonnées comme il est dit à l'article précédent, ajoutez-y quatre œufs entiers battus; enduisez de beurre affiné une casserole à couvercle, et semez sur cet enduit de la mie fine; versez votre hachis dans la casserole et faites cuire au four ou sur un fourneau dans un tas de cendres rouges mêlées de braise, avec pareil feu sur le couvercle; étant cuit, renversez-le sur le plat, et servez sans sauce ou sur une sauce piquante.

HARENG; subst. masc. Poisson de mer très-connu, semblable aux très-petites aloses ou aux très-grandes sardines; il est long de neuf à dix pouces et à peu près large de deux. Il meurt quand il est hors de l'eau. La chair du hareng est grasse, molle et de bon goût; on l'a nommé le *roi des poissons*, à cause de son excellence et de son utilité.

On mange le hareng frais ou salé; celui qu'on a fait dessaler dans du lait peut s'apprêter comme le hareng frais, mais il n'en a jamais les qualités, que la salure a altérées.

Harengs frais sur le gril. Écaillez, lavez et essuyez; faites griller et servez sur une sauce faite avec du beurre frais, une pincée de farine, sel, poivre, un peu d'eau et un filet de bon vinaigre, le tout lié sur le feu et assaisonné sur la fin d'un peu de moutarde. On peut aussi les servir sur une sauce rousse.

Harengs frais à la matelotte. Étant habillés, mettez-les dans une casserole avec persil, ciboules, champignons ou mousserons, pointe d'ail, sel, poivre, deux verres de vin blanc et autant de bouillon; faites cuire vivement, et sur la fin ajoutez un morceau de beurre fariné. Servez à courte sauce.

On peut encore manger le hareng en friture.

HARICOT; subst. masc. Légume farineux très-commun. On le mange en gousses vertes avant que le grain soit formé ; on le mange en grain, quand il commence à blanchir et qu'il est encore tendre ; enfin on le mange quand il est sec. Quand on l'apprête en gousses vertes, il faut en ôter les pointes et les fils, et les couper en filets de la même longueur et de la même grosseur ; ce qu'on est dispensé de faire quand on les prend jeunes et de la même taille.

Haricots verts à la crême. Épluchez et faites cuire à l'eau bouillante jusqu'à ce qu'ils fléchissent sous le doigt ; faites-les égouter dans une passoire ; passez-les au beurre dans une casserole avec persil haché, sel et poudre d'épices ; mouillez avec de la crême fraîche ou du lait ; laissez mijoter un peu, liez avec deux jaunes d'œufs sans bouillir, et servez à courte sauce.

On peut les servir sans les mouiller et sans lier la sauce, et alors il faut un peu plus de beurre.

Haricots verts au roux. Faites un roux avec un oignon coupé en dés, auquel vous ajoutez une bonne pincée de farine dès qu'il commence à roussir ; la farine étant légèrement blonde, mouillez avec du bouillon ou du jus ; passez au tamis et versez dans une casserole sur vos haricots cuits à l'eau et égouttés ; ajoutez sel, poudre d'épices et persil hachés ; sautez les haricots et servez chaudement.

Haricots verts en salade. Cuits à l'eau et égouttés, arrangez-les dans un saladier en quatre paquets égaux; mettez dans les intervalles des oignons crus et hachés, et au milieu un bouquet de sommités d'estragon ou d'autres garnitures.

Tout le monde connaît la manière de conserver les haricots verts, en les faisant cuire à l'eau et sécher. On les conserve ainsi jusqu'au milieu du printemps suivant; mais ils n'ont jamais la qualité de ceux qu'on mange frais.

Haricots en grains, nouveaux, à la crême. Faites-les cuire à l'eau; mettez dans une casserole du beurre, un bouquet de persil, une légère pointe d'ail, du sel, de la poudre d'épices et un grand verre de crême épaisse; faites chauffer en tournant; mettez-y vos haricots, sautez et puis servez.

Haricots blancs, nouveaux, au roux. Comme les *haricots* verts au roux ci-dessus.

HARICOT; subst. masc. Se dit d'un ragoût préparé avec du mouton et des navets.

Pour faire un haricot, coupez un carré de mouton en côtelettes un peu courtes; parez-les proprement, et mettez-les cuire avec du bouillon ou de l'eau, bouquet de persil et de ciboules, une gousse d'ail, sel et poudre d'épices. Faites cuire à l'eau des navets coupés et parés en forme de gros marrons et mettez-les égoutter; faites-les mitonner dans un roux d'oignons et de farine mouillé avec la sauce des côtelettes, bien assaisonné et passé au tamis clair. Dressez vos côtelettes en couronne, et versez au milieu votre ragoût de navets.

Ayez l'attention que votre ragoût ne soit ni trop gras ni trop salé.

Nous avons choisi des côtelettes pour rendre le haricot plus élégant ; mais on peut leur substituer d'autres morceaux, et alors on les sert confusément avec les navets.

HATELETTE ; subst. fém. C'est, en termes de cuisine, un mets qui tire son nom de petites broches avec lesquelles on le prépare et qu'on nomme aussi hâtelettes. On fait des *hâtelettes* avec des ris de veau, des foies gras, des langues des mouton, des huîtres, et même avec des pigeons et des lapereaux. On les sert en hors-d'œuvre, on en garnit des entrées, des rôtis, etc.

Hâtelettes de langues de mouton. Prenez deux langues de mouton ; coupez-les en petits morceaux carrés d'un pouce environ ; passez-les au beurre avec une bonne pincée de farine, persil et ciboules hachés, sel et poudre d'épices ; mouillez avec du bouillon ou de l'eau, et faites cuire à sauce courte et épaisse ; liez avec deux jaunes d'œufs, sans bouillir, et laissez refroidir ; embrochez alors vos morceaux bien enveloppés de sauce ; panez-les et faites griller en les oignant d'un peu de beurre tiède. Servez à sec vos hâtelettes quand elles sont de belle couleur.

Hâtelettes de ris de veau. Même procédé qu'à l'article précédent, sinon qu'on entremêle les ris de veau de foies gras et de petites bardes de lard, de manière que le tout embroché dans les hâtelettes et bien pané, ne paraisse faire qu'un seul morceau long, carré et uni.

Toutes ces hâtelettes peuvent se préparer au roux comme au blanc; on se sert alors de lard au lieu de beurre.

HATEREAU; subst. masc. Terme de cuisine; il se dit d'un mets que l'on prépare avec des tranches de foie de cochon ou de veau, saupoudrées de sel et de poivre, que l'on enveloppe de crépine, et que l'on fait cuire sur le gril, pour être servies de broc en bouche. Voyez FOIE.

HÉRON; subst. masc. Tout le monde connaît cet oiseau, au moins de nom; mais peu de personnes savent que sa chair était fort estimée des anciens, et même du temps de Belon, au seizième siècle; un jeune *héron*, engraissé passait pour un morceau délicieux. Aussi en faisait-on un commerce considérable. Dans quelques-unes de nos provinces, on en fait encore des pâtés qui se servent sur les meilleures tables. La chair même des vieux *hérons*, toute sèche qu'elle est, était qualifiée de viande royale. (*Bomare.*)

HOCHEPOT; subst. masc. Ragoût préparé avec du bœuf coupé en morceaux, des oignons, des carottes, des panais et même des marrons, que l'on fait cuire ensemble avec les assaisonnemens convenables, et sur lesquels on verse, quand le tout est cuit et dressé, une sauce rousse assaisonnée de vinaigre et de persil haché.

On prend ordinairement pour faire ce ragoût, le bas d'une poitrine de bœuf.

HORLI; subst. masc. Marinade de poulets et d'oignons frits.

HORS-D'OEUVRE; subst. masc. Par lequel on désigne les petits plats que l'on sert sur la table avec les autres, et dont on pourrait se passer. Il y a des *hors-d'œuvre* d'entrée et des *hors-d'œuvre* d'entremets. L'usage apprend à les connaître, et il est inutile d'en faire ici le détail.

HUILE; subst. fém. Substance grasse, onctueuse et ordinairement liquide que l'on tire de différens corps par expression et par le moyen du feu. L'*huile* la plus employée dans les cuisines est l'*huile* d'olives; celle que l'on tire à froid est la meilleure et s'appelle *huile vierge*. On peut faire aussi usage de l'*huile* de pavots qu'on nomme *huile d'œillets*, de l'*huile* de noix, de l'huile d'amandes et de l'*huile* de navette. Cette dernière ne s'emploie que dans les fritures, mêlée avec une égale quantité de beurre fondu. Il faut toujours choisir l'*huile* la plus nouvelle.

HUITRE; subst. fém. Coquillage bivalve fort connu et fort recherché. On mange ordinairement les *huîtres* crues et sans aucune préparation, et on ne les mange que dans la saison froide, depuis le mois de septembre jusqu'au mois d'avril inclusivement, parce qu'elles jettent leur frai au mois de mai, et qu'alors elles sont maigres et malades. Les *huîtres* vertes sont regardées comme les meilleures. Pour leur donner cette couleur, les pêcheurs les renferment le long des bords de la mer, dans des fosses profondes de trois pieds, qui ne sont inondées que par les hautes marées, et qui sont fermées par des écluses, au moyen desquelles on tient l'eau à la hauteur convenable. Ces fossés verdissent, soit par la qualité du terrain, soit par une espèce de petite mousse qui en tapisse les parois et le fond; et dans l'espace de quatre à cinq jours les *huîtres* qui y sont renfermées commencent à prendre une nuance verte. Mais pour leur donner le temps de verdir tout-à-fait, on les y laisse séjourner pendant six semaines ou deux mois. Les *huîtres* vertes que l'on mange à Paris viennent ordinairement de Dieppe; les meilleures et les plus estimées sont celles d'Angleterre. On en transporte aussi en Xaintonge dans les marais salans, où elles prennent une couleur verdâtre et un goût plus délicat qu'auparavant. Ces *huîtres* vertes se nomment *huîtres parquées*, et sont très-recherchées; il faut cependant se méfier de la couleur verte artificielle qu'on sait leur donner, avec beaucoup d'imprudence.

Les anciens et les modernes ont toujours regardé l'*huître* comme un mets exquis. Macrobe dit qu'on en servait sur les tables des Pontifes romains. Horace a fait l'éloge des *huîtres* de Circé ; les anciens vantaient celles des Dardanelles, du lac Lucrin, du détroit de Cumes et celles de Venise. Apicius, non celui qui publia un livre sur la cuisine (*), mais celui qui vivait sous Trajan, avait l'art de conserver les huîtres, et il en envoya d'Italie chez les Parthes à cet Empereur, lesquelles étaient aussi fraîches en arrivant que le jour où elles avaient été pêchées. Ce secret est perdu, à moins qu'il ne consiste dans l'art de garotter les *huîtres* avec du fil de fer, pour les empêcher de s'ouvrir.

Chaque partie du monde habité fournit des *huîtres* dont les écailles sont de différentes couleurs et qui ont des goûts différens. Il y a des *huîtres* en Espagne, qui sont de couleur rouge ou rousse, d'autres en Illyrie de couleur brune et dont la chair est noire : dans la mer Rouge, il y en a de couleur d'iris, et en d'autres endroits la chair et l'écaille sont noires. Quant à leurs qualités, on doit les choisir nouvelles, d'une grandeur médiocre, tendres, humides, délicates, d'un bon goût, et prises dans des eaux claires et nettes, sur-tout vers les embouchures des rivières ; car les *huîtres* aiment l'eau douce, elles y engraissent et deviennent excellentes. Celles, au contraire, qui se trouvent éloignées

---

(*) Ce livre avait pour titre, *De gulæ irritamentis*, c'est-à-dire, des stimulans de la gueule, ou plutôt, des choses propres à irriter la gueule.

des rivières et qui manquent d'eau douce sont dures, amères et d'une saveur désagréable. En France, on préfère les *huîtres* de Bretagne à celles des autres côtes ; celles de Xaintonge sont un peu âcres ; celles de Bordeaux, qui ont la tête noire, sont plus estimées ; celles d'Angleterre sont réputées les meilleures de l'Europe.

Quoique les *huîtres* ne soient pas du goût de tout le monde, l'opinion commune est qu'elles excitent l'appétit et qu'elles sont appéritives ; elles se dissolvent à la vérité dans l'estomac, sans produire beaucoup de chile ; mais elles sont saines pour les personnes d'un bon tempérament. Cuites en fricassée ou en friture ou marinées, elles conviennent à presque tous les estomacs ; les scorbutiques s'en trouvent très-bien, et l'on prétend qu'elles sont aphrodisiaques.

Ces légères notions sur un testacée aussi recherché, intéresseront sans doute ceux qui l'aiment ; je les ai tirées d'un livre grave et estimé, en y mêlant, comme c'est ma coutume, le peu que j'ai pris dans mon propre fond.

Huîtres au vin de Champagne. Ouvrez et détachez les huîtres, et gardez leur eau ; faites-les blanchir et passez-les ensuite dans un roux léger ; ajoutez leur eau, un verre de Champagne blanc, persil haché, sel et poivre ; faites mitonner et servez avec un jus de citron, entourées de mies frites.

Huîtres dans la tourtière. Ouvrez et détachez

vos *huîtres*; arrangez-les dans un plat qui souffre le feu et dont vous avez enduit le fond de beurre frais; semez par-dessus du persil haché et du poivre; ajoutez un demi-verre de Champagne blanc; panez de mie de pain et mettez çà et là de petits morceaux de beurre. Faites cuire sous un couvercle de tourtière entre deux feux, le feu de dessous moins vif que celui de dessus; quand elles sont de belle couleur, nettoyez les bords du plat et servez pour entremets.

Huîtres frites. Ouvrez et détachez les *huîtres*, et faites-les égoutter sur un tamis; mettez-les dans un plat avec du poivre et le jus d'un citron; trempez-les ensuite dans une pâte à frire, ni trop claire, ni trop épaisse (Voyez PATE). Mettez-les une à une dans la poêle quand la friture est bien chaude; faites frire de belle couleur, et servez sur une serviette avec persil frit.

Ragoût d'huîtres. Ouvrez et mettez-les dégourdir dans une casserole avec leur eau, nettoyez-les et mettez-les sur un plat. Passez des champignons ou mousserons au lard fondu; mouillez avec du jus clair et liez avec un coulis de veau et de jambon. Voyez COULIS. La sauce étant faite, mettez-y vos *huîtres*, faites chauffer sans bouillir et servez.

Ce ragoût sert à garnir des entrées en gras; mais on peut l'apprêter en maigre en substituant du beurre au lard, et du coulis d'écrevisses au coulis de veau et de jambon. On peut le servir seul pour entremets.

Huîtres marinées. Ouvrez et détachez cent *huîtres* sans les endommager ; mettez leur eau dans une casserole et faites-la bouillir un instant ; passez-la au tamis et laissez-la reposer pendant une heure pour la tirer au clair ; remettez-la dans la casserole avec une chopine de vin blanc et autant de vinaigre, un peu de sel, une demi-once de poudre d'épices, une pincée de gros poivre et douze feuilles de laurier. Faites bouillir pendant quatre ou cinq minutes, et mettez-y vos *huîtres* que vous n'y laisserez qu'une minute seulement ; mettez-les ensuite dans des pots de grès avec leur saumure, et quand elles sont tout-à-fait refroidies, versez dessus un peu d'huile d'olives. Couvrez les pots avec du parchemin amolli dans l'eau et essuyé, et placez-les dans un endroit frais et sec. Quand vous voudrez faire usage de ces *huîtres*, enlevez l'huile avec une cuiller et arrangez-les sur un plat avec une cuillerée de leur marinade et garnissez avec du persil frais. Vous pouvez les mettre dans une sauce aux anchois ou dans une sauce blanche, (voyez SAUCE) et les employer à garnir des ragoûts de volailles ou de poisson.

Il est beaucoup d'autres manières d'apprêter les huîtres ; mais comme on serait peu tenté d'en faire usage, nous ne les rapporterons point ici. On les fait cuire et on les sert dans leur coquille inférieure, manière qui n'est guère mise en pratique et qui n'est bonne que pour les huîtres crues qui doivent être servies in naturalibus.

HURE ; subst. fém. Tête de cochon ou de sanglier, de saumon ou de brochet, séparée du corps.

Hure de cochon. Faites la couper à quatre pouces en arrière des oreilles, quand le cochon est habillé et lavé, et laissez-la mortifier pendant trois ou quatre jours. Désossez-la, et commencez cette opération en l'ouvrant en dessous dans sa longueur, depuis le cou jusqu'à la pointe de la mâchoire inférieure ; détachez la peau de part et d'autre, et quand vous serez arrivé aux tempes et au front où elle s'applique sur l'os immédiatement, redoublez de soin pour ne pas l'offenser. La peau étant tout-à-fait détachée, enlevez-en la chair et le lard par tranches et par lames, et réduisez-la à deux lignes d'épaisseur ; ôtez aussi la chair des os, la langue et le palais ; nettoyez la langue et ôtez-en les petits os et les cartilages ; lavez le palais. Coupez en filets les tranches trop épaisses du lard que vous avez détaché de la peau, et fendez la langue en deux dans sa longueur.

Si l'on ne mettait dans la hure que la chair et le lard qu'on en a tirés, elle ne serait qu'à moitié remplie ; c'est pourquoi il est nécessaire d'y ajouter une partie des filets et des viandes maigres du cochon, en remplacement des os, de la cervelle et de la langue. On peut réserver pour cela les épaules qui ne font que de mauvais jambons, et qui ne sont bonnes que pour cet emploi et des saucissons. Ainsi, après en avoir enlevé la couenne, vous en détacherez la chair, dont vous ôterez les nerfs et les peaux. Mettez cette chair à part.

Pesez maintenant ce que vous avez de viande et de lard; prenez autant d'onces de sel commun et bien sec qu'il y en a de livres; ajoutez quatre onces de salpêtre, deux onces de poudre d'épices, une pincée de poudre de sariette sèche, quatre ou cinq gousses d'ail hachées; mêlez le tout ensemble et roulez-y vos morceaux de viande et de lard jusqu'à ce que tout l'assaisonnement soit employé le plus également qu'il est possible. Mettez ensuite toute cette viande sur la peau de la *hure* placée dans une grande terrine, ayant soin de ne point confondre la chair des jambons avec le reste, et laissez le tout en cet état pendant cinq à six jours.

Ce temps écoulé, mettez à part les plus beaux filets de votre viande, ainsi que les tranches et lames de lard, la langue et le palais tirés de la *hure*, tout cela ensemble faisant le tiers de la viande assaisonnée. Hachez les deux autres tiers dont les morceaux tirés des jambons doivent faire partie. Il faut observer que les filets de lard sont des lardons dont la grosseur ne doit pas excéder celle du petit doigt: la longueur et la grosseur des filets de viande sont à volonté.

Il ne s'agit plus que de remplir la peau de la *hure* et de lui rendre sa forme primitive.

Ayez un moule creusé dans une pièce de bois, et qui ait la forme et à peu près le volume de votre *hure*. Ce moule, qui sert à perpétuité pour le même usage, est ouvert par le gros bout qui est celui du cou, et par dessus où se trouve le dessous de la *hure*. Appliquez dans ce moule un linge assez grand pour envelopper la *hure* quand elle sera formée, sans qu'il y ait trop d'excédant. Semez sur ce linge quelques brins de sauge, de thym et de persil et quelques feuilles de laurier; placez ensuite la peau de la *hure*, dont vous aurez cousu latéralement les deux machoires, de manière que le milieu de cette peau réponde exactement à celui du moule. Mettez d'abord un lit de hachis, de deux ou trois lignes d'épaisseur dans la partie la plus basse, du côté du cou, et sur ce lit, des filets de viande et de lard entremêlés de truffes entières et de lardons de truffes; recouvrez d'un nouveau lit de farce, et sur ce second lit, des tranches minces de lard. Continuez ainsi à ranger, lit par lit et horizontalement, votre farce, vos filets de viande et de lard, vos tranches ou lames de lard et vos truffes, de manière qu'il n'y ait point de chambres ou de vides. Quand la *hure* est remplie de manière à pouvoir rapprocher et à coudre le milieu de la peau, cousez-la, et, ayant donné quelques coups du plat de la main sur le bout ouvert, pour serrer et applanir la *hure*, vous le fermerez avec la couenne de l'une de vos épaules que vous aurez réservée pour cela. Cette couenne étant fixée, répandez encore du thym, de la sauge, des feuilles de laurier et du genièvre écrasé sur la *hure*;

enveloppez-la de son linge et cousez proprement ; mettez par-dessus une planchette appropriée, et sur cette planchette, un poids de dix à quinze livres. Laissez la *hure* en cet état pendant cinq ou six jours afin qu'elle s'affermisse dans sa forme et qu'elle se pénètre bien de son assaisonnement. Sortez-la de son moule et la liez en long et en large de plusieurs tours de ficelle enchaînés les uns dans les autres. Placez-la de suite dans une braisière appropriée avec six pintes d'eau, ou plus s'il est nécessaire, quatre pintes au moins de vin blanc, une poignée de sel et un fort bouquet de racines de persil, de thym et de sauge. Faites cuire modérément pendant sept à huit heures, ayant soin de la retourner, et quand elle est cuite, ce que l'on connaît au toucher, retirez-la, et mettez-la refroidir sur un clayon pendant trois ou quatre heures et dans son sens naturel, c'est-à-dire, les oreilles en haut. Replacez-la ensuite dans sa forme, et mettez dessus une planchette qui puisse entrer un peu dans le moule, et sur la planchette un poids de vingt-cinq livres. Quand elle aura passé la nuit en cet état, vous la sortirez du moule, vous ôterez la ficelle et le linge qui l'enveloppent, ainsi que le fil des coutures de la peau, et vous la dresserez sur une serviette pliée, entourée de persil vert, et ornée, si vous voulez, d'un bouquet ou d'un brin de laurier placé entre les deux oreilles, que vous aurez soin de redresser.

On trouvera ces procédés un peu longs ; mais aussi le morceau en vaut la peine.

Hure de sanglier. La hure étant coupée comme celle du cochon, à quatre pouces au dessous des oreilles, échaudez-la avec de l'eau presque bouillante, et ôtez-en avec soin toutes les soies. Prenez ensuite de la chair de cochon autant que pèsent les os enlevés, et autant de lard frais (*) que pèsent les chairs et la langue détachées de la hure. Assaisonnez le tout comme il a été dit pour la hure de cochon, et laissez cinq à six jours dans l'assaisonnement. Hachez les deux tiers de la viande, réservant la plus belle coupée en filets ainsi que le lard, et finissez exactement comme ci-dessus.

Si vous n'avez point de chair de cochon, il faut y suppléer par de la rouelle de veau et des filets de jambon et de lard.

Si l'on n'a point de forme de hure, ou si l'on veut la réduire à un moindre volume, on peut la mouler dans une casserole oblongue en suivant toujours les mêmes procédés. Si l'on se servait d'une casserole ronde, il faudrait faire sur la peau une marque pour indiquer le sens dans lequel on a placé les filets, afin qu'on pût entamer la hure dans un sens perpendiculaire à celui-là.

Il peut arriver qu'on ait plus de farce et de filets qu'il n'en faut pour remplir la hure, on peut en faire des saucissons.

___
(*) Les deux bajoues d'une tête de cochon seraient ce qui conviendrait le mieux.

I

INGRÉDIENT; subst. masc. Ce qui entre dans la composition d'une sauce, d'un ragoût, d'un mets quelconque. Les ragoûts qui abondent en ingrédiens ne sont pas toujours les meilleurs.

ISSUE; subst. fém. On appelle ainsi, en termes de boucherie et de cuisine, les extrémités et les entrailles de quelques animaux, comme les pieds, la tête et la queue; le cœur, le foie, le poumon, la rate.

ITALIENNE; (Sauce à l') on l'emploie aussi substantivement, comme quand on dit, servez avec une *italienne*. Voyez SAUCE.

J

JABOT; subst. masc. Epèce de poche que les oiseaux ont sur la gorge et dans laquelle la nourriture qu'ils prennent séjourne quelque temps avant de passer dans l'estomac. On ôte le *jabot* à toutes les volailles.

JAMBON; subst. masc. La cuisse ou l'épaule d'un cochon ou d'un sanglier, qui a été salée. Les *jambons* les plus estimés sont ceux de Westphalie qu'on appelle *jambons de Mayence*, ceux de Bayonne, de Longwy, etc.

Première manière de préparer les jambons. La cuisse et l'épaule se mettent en jambons; mais la cuisse est meilleure que l'épaule qui, toujours pleine de nerfs et de peaux, et desséchée par le sel et le temps, ne peut avoir les qualités de la première.

Laissez mortifier vos jambons pendant huit à dix jours environ, suivant la température, et mettez-les ensuite tremper pendant quinze jours dans une saumure faite avec de l'eau et du vin en parties égales, du sel, du salpêtre, thym, laurier, baume, sauge, sariette, genièvre écrasé et quelques gousses d'ail; laissez dissoudre et infuser tous ces ingrédiens dans un endroit chaud, et passez la saumure au clair avant d'y mettre les jambons. Les quinze jours expirés, retirez-les, essuyez-les et faites-les sécher à la fumée de bois et de grains de genièvre. Etant secs et fumés, frottez-les avec de la lie de vin et du vinaigre parfumé (Voyez VI-NAIGRE) et roulez-les dans la cendre. Gardez-les dans un endroit sec et frais.

Seconde manière de préparer les jambons. Etant coupés, arrosez-les de vin et poudrez-les d'un mélange de douze onces de sel, deux onces de salpêtre en poudre, demi-once de cristal minéral, deux onces de genièvre pilé, un gros de poivre long haché, deux onces de thym haché, le tout pour quinze livres de viande : augmentez les doses dans cette proportion, si vos jambons pèsent davantage. Enveloppez dans un linge chaque jambon ainsi assaisonné du côté de la chair, et cousez ce linge. Faites un trou en terre de vingt à vingt-quatre pouces de profondeur, et mettez-y vos jambons, la couenne en-dessous ; couvrez-les de terre, et ne les tirez du trou qu'au bout de quinze jours. Otez le linge qui les enveloppe, et pendez-les à la cheminée pendant huit jours, en les fumant de bois et de grains de genièvre jetés de temps en temps sur le feu; ensuite frottez-les de lie, ou plutôt arrosez-les de nouveau avec du vin, et pendez-les au plafond de la cuisine pendant quinze jours. Après quoi, mettez-les dans des cendres pour les conserver.

Quand vous voulez faire cuire un jambon, lavez-le dans de l'eau chaude, et faites-le dessaler pendant vingt-quatre heures dans de l'eau dégourdie, et plus long-temps, s'il est un peu vieux; enveloppez-le d'un torchon blanc, sur lequel vous avez mis des branches de persil, de thym, de sauge et du genièvre écrasé; faites-le cuire pendant cinq à six heures sur un feu modéré, puis laissez-le refroidir dans sa cuisson. Quand il est froid ou presque froid, enlevez la couenne, et mettez sur le lard d'abord du persil haché et un peu de poivre, ensuite de la chapelure mêlée de mie fine. Mettez-le sur une serviette pliée, et servez pour entremets.

Le jambon se sert aussi en tranches, ou seules pour entremets, ou sur la chou-croute pour entrée.

Quelques cuisiniers font tremper le jambon dans du vin d'Espagne pendant douze ou quinze heures avant de le mettre dans la braisière ou à la broche. Bon pour ceux qui ont du vin d'Espagne de reste, car le jambon n'en reçoit pas un surcroît de mérite proportionné à la dépense.

Jambon à la broche. Otez la couenne, et faites-le dessaler à l'eau tiède; embrochez-le, et quand il est cuit, panez-le de mie fine mêlée avec du persil haché, et faites-lui faire encore quelques tours afin qu'il se colore. Laissez-le refroidir et servez entouré de persil vert.

Essence de jambon. Voyez ESSENCE.

JARRET; subst. masc. Se dit de l'endroit où se plie la jambe de derrière des quadrupèdes.

Les jarrets de veau s'emploient dans les bouillons, les gelées et les fricandeaux.

JULIENNE ; subst. fém. Potage fait avec des racines et des herbes et trempé avec de bon bouillon.

Coupez en filets longs de dix à douze lignes des carottes, des navets et du céleri-racine ; émincez des laitues, de l'oseille, des poireaux et des oignons ; passez les racines au beurre avec du cerfeuil haché, et ajoutez-y les herbes ; mouillez avec du bouillon et faites bouillir doucement pendant une demi-heure et plus. Versez ensuite sur vos croûtes.

Le bouillon de la *julienne* peut se faire avec une poitrine de veau et un chapon ou une bonne poule.

JUS ; subst. masc. Suc extrait des végétaux ou de la chair des animaux ; nous ne parlons ici que des jus qui se préparent dans la cuisine. On fait des jus avec toutes sortes de viandes, et les cuisiniers intelligens y emploient les débris de celles qu'ils approprient pour différens mets et particulièrement les débris de fricandeaux, des filets de bœufs et des côtelettes. Nous supposerons ici qu'on manque de ces débris, pour mieux apprécier les doses des viandes dont on fait usage.

Jus de veau et d'autres viandes. Mettez dans le fond d'une casserole quelques petits morceaux de lard ou de graisse, ou même, si l'on veut, le gras du pot avec deux gros oignons et deux carottes coupés en dés, et par-dessus des tranches de veau, de bœuf ou de mouton, ou des tranches de toutes ces viandes ensemble. Faites suer jusqu'à ce que les légumes et la viande s'attachent à la casserole sans être brûlés, et remuez de temps en temps avec une spatule ou cuiller de bois ; mouillez avec de l'eau et mieux avec du bouillon ; ajoutez un bouquet de persil, de ciboules et d'estragon, sel et poudre d'épices, et faites bouillir pendant une heure au moins ; passez ensuite au tamis, laissez reposer, dégraissez et tirez au clair.

Si votre jus n'a pas assez de couleur, mettez dans une casserole un morceau de sucre avec un peu d'eau ; faites-le fondre et réduire en caramel ; mouillez avec une grande cuillerée de votre jus ; faites bouillir jusqu'à ce que le caramel soit dissous, et ajoutez le reste du jus. Mais il ne faut user de cet expédient qu'avec réserve.

Comme il importe que le jus soit bien clair pour donner plus d'apparence aux sauces dans lesquelles on le fait entrer, vous pouvez le clarifier avec un blanc d'œuf bien fouetté et mêlé avec le jus que vous faites bouillir pendant cinq à six minutes, et que vous passez ensuite dans une serviette fine sans expression.

Il faut observer que les viandes noires donnent leur teinte au jus qu'on en tire, et que par conséquent il ne faut pas les employer dans les glaces ni dans les sauces blondes.

Enfin on peut transformer du bouillon en jus en le faisant réduire comme la glace d'un fricandeau, qu'on mouille ensuite avec de l'eau ou d'autre bouillon. Il faut prendre garde qu'il ne soit trop salé.

Jus maigre. Mettez dans une casserole du beurre avec deux oignons, deux carottes, cinq ou six racines et une tête de céleri coupés en dés, et par-dessus les cuisses et les corps de vingt-cinq à trente grenouilles. Faites suer et attacher de belle couleur, puis mouillez ou avec de l'eau, ou avec le court-bouillon de poissons cuits à l'eau, si vous en avez; ajoutez de la poudre d'épices et un bon bouquet de persil, et si vous avez mouillé avec de l'eau, ajoutez-y encore du sel. Faites bouillir pendant une demi-heure; passez au tamis, laissez reposer et tirez au clair.

Au lieu de grenouilles on peut prendre de la chair de tanche et de carpe.

K

KAISELKOUCKE; Voyez *Gâteau à l'Allemande* au mot GATEAU.

KARI; On désigne par ce mot une espèce de galimafrée de tendrons de veau et de débris de volailles, dans laquelle on fait entrer beaucoup de beurre et de lard, du curcuma ou safran des Indes (*), du piment, du laurier, du girofle, des oignons, des culs d'artichauts, etc. et dont on lie la sauce avec de la farine et des jaunes d'œufs. Ce ragoût ne mérite pas un plus long détail.

KNEFFES; subst. fém. pluriel. Se dit en cuisine de petites boulettes d'une farce fine et légère faite avec différentes viandes, comme poulet, faisan, perdrix, ou avec de la chair de poisson. Nous en donnerons un exemple qui suffira pour tout ce qu'on voudra faire en ce genre.

Kneffes de perdreaux. Prenez la chair de deux perdreaux de bon fumet, pilez-la très-fin, d'abord seule, et ensuite avec un petit morceau de beurre, gros comme un œuf de mie de pain fine et trempée dans du bon jus; mêlez avec cette farce deux

---

(*) Le Curcuma est une racine qui nous vient des Indes orientales; il se nomme aussi *Souchet* et *terra merita*, et il passe pour un excellent apéritif.

jaunes d'œufs frais et quatre blancs fouettés en neige, un peu de sel et de poudre d'épices. Formez-en de petites boulettes grosses comme le bout du pouce, et arrangez-les dans le fond du plat où vous devez les servir. Faites un jus léger avec les carcasses de vos perdreaux, et délayez dans ce jus cinq jaunes d'œufs frais; passez au tamis dans le plat où sont les boulettes, et faites prendre au bain-marie couvert, en sorte qu'elles soient bien renflées. Servez chaudement.

On peut faire deux plats de *kneffes* avec deux perdreaux; c'est un manger très-agréable.

L

LAIE; subst. fém. C'est la femelle du sanglier. Voyez SANGLIER.

LAIT; subst. masc. Liqueur blanche qui se trouve dans les mamelles des femelles des animaux quadrupèdes et de la femme. On ne se sert en cuisine que du lait de vache, et ce lait entre dans une infinité de mets. C'est du lait qu'on tire la crème, le beurre, le fromage et le petit lait; et la plupart de nos alimens sont préparés avec ces substances.

LAITANCE ou LAITE; subst. fém. Partie des entrailles des poissons mâles qui est de substance blanche et molle, et qui ressemble à du lait caillé. On appelle *laités* les poissons qui ont de la laite, de la laitance. Les laitances de carpes sont celles dont on fait le plus d'usage, parce que ce sont les plus belles et que ce poisson est le plus commun ; c'est un manger fort délicat. On les sert seules, ou pour accompagnement en gras et en maigre.

Laitances au blanc. Passez-les au beurre avec de la farine et des champignons ou des mousserons ; mouillez avec de l'eau ou du bouillon de poisson ; assaisonnez de sel si le mouillement est d'eau ; poudre d'épices, pointe d'ail, bouquet de persil et de ciboules. Faites cuire pendant un quart d'heure, et la sauce étant un peu courte, liez-la, sans la faire bouillir avec de la crême et des jaunes d'œufs.

Laitances au coulis d'écrevisses. Faites-les cuire pendant un quart-d'heure avec de l'eau, un peu de farine, champignons ou mousserons, queues d'écrevisses ou de salicoques, bouquet de persil, pointe d'ail, sel et poudre d'épices. Liez la sauce avec du coulis d'écrevisses.

Laitances en gras. Faites un roux léger avec du lard, un oignon coupé en dés et ensuite une pincée de farine ; mouillez avec du jus, du bouillon ou de l'eau ; faites bouillir trois ou quatre minutes et passez au tamis clair avec un peu d'expression ; mettez vos laitances dans cette sauce, et faites-les cuire pendant un quart d'heure avec sel, poudre d'épices, bouquet de persil et de ciboules et quelques champignons ou mousserons; ajoutez un peu de coulis de veau, et servez.

Laitances frites. Faites mariner avec sel, poivre et vinaigre pendant une heure ou deux; essuyez-les, farinez, faites frire de belle couleur, et servez garnies de persil frit.

LAITUE; subst. fém. Plante potagère fort connue, et ainsi appelée du suc laiteux qu'elle répand quand on la coupe ou qu'on la rompt. On distingue deux espèces principales de *laitue* cultivée, la *laitue pommée* et la *laitue romaine* ou *chicon*. De tout temps les *laitues* ont eu le premier rang parmi les plantes potagères; elles sont excellentes crues et cuites; elles sont rafraîchissantes, humectantes, laxatives et conviennent aux jeunes gens: elles augmentent le lait aux nourrices et procurent un sommeil salutaire. Quelques-uns disent qu'elles tempèrent les feux de l'amour, et d'autres les calomnient encore davantage.

Laitues farcies. Faites-les blanchir un moment: étant égouttées, dépliez les feuilles sans les détacher de la tige; ôtez le cœur, et mettez à sa place un morceau de farce fine de volaille, ou de farce simple décrite au mot FARCE; remettez les feuilles les unes sur les autres après avoir mis sur chacune un petit morceau de farce applati. Ficelez vos laitues et faites-les cuire doucement dans du jus de veau. Quand elles sont cuites, ôtez les ficelles, glacez-les et servez-les sur un jus lié avec du coulis.

Si vous voulez les servir frites, faites-les égoutter du jus où elles ont cuit; ôtez les ficelles; trempez-les dans des œufs battus; panez de mie fine et faites frire de belle couleur dans du saindoux. Dressez sur une serviette, et servez garnies de persil frit. On peut en faire un cordon autour d'un gros bouilli.

Montans de laitues. On appelle ainsi les tiges des laitues qu'on a laissé monter. Pelez-les proprement et coupez-les de la longueur du petit doigt. Faites cuire à l'eau, et étant égouttés, passez-les au beurre avec de la farine; mouillez avec un peu de bouillon et faites mitonner un moment; liez ensuite avec deux jaunes d'œufs délayés avec de la crême et du persil haché. Servez pour entremets.

Vos montans étant ainsi apprêtés, vous pouvez les servir frits en les laissant refroidir dans leur sauce, et en les panant avant de les faire frire.

Enfin, on sert la laitue sous les fricandeaux comme l'oseille et les épinars, sous des œufs pochés ou des œufs durs ou demi-durs, en les entourant d'un cordon de mies frites.

LAMPROIE; subst. fém. Poisson de mer qui remonte dans les rivières pour y jeter son frai, et qui ressemble à une grosse anguille; il est long, gluant et cartilagineux, et il a de chaque côté du corps sept trous ronds qui lui servent d'ouïes. C'est un assez mauvais poisson, même avant le temps du frai qui est au mois de mai et de juin, et passé ce temps, il est coriace et de mauvais goût. La *lamproie* mâle est préférée à la femelle. On l'échaude comme la lotte et la tanche, mais dans une eau presque bouillante, et quand elle est nétoyée, on coupe la tête qu'on jette, et le reste se divise en tronçons comme l'anguille. Elle s'accommode de même, et quand on la met en matelotte, on garde le sang qu'on mêle avec la sauce. Voyez ANGUILLE et MATELOTTE.

LANÇON; subst. masc. Petit brochet.

LANGOUSTE; subst. fém. Écrevisse de mer, longue de douze à quinze pouces, et fort commune dans la Méditerranée. On la fait cuire à l'eau avec du persil, du sel et du poivre. Voy. ÉCREVISSE.

LANGUE; subst. fém. C'est la partie musculaire et charnue enfermée dans la bouche, et qui est, chez l'homme, l'organe immédiat de la parole et des saveurs. On fait un grand usage sur nos tables des *langues* de bœuf, de veau, de mouton et de cochon; et on les apprête de toutes les manières dont les viandes de ces animaux sont susceptibles, à la broche, sur le gril, en ragoût, salées et fumées. Nous en donnerons quelques-unes.

Langue de bœuf à la broche. Faites-la cuire à petit feu dans une braise faite avec du bouillon ou de l'eau, sel, poudre d'épices, bouquet de persil, de thym et de ciboules. Etant à demi-cuite, ôtez-en la peau et piquez-la de lard fin sur toute la face qui doit être vue quand elle sera servie; achevez de faire cuire à la broche. Servez sur la braise liée avec du coulis et passée au tamis, à laquelle vous ajoutez des câpres et un filet de vinaigre.

Langue de bœuf en ragoût. Faites cuire dans la marmite à bouillon, ce qui ne le gâtera pas, pelez-la et fendez-la en deux dans sa longueur, de manière que les deux moitiés étant ouvertes tiennent encore ensemble par les bouts et forment à peu près un cercle. Faites un roux avec du lard, un oignon et une carotte coupés en dés, auxquels vous ajoutez une bonne pincée de farine dès que le roux commence à paraître; mouillez avec de l'eau, ou mieux avec du bouillon, et faites bouillir pendant une demi-heure après y avoir mis un bouquet de persil, de ciboules et d'estragon, du sel et de la poudre d'épices; passez au tamis clair avec expression, et faites-y mijotter la langue pendant quelques minutes. Quand vous voudrez servir, ajoutez des câpres et un filet de vinaigre.

Langue de bœuf en bressoles. Voyez BRES-SOLE.

Langue de bœuf en hâtelettes. Voyez HATE-LETTE.

Langue de bœuf en pâté froid. Voyez PATÉ.

Langue de bœuf salée et fumée. Etant bien lavée et panée, couvrez-la de sel mêlé avec du salpêtre et du poivre; quand elle aura passé huit à dix jours dans ce mélange, passez-la dans un boyau de la même grosseur sur lequel vous semez encore du sel; après huit autres jours, fumez-la à la fumée de bois et de grains de genièvre et faites-la sécher à la cheminée pour la conserver.

Langues de veau à la broche. Etant à demi-cuites dans une braise, ôtez-en la peau, piquez-les de lard fin et passez une brochette dans le milieu pour les attacher à la grande broche. Faites cuire de belle couleur, et servez-les sur une poivrade. Voyez POIVRADE.

Langues de veau farcies. Faites-les blanchir à l'eau bouillante et pelez-les. Faites avec un couteau, suivant leur longueur, une fente que vous ouvrez avec le doigt pour y mettre une farce composée de blanc de volailles, de jambon cuit, graisse de bœuf; sel, poudre d'épices, mie de pain trempée dans la crême et trois jaunes d'œufs. Placez vos langues dans une tourtière sur des bardes de lard, l'ouverture de la fente en dessus, et faites cuire entre deux feux. Servez avec leurs bardes sur une sauce hachée, voyez *Sauce hachée*, ou avec un ragoût de riz de veau. Voyez RAGOUT.

Langues de veau en hâtelettes. Voy. HATELETTE.

Langues de mouton à la tourtière. Faites-les cuire à l'eau, pelez-les et coupez-les en filets minces. Mettez dans le fond d'un plat un peu de beurre et de mie de pain, et par-dessus vos filets cuits et trempés dans une sauce épaisse au blanc ou au roux ; arrondissez en dôme surbaissé, panez de mie fine et parsemez de petits morceaux de beurre. Faites cuire et prendre couleur sous le couvercle d'une tourtière ou au four, et servez après avoir exprimé le jus d'un citron sur la surface.

Langues de mouton grillées. Faites-les cuire à l'eau, et fendez-les aux trois quarts dans leur longueur. Faites-les mitonner dans un peu de coulis pendant un quart d'heure ; trempez-les ensuite dans un œuf battu ; panez et arrosez de graisse pour les paner encore. Faites griller de belle couleur, et servez sur une sauce hachée ou sur une sauce à l'échalotte. Voy. ces sauces à leurs articles.

Langues de mouton en papillotes. Faites cuire à l'eau, pelez et fendez en deux, et faites mariner avec sel, poivre, persil, ciboules et gousse d'ail hachés, huile fine et moitié d'un citron coupé en tranches. Mettez chaque moitié avec un peu de cet assaisonnement dans du papier blanc huilé, barde de lard dessus et dessous ; pliez le papier autour et faites cuire sur le gril ou dans la tourtière. Servez avec le papier.

Langues de mouton en hâtelettes. Voyez HATELETTE.

Langues de cochon fourrées. Échaudez-les, ôtez la première peau, le cornet et les petits os. Prenez un pot qui puisse les contenir toutes; mettez au fond de ce pot du sel et du salpêtre en poudre, du poivre, des grains de genièvre écrasés, du thym, de la sauge et des feuilles de laurier; arrangez sur cet assaisonnement un lit de langues bien pressées, par-dessus le même assaisonnement, ensuite un second lit de langues, ainsi de suite. Laissez-les dans cet état pendant huit à dix jours, puis retirez-les du pot, et passez-les dans des boyaux de cochon de même volume; suspendez-les à la cheminée pendant quinze jours, et gardez-les dans un endroit sec et froid.

Quand vous voudrez en faire usage, faites-les cuire dans une braise, moitié eau, moitié vin rouge, avec un peu de sel et du poivre. Servez à froid sur une serviette avec du persil vert.

Langues de carpes. Ce qu'on appelle langues de carpes est proprement le palais de ce poisson, que les marchandes de carpes à Paris ont soin d'enlever pour le vendre séparément. C'est un morceau très-délicat, très-recherché par les gourmands; mais comme il en faudrait une grande quantité pour faire un plat, on ne l'emploie guère qu'en garniture, et on sert les grosses carpes avec leurs langues.

LAPIN; subst. mascul. Petit quadrupède fort connu, qui ressemble beaucoup au lièvre, mais qui ne produit pas avec lui. Il y a des *lapins* sauvages et des *lapins* domestiques que l'on appelle *clapiers*. On préfère les premiers aux autres, et les plus estimés sont ceux qui vivent dans les dunes sur le bord de la mer. Pour donner plus de fumet à la chair des *lapins* domestiques, on leur met dans le ventre, aussitôt qu'ils sont tués et vidés, un petit paquet de thym, ou de serpolet, ou de mélilot, ou de feuilles de mérisier qu'on nomme *Mahaleb* ou *bois de Sainte-Lucie*. On pique le *lapin* ainsi parfumé pendant vingt-quatre heures, ou on le barde et on le fait cuire à la broche.

On châtre les *lapins* à deux ou trois mois, pour les rendre plus gros, plus gras et plus tendres: on ne doit les manger que quand ils ont atteint huit ou neuf mois et même un an. Ils ne souffrent pas beaucoup de cette opération, quand elle est bien faite.

Les cuisiniers varient à l'infini la manière d'apprêter le *lapin*; on trouve trente-trois de ces variantes dans le Dictionnaire de cuisine, au moins vingt dans la Cuisinière bourgeoise, autant dans le parfait Cuisinier, et le même nombre dans les Dons de Comus. C'est beaucoup trop; nous nous bornerons à cinq ou six, d'où l'on pourra sans peine déduire toutes les autres.

Lapins ou *lapereaux rôtis*. Habillez, videz et mettez dans le ventre ou du mélilot, ou du thym, ou du serpolet, ou des feuilles sèches de mérisier

Vingt-quatre heures après, ôtez ces herbes et remettez les foies; piquez de lard fin et faites rôtir de belle couleur.

Rables de lapins. Prenez les rables de trois lapins dont vous avez coupé la tête et les membres pour les employer en ragoût. Piquez-les de lard fin et mettez-les cuire dans la tourtière sur des bardes de lard, feu dessus et dessous. Etant cuits et de belle couleur, rangez-les côte à côte dans le plat sur leurs bardes; mouillez ce qui reste dans la tourtière avec un peu de jus; mettez-y une pincée de persil blanchi et haché, un peu de sel et de poivre; faites réduire à juste sauce, ajoutez le jus d'un citron ou du verjus, et servez sous les rables.

Lapins en bressoles. Prenez les cuisses de deux lapins dont vous avez apprêté les rables, comme il est dit à l'article précédent; désossez-les, levez-en les chairs et conservez la peau; faites une farce avec ces chairs et les foies, graisse de veau ou de bœuf, lard blanchi, sel et poudre d'épices, pointe d'ail et fines herbes. Hachez le tout très-fin et pilez ensuite dans un mortier; ajoutez deux œufs entiers battus; étendez cette farce sur les peaux conservées; roulez-les, ficelez et appropriez. Mettez-les dans une casserole avec du bouillon, et faites cuire à petit feu. Etant cuites, ôtez-les de la casserole; faites réduire ce qui reste de leur sauce à l'état de glace; mouillez avec du jus, passez au tamis, ajoutez une échalotte hachée et servez sur les bressoles avec un jus de citron, après les avoir déliées.

Lapin en matelotte. Coupez en morceaux un bon lapin, ayant soin d'enlever exactement les esquilles que le couperet peut avoir faites. Mettez votre lapin dans un roux, mouillé d'abord avec du bouillon, ensuite avec du vin blanc et passé au tamis avec expression. Ajoutez un bouquet de persil et de thym, sel, poudre d'épices, une gousse d'ail et une échalotte coupées en tranches. Faites cuire et réduire à juste sauce. Servez la matelotte entourée de mies frites.

Lapin en fricassée de poulets. Coupez un lapin en morceaux, et ôtez-en avec soin les esquilles; faites dégorger dans l'eau pendant quelques heures, et apprêtez en fricassée de poulets. Voy. POULET.

Lapins en pâté froid. Faites une farce avec du veau, les foies de vos lapins, de la graisse de bœuf, lard, fines herbes, truffes, gousse d'ail, sel, poudre d'épices et trois œufs entiers battus. N'employez de vos lapins que le rable et les cuisses, que vous désosserez ou laisserez dans leur entier à volonté. Piquez-les de lardons assaisonnés, et rangez-les dans une terrine de fayence à couvercle sur un lit de farce, saupoudrez légèrement de sel et poudre d'épices; couvrez-les d'un second lit de farce sur lequel vous mettrez des bardes de lard.

Mettez et luttez le couvercle; faites cuire au four avec le pain pendant deux heures. Servez froid.

On suivrait le même procédé pour un pâté en croûte. Voyez PATÉ.

Gibelotte de lapins. Voyez GIBELOTTE.

Pain de lapins. Pilez et passez à la passoire fine la chair et le foie d'un lapin, autant de tétine de veau, ou à défaut, autant de beurre et autant de mie de pain que de chair, après l'avoir fait tremper dans du bouillon et l'avoir exprimée dans une serviette. Mêlez le tout et pilez de nouveau; assaisonnez de sel, poudre d'épices, d'une échalotte, pointe d'ail et persil hachés très-fin; ajoutez quatre ou cinq jaunes d'œufs battus avec deux blancs fouettés, et mêlez bien le tout avec une cuiller de bois. Couvrez de bardes de lard un peu minces l'intérieur d'un moule qui ait à peu près la forme d'une casserole sans queue; versez votre farce dans ce moule, unissez-en le dessus pour le couvrir de nouvelles bardes. Mettez le moule au bain marie dans une casserole de même hauteur, que vous couvrez de son couvercle pour y mettre du feu. Faites cuire doucement, que l'eau du bain marie ne fasse que frémir; au bout d'une heure, voyez si votre pain est cuit. Quand vous devez servir, sortez-le du moule en le renversant; glacez-le, et servez sur une essence de gibier liée avec du coulis, ou sur une poivrade. Voyez ESSENCE et POIVRADE.

Si vous n'avez pas de glace pour en enduire votre pain, vous le servirez avec ses bardes.

LARD ; subst. masc. C'est la partie grasse qui se trouve entre la couenne et la chair du porc. Tout le monde sait la manière de le préparer ; elle est fort simple. Le *lard* d'un cochon se partage le long de l'échine en deux parties qu'on appelle *bandes* ou *flèches de lard* ; ce sont ces bandes que l'on sale. On commence par les frotter en dedans avec du salpêtre en poudre ; ensuite on les couvre de sel bien sec, mêlé avec un peu de poivre ; on les met l'une sur l'autre dans une espèce de coffre de pareille longueur, qu'on nomme *saloir*, et on les laisse quinze ou vingt jours dans cet état; après quoi on les fait sécher à la cheminée, et on les conserve dans un endroit sec et froid.

Petit lard ou *petit salé*. On appelle ainsi le lard salé et non desséché. Pour faire le petit lard, on coupe en morceaux, de la grosseur qu'on veut, la partie la moins épaisse des bandes, qui est celle du ventre ; on frotte ces morceaux avec de l'ail du côté de la couenne, et ensuite de tous les côtés avec du salpêtre en poudre ; on les arrange ensuite par lits dans un grand pot, et on couvre chaque lit de sel bien sec, mêlé avec de la sariette en poudre et de la poudre d'épices ; on les presse, on ferme le pot et on le met dans un endroit frais et sec.

On sert le petit lard sur des purées de pois, de lentilles, sur la chou-croute, etc.

LARDER; c'est passer des filets de lard dans les viandes qu'on apprête; on dit *piquer* quand ces filets sont un peu fins et débordent la viande, qu'ils relèvent par leurs rangs serrés et symétriques.

LARDOIRE; subst. fémin. Sorte de brochette creusée et fendue par l'un de ses bouts et pointue par l'autre, dont on se sert pour larder ou piquer les viandes. Il y a des *lardoires* de bois, de fer étamé et d'argent: on doit interdire dans les cuisines les *lardoires* de cuivre comme dangereuses.

LAURIER; subst. masc. Arbre ou arbrisseau toujours vert, dont il y a plusieurs espèces. De tous les *lauriers*, le plus célèbre et le plus anciennement connu, est le *laurier* franc ou *laurier* commun, et de tout temps il fut la récompense des vertus militaires et des grands talens. On trouve en Afrique des forêts entières de ce *laurier*. Ses feuilles, brisées entre les doigts, exhalent une odeur agréable; elles ont une saveur âcre et un peu amère. On sait l'emploi qu'on en fait dans nos cuisines, sur-tout à Paris, où il n'y eut jamais de plus belles occasions d'en faire usage.

On se sert encore des feuilles d'un autre *laurier* qu'on nomme *Laurier-cerise* ou *Laurier-amandier*; c'est un joli arbrisseau dont les fleurs et les feuilles ont l'odeur et le goût de l'amande amère, et qui donnent ce goût aux crêmes et aux autres mets préparés avec du lait. Mais on doit en user très-sobrement, parce qu'elles sont un véritable poison ; on cite des personnes empoisonnées à Londres, pour avoir mis trop de ces feuilles dans une liqueur.

LÉGUME ; subst. masc. En termes de jardinage et dans nos cuisines, on donne généralement le nom de *légumes* à toutes les plantes d'un potager; c'est dans ce sens qu'on dit: *Vivre de légumes*. Mais en botanique, *légume* est synonime de gousse, et il désigne le fruit des plantes appelées légumineuses; tels sont les pois, les fèves, les lentilles, etc.

LENTILLE ; subst. fém. Sorte de légume dont il y a deux espèces principales, la *grande lentille* et la *petite lentille*. Les anciens regardaient la *lentille* comme un très-mauvais aliment, et les modernes ne lui font guère plus d'honneur. On prétend que les *lentilles* sont froides et sèches, de difficile digestion ; qu'elles engendrent un suc mélancolique, causent des obstructions, affaiblissent la vue, occasionnent des rêves tumultueux, nuisent à la tête, aux nerfs, aux poumons, resserrent le ventre, empêchent l'écoulement des règles et des urines, et que toutes ces mauvaises qualités procèdent de leur substance grossière et astringente.

Quoiqu'il en soit, on peut corriger ces mauvaises qualités par le mélange d'autres légumes et de quelques herbes, comme il suit :

Purée ou *coulis de lentilles*. Prenez des croûtes de pain, carottes, panais, racines de persil et oignons coupés en tranches. Passez à l'huile ou au beurre bien chaud; si c'est en gras, mettez-y du lard bien roux; ajoutez des lentilles cuites à l'eau et un peu de bouillon, assaisonnez de sel, poudre d'épices et d'une gousse d'ail; faites bouillir pendant quelques minutes, et passez dans une passoire fine en pressant avec la cuiller à pot.

Cette purée peut se servir seule ou sous du petit lard, ou sous des perdrix, ou dans un potage aux croûtes. Il est inutile de dire qu'on n'emploie ni lard ni bouillon gras dans la purée en maigre.

LEVAIN; subst. masc. On appelle particulièrement *levain* un morceau de pâte aigrie qui, étant mêlé avec la pâte dont on veut faire le pain, sert à la faire lever, à la faire fermenter. A défaut de *levain*, on se sert de levûre de bière. Voyez LEVURE.

LEVRAUT; subst. masc. Jeune lièvre. Voyez LIÈVRE.

LEVURE; subst. fém. Ecume que fait la bière quand elle bout, et dont les boulangers et les pâtissiers se servent pour faire lever le pain et les gâteaux. La *levûre* fait enfler le pain en peu de temps et le rend plus léger et plus délicat; mais lorsqu'on y en met trop, le pain est amer. La faculté de médecine a déclaré en 1668 que l'usage de la *levûre* était nuisible à la santé; c'est pourquoi on a défendu aux boulangers d'en mettre dans le petit pain; mais cette défense ne subsiste plus, et on fait toujours usage de la *levûre*.

Manière de conserver la levûre de bière pendant plusieurs mois. Comme on ne peut pas toujours se procurer de la levûre de bière, le Cuisinier anglais indique la manière de la conserver quand elle est abondante. Battez-la bien avec des verges jusqu'à ce qu'elle soit liquide et légère; mettez-en une légère couche dans le fond d'une petite cuve propre et sèche; renversez-la pour que la poussière n'y tombe pas, et cependant de manière que l'air y pénètre facilement. Cette première couche étant sèche, mettez une autre couche par-dessus et faites sécher de même; ainsi de suite jusqu'à ce que vous en ayez une quantité suffisante, y eût-il quatre pouces d'épaisseur. Lorsque vous voulez en faire usage, coupez-en un morceau que vous trempez dans l'eau chaude et que vous remuez bien; vous pouvez alors vous en servir.

LIAISON; subst. fém. Se dit en termes de cuisine, des ingrédiens propres à épaissir les sauces, comme la farine, les jaunes d'œufs, les coulis, les croûtes, etc.

LIÈVRE; subst. masc. Animal quadrupède et sauvage fort connu, et dont la timidité a passé en proverbe. On appelle communément *bouquin* le *lièvre* mâle qui a pris son accroissemement, et la femelle *hase*. Un grand levraut prêt à devenir bouquin où hasé se nomme *trois quarts*. Les meilleurs levrauts sont ceux qui naissent en janvier. Le *lièvre* a toujours figuré avec honneur sur nos tables; les Romains en faisaient grand cas, témoin ce vers de Martial :

Inter quadrupedes gloria prima lepus. (*)

Les *lièvres* qui habitent les plaines humides et marécageuses sont peu estimés ; les meilleurs sont ceux des pays entrecoupés de ruisseaux et de collines où croissent le thym et le serpolet. Pour en augmenter le fumet, on pratique ce que nous avons indiqué pour le lapin, en leur mettant dans le corps, quand ils sont récemment tués et vidés, du serpolet, ou du thym, ou du mélilot, ou des feuilles de *mahaleb* ou mérisier de Sainte-Lucie. Voy. LAPIN.

Lièvre ou levraut rôti. Habillez, videz, faites-le refaire sur la braise, ôtez la peau qui couvre les filets, frottez légèrement de son sang et piquez de lard fin sur ces filets et sur les cuisses. Mettez à la broche, et quand il est cuit, servez-le sur une poivrade. Voyez POIVRADE.

Si nous parlons de cette manière de faire rôtir le lièvre entier et avec ses pattes revêtues de leur poil, c'est parce qu'elle est généralement en usage ; mais nous sommes loin de l'approuver. Sa chair noircie et son corps oblitéré par la cha-

---

(*) Le lièvre au premier rang parmi les quadrupèdes.

leur, n'offrent plus qu'un squelette hideux qui révolte la délicatesse et la sensualité jusqu'au point que les enfans en ont peur. Il faut avoir une belle passion pour ce mets et être doué d'un appétit ardent, pour être tenté d'en manger. Au lieu de le servir ainsi, n'en présentez que le rable et les cuisses piqués proprement et cuits au four, ou dans la tourtière, ou à la broche quand le rable tient aux cuisses. Le rable étant le morceau préféré, ou peut en servir deux sur le même plat, et réserver les cuisses pour un repas plus commun. On emploie la même sauce que pour le lièvre rôti.

Rable de lièvre ou *levraut*. Comme celui de lapin. Voyez LAPIN; voyez aussi FILET.

Civet de lièvre. On ne met guère en civet que le devant du lièvre, dont on conserve le rable et les cuisses pour les mettre en broche d'une seule pièce, ou séparés dans la tourtière.

Coupez en morceaux le devant d'un lièvre, et ôtez soigneusement les esquilles des os cassés par le couperet. Gardez le sang à part. Après avoir passé ces morceaux dans une casserole avec du beurre ou du lard et une bonne pincée de farine, mouillez avec une chopine de vin blanc et autant de bouillon ou d'eau; ajoutez un bouquet de persil et de ciboules, une gousse d'ail, sel et poudre d'épices. Faites cuire à courte sauce et liez avec le sang avec ébullition.

Lièvre en ragoût. Coupez-le par membres, mettez le sang à part, et réservez-en le rable si vous le jugez à propos. Lardez de gros lard, et faites cuire dans une casserole avec du bouillon, une chopine de vin blanc, bouquet de persil, de ciboules et de thym, deux feuilles de laurier, une gousse d'ail, sel et poudre d'épices. Etant cuit, retirez le foie de la casserole, pilez-le très-fin, dé- délayez avec un peu de bouillon, passez au tamis et mêlez avec le sang. Versez le tout dans la casserole et liez la sauce sans ébullition. Ajoutez quelques câpres et servez.

Capilotade de lièvre. Voyez CAPILOTADE.

Pain de lièvre. Comme celui de lapin. Voyez LAPIN.

Pain de lièvre froid. On y fait moins de façon qu'au pain de lièvre ou de lapin qui se sert chaud. Hachez la viande de votre lièvre dont vous avez ôté les peaux et les nerfs, avec la moitié moins de lard, une gousse d'ail, persil, ciboules, estragon, sel et poudre d'épices. Liez cette farce avec cinq ou six jaunes d'œufs et deux blancs battus ensemble. Versez-la dans une casserole dont vous avez couvert l'intérieur avec des bardes minces; unissez le dessus et couvrez-le d'autres bardes. Faites cuire au four pendant une heure et demie, et quand la casserole est à moitié froide, renversez le pain sur le plat où il doit être servi.

Au lieu de couvrir de bardes l'intérieur de la

casserole, on peut l'enduire de beurre affiné et ensuite de mie fine.

Lièvre en terrine ou *pâté froid*. Voyez LAPIN et PATÉ.

LIMAÇON ; Voyez ESCARGOT.

LIMANDE ; subst. fém. Les dictionnaires d'histoire naturelle apprendront à ceux qui ne le savent pas, que la *limande* est un poisson de mer du genre des *pleuronectes*. Il suffit, en cuisine, de savoir que ce poisson est plat, jaune en dessus, blanc en dessous, que ses écailles sont grandes, dures et dentelées, et que sa tête est petite. On mange les *limandes* en friture, cuites sur le gril, sur le plat, ou au court-bouillon. C'est, dit M. Bosc, le turbot, la sole des ménages peu aisés ; on ne les voit guère sur la table des riches.

Limandes sur le plat. Habillez, lavez, essuyez ; mettez dans un plat persil et ciboules hachés, sel et poudre d'épices, ensuite les limandes et le même assaisonnement par-dessus ; panez de mie fine parsemée de petits morceaux de beurre ; faites cuire au four ou sous le couvercle de la tourtière, entre deux feux. Quand elles sont cuites et de belle couleur, servez-les avec un filet de verjus ou le jus d'un citron.

Limandes grillées. Habillez, lavez et essuyez. Faites-les mariner avec huile, sel, poivre et persil haché, ensuite faites griller en les arrosant de leur marinade, et servez sur une sauce blanche, aux câpres. Voyez SAUCE.

Limandes frites. Habillez, lavez, essuyez, farinez et faites frire dans une friture chaude, à feu clair, sans les laisser languir sur le feu, pour n'être point mollasses. Servez-les sur une serviette pour rôt.

On peut aussi les servir en entrée sur une sauce aux câpres et aux anchois, sur une sauce hachée, etc. Voyez SAUCE.

LOCHE; subst. fém. Petit poisson de la longueur de trois, quatre et cinq pouces, assez semblable à l'éperlan, et qui se trouve dans les ruisseaux et les rivières dont les eaux sont pures. On en pêche beaucoup dans l'Ornain et dans les ruisseaux qui s'y jettent; sa chair est délicate, et on peut la manger frite, en matelotte, cuite à l'eau et au persil. Il faut avoir soin de la vider.

LOIR; subst. masc. Petit quadrupède sauvage de la classe des rongeurs, et dont on ne parle ici que parce qu'il faisait partie de la bonne chère des Romains; ils en élevaient en quantité, et Varron donne la manière de faire des garennes de loirs. Pline dit que ce goût n'a pas été suivi. Les censeurs défendirent qu'on en servît sur les tables, leur chair étant de trop difficile digestion. Cependant on en mange encore en Italie, et on les prend dans des fosses que l'on creuse dans les bois; on tapisse ces fosses de mousse qu'on recouvre de paille, et on y jette de la farine. Les loirs s'y rendent en nombre, et on les y trouve engourdis vers la fin de l'automne; c'est le temps où ils sont le plus gras.

LONGE; subst. fém. C'est la moitié de l'échine d'un veau ou d'un chevreuil, depuis l'épaule jusqu'à la queue, et coupée pour être mangée. *Longe* se dit absolument de la longe de veau. Les longes de veau et de chevreuil se servent rôties, et c'est leur manquer que de les servir autrement. On pique de lard fin la longe de chevreuil, et rarement celle de veau. On peut servir sous la longe de veau une sauce aux tomates, et sous celle de chevreuil une vinaigrette. Voyez SAUCE.

LOTTE; subst. fém. Poisson qui se trouve dans les lacs et les rivières, particulièrement dans l'Isère et dans la Saône; il est long de neuf à douze pouces, rond, épais et glissant comme la lamproie. On prétend que la *lotte* se trouve aussi dans la mer. Elle a la vie dure, et l'on peut la garder vivante et hors de l'eau pendant plusieurs jours, pourvu qu'on la tienne dans un endroit frais; dans ce cas, on la nourrit de viande ou de petits poissons. Sa chair est blanche, agréable au goût et facile à cuire; son foie, qui est très-volumineux, est regardé comme un mets excellent, mais on rejette ses œufs qui sont un purgatif violent comme ceux du brochet et du barbeau. On mange la *lotte* apprêtée de diverses manières, dont la meilleure est de la faire frire.

Lottes frites. Videz et lavez; remettez les foies dans le corps, et faites mariner pendant une heure avec vinaigre, sel et poivre. Essuyez, farinez et faites frire de belle couleur. Servez à sec sur une serviette.

Lottes à la sauce blanche. Videz, lavez et coupez en deux ou trois tronçons; faites cuire dans un chaudron étamé, avec de l'eau, du sel, du persil et une gousse d'ail. Ne les laissez pas languir sur le feu. Quand elles sont cuites, dressez-les avec leurs foies dans une sauce faite et liée sur le feu avec du beurre, une pincée de farine, un filet de vinaigre, peu de sel, de la poudre d'épices, un anchois écrasé et une pincée de câpres; le tout amalgamé avec deux ou trois cuillerées de leur court-bouillon et versé sur les tronçons.

Lottes glacées en fricandeaux. Videz, lavez, et gardez les foies. Coupez-les en trois tronçons si elles sont un peu grosses, et piquez d'un côté de lard fin. Mettez dans une casserole un jarret de veau et un peu de rouelle, et faites cuire avec du bouillon ou de l'eau et un bouquet de persil et de ciboules; peu de sel, sur-tout si le mouillement se fait avec du bouillon. Retirez vos tronçons quand ils sont cuits, et laissez encore bouillir le reste jusqu'à ce que le jarret soit défait. Alors passez le mouillement au tamis et faites-le tomber en glace. Glacez vos tronçons et dressez-les entourés de leurs foies sur une sauce faite avec du bouillon et le reste de la glace.

Lottes en matelotte. Voyez MATELOTTE.

M

MACARONI ; subst. masc. emprunté de l'Italien. Sorte de pâte sèche faite avec de la farine et du fromage, que nous tirions autrefois d'Italie, et qu'on fabrique maintenant en France.

Manière d'apprêter le macaroni. Faites-le cuire dans du lait en consistance un peu épaisse ; et laissez refroidir. Mettez dans le fond d'un plat de la rapure de fromage de Gruyère avec un peu de beurre, et votre macaroni par-dessus, dressé en dôme et couvert de nouvelle rapure et de petits morceaux de beurre. Faites cuire et prendre couleur au four ou sous un couvercle de tourtière, entre deux feux.

MACÉDOINE ; subst. fém. Se dit des mets qui se préparent avec différens légumes. On peut les varier à l'infini ; on fait des macédoines composées uniquement de toutes sortes de légumes, en gras et en maigre, avec sauce et sans sauce. Une pièce de bœuf garnie de légumes est proprement une macédoine.

MACHE ; subst. fém. Plante que l'on cultive dans

les jardins, et connue en quelques endroits sous le nom de *doucette*; on la mange en salade, ou seule, ou mêlée avec la raiponce, le pissenlit, la betterave cuite, etc. Cette herbe est rafraîchissante, détersive et propre à corriger l'âcreté des humeurs et la trop grande salure du sang; c'est d'ailleurs une mauvaise salade.

MACIS; subst. masc. Écorce intérieure de la muscade; c'est une sorte de membrane à réseau, partagée en plusieurs lanières minces d'un rouge jaunâtre, d'une odeur très-aromatique agréable, et d'une saveur âcre et balsamique; on la nomme improprement *fleur de muscade*. Le macis entre dans quelques assaisonnemens. Voyez MUSCADE.

MACREUSE; subst. fém. Oiseau aquatique, un peu plus gros que le canard domestique, mais plus ramassé et plus court. Il fréquente de préférence les côtes et les îles septentrionales de notre continent, et on en voit beaucoup en Ecosse, en Angleterre, en Russie, etc. Nos côtes de Picardie sont couvertes de *macreuses* en hyver, et on y en prend une grande quantité. Mais c'est un assez mauvais gibier que tout l'art du cuisinier ne peut relever, et c'est l'un de ces mets que l'on sert en maigre sous la forme et la réalité du gras.

Macreuse rôtie. Mettez à la broche, et arrosez avec du beurre assaisonné de sel, poivre et vinaigre; étant cuite, servez sur une sauce-robert faite avec son foie écrasé, et délayez avec du vin blanc, sel et poivre.

Macreuse au court-bouillon. Lardez-la de lardons d'anguille, si vous en avez; empotez-la avec eau, sel, poivre, bouquet de persil et deux verres de vin blanc. Faites cuire à petit feu pendant trois ou quatre heures, puis servez-la sur une sauce faite avec du beurre, une pincée de farine, sel, poivre et filet de vinaigre; ajoutez-y, quand elle est liée sur le feu, des échalottes hachées, ou frottez avec une échalotte le fond du plat où vous la servez.

Macreuse à la daube. Comme l'oison ou le canard. Voyez ces articles.

MAITRE-D'HOTEL. (Sauce à la) Mettez dans une casserole deux ou trois onces de beurre, une cuillerée de farine, persil et ciboules hachés très-fin, sel, gros poivre et un demi-verre d'eau. Tournez cette sauce sur le feu au moment de servir, et ajoutez-y un filet de vinaigre blanc ou le jus d'un citron.

Maître-d'hôtel froide. (*Sauce à la*) Le beurre étant la base de la sauce à la maître-d'hôtel, on sert en bien des cas le beurre préparé qui doit en tenir lieu, avec les viandes ou les poissons auxquels cette sauce est destinée. Pour préparer ce beurre, mettez dans une casserole trois ou quatre onces de beurre frais, une pincée de persil et d'échalottes hachés très-fin, sel, gros poivre et le jus d'un citron; pétrissez à froid le tout ensemble avec une cuiller de bois, et servez ce beurre avec un rôti d'agneau ou de veau, avec du poisson grillé.

MANSELLE; subst. fém. C'est tout simplement un salmis de perdreaux cuits à la broche, qu'on coupe par membres, quand ils sont refroidis, et qu'on sert avec une sauce faite avec leurs débris pilés, incorporés avec un roux léger et mouillés avec du vin blanc, le tout passé au tamis clair sur les membres des perdreaux, qu'on y fait chauffer sans ébullition.

MANSELLE; se dit aussi d'une sauce qu'on sert avec les viandes rôties, et dans laquelle on les réchauffe.

MAQUEREAU; subst. masc. Poisson de mer sans écailles, long de douze à quinze pouces, qu'on pêche au printemps, et qui s'apprête de plusieurs manières, dont la plus usitée est celle que l'on appelle *sauce à la maître-d'hôtel*.

Maquereaux à la maître-d'hôtel. Videz, lavez, essuyez et fendez sur le dos. Mettez dans le corps un peu de beurre manié avec sel, poivre, persil et ciboules hachés, et faites griller. Au moment de servir, mettez du même beurre dans l'ouverture du dos, et servez avec un jus de citron.

Maquereaux au fenouil. Faites-les cuire dans un court-bouillon avec du fenouil, et servez avec une sauce blanche assaisonnée de fenouil haché, d'échalottes hachées et d'un jus de citron ou d'un filet de vinaigre blanc.

Maquereaux glacés. Comme les lottes en fricandeaux, sinon que vous les laissez entiers. Voy. LOTTE.

Filets de maquereaux en rissoles. Levez la chair en filets longs comme le pouce; faites-les mariner avec jus de citron, sel et poivre; essuyez et trempez dans une pâte à frire, voyez PATE, et faites frire dans du saindoux.

Maquereaux à la flamande. Faites-les griller enveloppés de branches de fenouil; faites blanchir un moment des groseilles vertes ou groseilles à maquereaux. Mettez dans une casserole du beurre, une bonne pincée de farine, un peu d'eau et un filet de vinaigre; faites lier sur le feu en tournant, ajoutez-y les groseilles blanchies, ouvrez les maquereaux par le dos, et versez cette sauce par-dessus.

MARCASSIN; subst. masc. C'est un jeune sanglier qui suit encore sa mère. On le fait cuire à la broche entier et piqué de lard fin, et on le sert sur une vinaigrette. Voyez SAUCE.

MARINADE; subst. fém. Se dit de l'assaisonnement préparatoire qu'on fait aux viandes ou aux poissons avant de les faire cuire, ou du liquide assaisonné dans lequel on met les choses que l'on veut conserver.

Marinade se dit aussi des fritures de viandes et de poissons que l'on a fait mariner.

MARINER ; c'est assaisonner les viandes et les poissons pour les préparer aux différens apprêts de la cuisine, ou pour les conserver. On marine des huîtres, des artichauts, des champignons, etc.

MARJOLAINE ; subst. fém. Plante aromatique que l'on cultive dans les jardins sous le nom de *marjolaine gentille*, et que l'on emploie quelquefois en cuisine dans les assaisonnemens.

MARRON ; subst. masc. Fruit du maronnier, dont on se sert en cuisine pour remplir le corps des dindons et des oies que l'on fait rôtir, ou pour servir d'accompagnement et de garniture dans les ragoûts. On en fait aussi des potages. Voyez GARBURE.

MATELOTTE ; subst. fém. Mets composé de plusieurs sortes de poissons apprêtés à la manière dont on prétend que les matelots les accommodent. Les *matelottes* de la Rapée et du Gros-Caillou à Paris sont devenues célèbres.

Manière de faire une matelotte. Mettez dans un chaudron étamé les tronçons bien nétoyés et lavés d'une anguille, d'une ou de deux lottes, d'un barbeau, d'un brochet, etc. Assaisonnez de sel, poudre d'épices, gousse d'ail, bouquet de persil et d'estragon ; ajoutez des champignons ou mousserons et mouillez en parties égales de vin blanc et d'eau. Faites cuire sur un feu un peu vif. Pendant ce temps, mettez dans une casserole du beurre et trois oignons coupés en dés ; dès que ces oignons commencent à roussir, ajoutez une bonne pincée de farine, et quand le tout est d'un roux clair, mouillez avec une grande cuillerée du court-bouillon de vos poissons ; faites bouillir trois ou quatre minutes et passez au tamis clair avec expression ; versez ce roux dans la matelotte, achevez de la faire cuire ; et servez-la entourée de mies frites.

Si vous n'avez pas le temps de faire un roux comme il vient d'être dit, roulez plusieurs petites boules de beurre dans de la chapelure et jetez-les dans la matelotte à la fin de la cuisson.

MAUVIETTE ; subst. féminin. C'est le nom de l'alouette grasse. On vante les pâtés de *mauviettes* de Pithiviers.

MAZARINE ; subst. fém. Espèce de pâtisserie.

MELON ; subst. masc. Plante annuelle et rampante, dont le fruit qui porte le même nom est connu partout où la chaleur du climat permet de le cultiver.

On confit au vinaigre, comme les cornichons, les jeunes fruits du *melon*, quand ils ne sont pas plus gros que le petit doigt, et on l'apprête comme la citrouille avant qu'il soit à sa parfaite maturité.

MENU ; subst. masc. On appelle le *menu* d'un

MER

repas, le mémoire des plats ou des mets qui doivent le composer. Ainsi l'on dit le *menu de quinze couverts, de vingt couverts*.

Menu s'emploie aussi adverbialement et signifie en très-petits morceaux. Il y a des mets pour lesquels on hache la viande ou les herbes fort *menu*.

Menu-gibier, est celui qui est au-dessous de la perdrix. Voyez GIBIER. On dit aussi *menu-rôt*.

MENUS-DROITS; Se dit de certains ragoûts faits avec les issues ou extrêmités d'un animal, découpées en filets. On fait des *menus-droits* avec des palais de bœuf, des oreilles de cochon, etc. et les sauces de ces ragoûts sont des coulis plus ou moins recherchés, des jus liés.

MERLAN; subst. masc. Poisson de mer, long d'un pied et au-dessus, qui se trouve en grande abondance sur les côtes de France et d'Angleterre et dans toute la mer Baltique; sa chair friable, tendre et légère, offre une nourriture fort saine aux estomacs les plus délicats, aux personnes faibles et convalescentes, et même aux malades; et elle est meilleure rôtie que bouillie.

Merlans sur le plat. Faites fondre du beurre frais dans un plat avec persil, ciboules et champignons hachés, sel et poudre d'épices. Mettez-y vos merlans bien nétoyés et lavés, assaisonnez dessus comme dessous; couvrez le plat d'un couvercle de tourtière, et faites cuire doucement entre deux feux. Servez avec un filet de verjus ou le jus d'un gros citron.

Merlans frits. Videz, nétoyez et lavez; incisez-les légèrement sur le dos, farinez et faites frire dans une friture bien chaude, à feu clair. Servez à sec pour rôt, ou sur une sauce aux anchois. Voy. SAUCE.

Vous pouvez donner aux merlans, avant de les mettre dans la poêle, la figure d'un cercle, en leur mettant la queue dans la bouche.

Merlans grillés. Videz, nétoyez et lavez; essuyez-les et frottez-les avec un peu de vinaigre pour donner plus de consistance à leur peau; saupoudrez-les de farine; frottez légèrement le gril avec du beurre et faites-le chauffer avant d'y placer les merlans, autrement ils s'y attacheraient; retournez-les plusieurs fois pendant qu'ils cuisent, et quand ils sont cuits, servez-les sur du beurre bien chaud avec le jus d'un citron, ou sur une sauce blanche aux câpres. Voyez SAUCE.

MERLE; subst. masc. Oiseau un peu plus gros que la grive avec laquelle il a quelques rapports, quoiqu'il en diffère beaucoup par son plumage qui est brun quand l'oiseau est jeune, et d'un noir d'ébène quand il est plus avancé en âge; son bec alors est d'un beau jaune. La chair du *merle* n'est guère moins estimée que celle de la grive pendant le mois d'octobre, temps où il prend de l'embonpoint : on l'apprête de même. Voyez GRIVE.

MERLUCHE; subst. fém. Morue sèche.

Manière de l'apprêter. Choisissez-la blanche; battez-la bien et faites-la tremper pendant trois jours, ayant soin de changer d'eau. Mettez-la sur le feu dans l'eau de rivière froide, et retirez-la quand l'eau commence à bouillir. Divisez-la ensuite par feuillets. Faites roussir dans du beurre des oignons coupés en tranches avec une pincée de farine; mouillez avec un peu d'eau, et faites bouillir pendant cinq à six minutes avec sel et poudre d'épices; faites mitonner dans cette sauce vos feuilles de merluche, ajoutez un filet de vinaigre et servez.

Ce mets a plus de relief encore si l'on y met une cuillerée de moutarde en même temps que le vinaigre.

MEUNIER; subst. masc. Poisson de rivière dont le dos est bleu et le ventre d'un blanc argentin; sa chair molle et pleine d'arêtes est peu estimée. Il aime les eaux dont le courant est rapide, telles sont celles qui coulent au-dessous des tournans des moulins, d'où lui vient le nom de *meûnier* : il est aussi connu sous les noms de *chevêne*, *vilain*, *testard* ou *têtu*. La meilleure manière de le manger est sur le gril avec une sauce blanche.

MIGNONNETTE; subst. fém. C'est le poivre concassé.

MIJOTER; signifie, en termes de cuisine, cuire lentement et à petit feu sans ébullition.

MIROTON; subst. masc. Ragoût fait avec des viandes cuites, coupées en tranches ou en filets, et assaisonnées de diverses manières.

Miroton de bœuf. Coupez votre bœuf par tranches minces, et mettez ces tranches dans un plat; passez au beurre ou au lard un oignon, deux échalottes, persil et ciboulettes, le tout haché; ajoutez un peu de farine, sel et poudre d'épices, et un verre de jus; faites cuire un moment, et sur la fin ajoutez encore une pincée de câpres fines, un anchois écrasé et une pointe de vinaigre. Versez cette sauce sur vos tranches et servez.

On apprête ainsi les langues de bœuf et de mouton.

Le *miroton* peut se servir au milieu d'une bordure de godiveau ou farce qu'on a mise autour du plat et qu'on a fait cuire au four ou sous un couvercle de tourtière.

Enfin on fait des *mirotons* de poissons, en y adaptant des farces fines, qu'on relève encore par des coulis d'écrevisses et des garnitures délicates.

C'est improprement que l'on a donné le nom de miroton *à un mets préparé avec des tranches de pommes et de la confiture entremêlés, du sucre, de l'eau-de-vie, de la canelle et du jus de citron; c'est plutôt une espèce de chartreuse.*

MITONNER; se dit du pain qu'on fait tremper dans du bouillon pour en faire un potage, ou des viandes qu'on fait chauffer doucement dans un coulis ou une sauce quelconque.

MOELLE; subst. fém. Substance grasse, jaunâtre, douce et d'une certaine consistance qui remplit la cavité des gros os. On appelle *amourette* la moëlle allongée qui se trouve dans le milieu des vertèbes. Voyez AMOURETTES.

On se sert de la moëlle de bœuf dans la composition des farces fines; il faut avoir le soin d'en ôter scrupuleusement les esquilles des os cassés par le couperet.

MONTANS DE LAITUE; Voyez LAITUE.

MORILLE; subst. fém. Espèce de champignon qui vient dans les bois au printemps, dont la tête est ovale, un peu conique, creuse, unie et blanche en dedans, noire ou d'un gris jaunâtre en dehors et percée à l'extérieur de cellules profondes et irrégulières qui la font ressembler à une petite éponge. Cette tête est de la grosseur d'un petit œuf de poule et au-dessous, et elle est portée sur un pédicule creux, blanc en dedans et en dehors.

La *morille* a une odeur et un goût très-agréable, et c'est un excellent accompagnement. Il faut avoir l'attention de la cueillir fraîche autant qu'il est possible, et d'en ôter les petits limaçons qui s'y logent et en sont très-friands. On fait sécher les *morilles* en les enfilant d'un gros fil et en les suspendant à la cheminée, et quand elles sont grosses, on les coupe en deux dans leur longueur. On les conserve ainsi pendant plus d'un an, et avant de s'en servir, on les lave dans l'eau tiède.

On n'a point observé jusqu'ici que la *morille* causât des indigestions fâcheuses, encore moins des accidens vénéneux, comme les autres champignons. Mais c'est un aliment très-échauffant et, à ce qu'on dit, très-aphrodisiaque ; c'est pourquoi il faut en interdire l'usage aux personnes qu'il est dangereux d'échauffer.

On mange les *morilles* seules ou en accompagnement.

Morilles à la crême, ou *croûtes aux morilles*. Nétoyez et lavez ; coupez en deux et en long les plus grosses ; passez au lard, si c'est en gras, au beurre, si c'est en maigre, avec une pincée de farine ; mouillez d'eau ou de bouillon gras ou maigre ; assaisonnez de sel, poudre d'épices et bouquet de persil ; faites réduire à courte sauce et liez de deux jaunes d'œufs délayés avec de la crême. Servez pour entremets, entourées de mies frites.

On peut les dresser sur d'autres mies frites.

Morilles farcies. Choisissez les plus grosses, nétoyez et lavez ; ôtez-en les queues que vous mettez dans une farce fine faite avec du blanc de volaille cuite ; remplissez les *morilles* de cette farce ; trempez-lez dans des œufs battus et couvrez-les de mie fine ; dressez-les sur leur base dans une tourtière beurrée, et mettez au sommet de chacune un petit morceau de beurre; faites cuire de belle couleur, et quand elles sont cuites, arrangez-les comme des quilles, les unes contre les autres, dans un plat où vous avez mis un bon coulis de jambon et de veau, ou un coulis d'écrevisses. Servez pour entremets, entourées de mies frites. Voyez *farce de volailles* et COULIS.

On peut encore servir les morilles frites ou apprêtées de plusieurs autres manières.

MORTADELLE et non MOUSTARDELLE; subst. fém. emprunté de l'Italien. Espèce de gros saucisson fort épicé qui nous vient de l'Italie.

MORTIFIER; faire que la viande devienne plus tendre, ce qui s'opère en la gardant plus ou moins de temps avant de la faire cuire. Le gros gibier doit être mortifié.

MORUE; subst. fém. Poisson de mer très-vorace, et qui se nourrit principalement de harengs et de merlans. Tout le monde connaît ce poisson, ainsi que les différens noms qu'il reçoit de la manière dont on le prépare pour l'envoyer au loin. Sa grande avidité lui fait quelquefois avaler des morceaux de bois qu'il ne peut digérer; alors il vomit son estomac, suivant la remarque d'Anderson, le retourne devant sa bouche, et après l'avoir bien vidé et lavé, il le retire à sa place et se met sur-le-champ à manger. Don heureux de la nature, au prix duquel le chapeau de Fortunatus ne serait rien pour la plupart des êtres au-dessus de la *morue!* Quoiqu'il en soit, la *morue* est un excellent poisson, comme tous les poissons voraces. On estime, avec raison, la *morue* fraîche ou nouvelle de Terre-Neuve; on la choisit tendre et blanche, et on prétend que le mâle vaut mieux que la femelle. L'éloignement des lieux où on la pêche fait qu'on la mange rarement nouvelle; on nous l'envoie sèche ou salée.

Morue à la maître-d'hôtel. Après l'avoir battue et fait dessaler dans l'eau pendant deux jours, écaillez et lavez; mettez-la sur le feu dans un chaudron avec de l'eau fraîche; retirez-la quand l'eau commence à bouillir. Mettez dans une casserole du beurre, du poivre, ciboules et persil hachés très-fin, et une pincée de farine; faites fondre en tournant avec la spatule, et placez-y votre *morue*. Quand vous voudrez servir, remettez la casserole sur le feu, et remuez sans interruption, afin que la sauce ne tourne pas en huile. La *morue* étant imprégnée et bien chaude, dressez-la sur le plat, et ajoutez le jus d'un citron.

Morue à la crême. Dessalée, écaillée et lavée, faites-la cuire à l'eau comme il vient d'être dit, et levez-en les feuillets. Mettez dans une casserole un bon morceau de beurre, une bonne pincée de farine, une gousse d'ail et du poivre; mouillez avec de la crême ou du lait, et liez sur le feu; mettez-y ensuite les feuilles de morue, faites chauffer en remuant et servez.

Morue au gratin. Étant préparée comme dans l'article précédent et prête à servir, liez la sauce avec trois jaunes d'œufs, et laissez refroidir. Mettez dans le fond du plat où vous voulez la servir du beurre et de la mie fine ; arrangez-y vos filets de morue, et recouvrez-les de mie fine et de petits morceaux de beurre. Faites prendre couleur au four ou sous un couvercle de tourtière et servez.

Morue au beurre noir. Dessalez, écaillez, lavez et faites cuire à l'eau comme ci-dessus. Mettez-la sur un plat avec un demi-verre de vinaigre et autant de bouillon, et faites bouillir un moment. Versez dessus du beurre très-chaud, et servez garnie de persil frit.

Morue à la sauce-Robert. Étant préparée et cuite à l'eau comme il est dit, divisez-la par feuillets. Mettez dans une casserole un bon morceau de beurre et deux oignons coupés en dés ; quand ces oignons commencent à roussir, ajoutez une bonne pincée de farine, et faites prendre belle couleur en remuant avec la spatule ; mouillez avec du bouillon de poisson ou avec de l'eau ; faites bouillir pendant cinq à six minutes et passez au tamis clair, en pressant, dans une autre casserole où vous mettrez aussi la morue pour la faire mitonner. Quand vous voudrez servir, ajoutez de la moutarde et un filet de vinaigre.

MOUILLEMENT ; subst. masc. Se dit en cuisine du liquide employé dans la confection d'une sauce, d'un ragoût ou d'un mets quelconque. Le vin, l'eau, le jus, le bouillon, le vinaigre et même la bière, sont des *mouillemens*. Il faut toujours proportionner la quantité du *mouillement* au volume de la viande ou du poisson que l'on fait cuire, à celui de la sauce qui doit en résulter, et à la durée de la cuisson.

MOUILLER; est, en terme de cuisine, mettre dans une sauce ou dans un ragoût, le liquide qui lui est propre.

MOULE; subst. fém. Coquillage bivalve, de mer, de rivière et d'étang; les moules de mer sont de meilleur goût et plus saines que les autres. On doit les choisir tendres, délicates et bien nourries. Mais elles ne conviennent qu'aux personnes qui ont un bon estomac; encore faut-il en user modérément, car elles se digèrent difficilement et produisent des humeurs visqueuses. Plusieurs observations prouvent que les *moules* sont sujettes à devenir vénimeuses par les maladies qui leur arrivent, ce qui les rend dangereuses. Quelques personnes ont été attaquées d'anxiétés, de convulsions accompagnées d'éruptions cutanées; les remèdes en pareil cas sont les vomissemens et les antidotes.

Moules à la poulette. Lavez-les et mettez-les à sec dans une casserole sur le feu, pour les faire ouvrir; épluchez-les et ôtez-en les petites crabes qui peuvent s'y trouver.

Remettez-les dans la casserole avec leurs coquilles ou sans leurs coquilles ; passez-les sur le feu avec un morceau de beurre, persil et ciboules hachés et une pincée de farine ; mouillez avec un peu de bouillon, et quand il n'y a presque plus de sauce, liez avec trois jaunes d'œufs, et servez avec un filet de verjus.

On apprête les moules de plusieurs autres manières dont ce mets ne vaut pas la peine.

MOUSSERON; substant. mascul. Champignon connu par les botanistes sous le nom d'*agaric odorant*. Le *mousseron* vient au printems dans les bois, parmi les feuilles sèches et la mousse, d'où lui vient le nom de *mousseron*. C'est sans doute le meilleur des champignons, et ce qui lui donne encore plus de prix, c'est qu'il n'a aucun des caractères des champignons vénéneux, et qu'il n'a point encore occasionné d'accidens. On ne peut d'ailleurs le confondre avec aucun autre, puisqu'il est le seul avec la morille qui naisse dans cette saison; on n'en voit plus à la fin de mai. A quoi faut-attribuer ce précieux avantage ? Est-ce aux sucs différens dont il se compose, ou à l'influence d'une saison plus tempérée, quand les chaleurs et les pluies de l'été n'ont point encore altéré ces principes ? La malignité des autres champignons qui viennent en abondance après ce terme, semble confirmer cette observation qui manque à l'histoire encore si imparfaite de ces végétaux.

Les bois montagneux où croissent les *mousserons* ne sont pas bornés, comme le dit le *Nouveau Dictionnaire d'histoire naturelle*, entre Dijon et Chaumont, mais s'étendent dans la Lorraine fort au-delà de cette dernière ville, puisqu'on en récolte beaucoup dans les bois des environs de Toul et de Verdun. On en trouve quelquefois dans les haies répandues çà et là dans les friches et autres lieux incultes. On n'en voit point dans les environs de Paris, et les cuisiniers de cette capitale n'en parlent jamais. Cependant ceux qui ont donné des préceptes sur leur art, devraient les connaître, au moins dans l'état de siccité, puisqu'on les conserve dans cet état pendant plus d'une année, et qu'ils n'en rehaussent pas moins le goût des mets dans lesquels on les fait entrer.

On doit cueillir les *mousserons* par un temps sec, et les nétoyer de la terre et des herbes qui y sont attachées. Quand on veut les faire sécher, on les enfile avec un gros fil, et on les suspend en chapelets à la cheminée, non loin du feu, afin qu'ils sèchent plus vite. Ceux que l'on fait sécher doucement à l'air et même au soleil sont quelquefois rongés par les vers, au point qu'il n'en reste que la peau à laquelle ces insectes ne touchent point, soit qu'ils la trouvent trop dure, soit pour s'en faire un abri.

Mousserons à l'huile. Epluchez des mousserons frais et faites-les mitonner dans une casserole avec un demi-verre d'huile fine, un verre de vin blanc, bouquet de persil et de ciboules, une cuillerée de coulis, une tranche de jambon, sel et poivre. Otez le jambon et le bouquet; passez à l'huile des lozanges de mie de pain, et mettez-les avec les mousserons, sur lesquels vous exprimez le jus d'un citron.

Mousserons à la crême ou *croûtes aux mousserons*. Epluchez et lavez des mousserons frais; passez-les au beurre et avec de la farine; mouillez avec un peu d'eau ou de bouillon, et ajoutez un bouquet de persil, sel et poivre; faites mitonner, et la sauce étant courte, liez-la avec trois jaunes d'œufs délayés dans de la crême. Versez vos mousserons sur des mies de pain frites arrangées dans le fond du plat, et entourez-les de mies frites.

Œufs brouillés aux mousserons. Epluchez et lavez une grosse poignée de mousserons frais, et passez-les au beurre. Cassez dix à douze œufs dans la casserole et battez-les avec sel et poudre d'épices. Faites cuire mollets sans être baveux, et servez entourés de mies frites.

MOUTARDE; subst. fém. Plante que l'on cultive dans les champs et dans les jardins, et dont la graine, petite et ronde, convertie en poudre et ensuite en pâte liquide, se sert sur nos tables et s'emploie dans plusieurs sauces. La meilleure *moutarde* se fabrique à Paris, à Dijon, à Angers, à Metz. Cet assaisonnement convient aux vieillards et facilite la digestion; mais il échauffe beaucoup.

MOUTON; subst. masc. C'est l'agneau parvenu à une certaine grandeur, et que l'on a châtré pour l'engraisser. On sait sous combien de formes il paraît sur nos tables : on en trouvera les différentes préparations aux mots qui en désignent les différentes parties.

Hachis de mouton. Prenez les restes d'un gigot cuit à la broche, ou d'un filet cuit dans la tourtière, ou en fricandeau, et ôtez-en les peaux et les nerfs. Hachez menu et passez au beurre avec une tranche de jambon, si vous en avez, un peu de farine, une gousse d'ail hachée avec une pincée de persil; mouillez d'un peu de bouillon, et laissez mitonner pendant sept à huit minutes. Dressez et garnissez d'œufs entiers cuits à l'eau bouillante pendant cinq minutes, et de mies frites.

MUSCADE; subst. fém. Fruit d'un arbre des Indes orientales, qu'on appelle *Muscadier*. Ce fruit est arrondi en ovoïde, de la grosseur d'une petite orange, attaché à un long pédicule, et le noyau qu'il renferme est couvert de trois écorces. La première, c'est-à-dire, l'écorce extérieure, est charnue, molle, pleine de suc, épaisse d'un doigt, velue et rousse, parsemée de taches jaunes dorées et purpurines, de même que nos abricots et nos pêches, et elle s'ouvre d'elle-même dans la maturité. Sous ce brou ou grosse écorce est une enveloppe ou membranne à réseau, divisée en pluieurs lanières, d'une substance visqueuse, huileuse, d'une odeur aromatique fort agréable, d'une saveur âcre, balsamique, assez gracieuse, et d'un jaune rougeâtre; c'est ce qu'on appelle en Europe *macis*, et aux Moluques *Bongopala*. A travers les mailles de cette enveloppe, on en voit une troisième, qui est une coque dure, ligneuse, mince, cassante et d'un brun roussâtre, laquelle contient un noyau qui est la *noix-muscade*. Ce noyau est ovoïde, de la grosseur d'une petite noix, longue de huit à dix lignes, ridée, d'une couleur brune-cendrée, dure, fragile, panachée intérieurement de nuances jaunâtres et d'un rouge brun, d'une excellente odeur, d'une saveur âcre et suave, quoiqu'amère et d'une substance très-huileuse.

On fait un grand usage dans plusieurs cuisines de la *noix-muscade* pour assaisonner les alimens, et on lui attribue beaucoup de vertus; mais il faut en user très-sobrement, car elle cause l'assoupissement et rend lourd. Le macis est moins astringent que la *muscade*; mais l'excès n'en est pas moins dangereux.

N

NAVET; substant. masc. C'est la racine d'une plante de même nom, que l'on cultive dans les champs et dans les jardins. Le *navet* est un légume assez sain, quoiqu'un peu venteux ; on le met dans les soupes ; on le mange à la sauce blanche et à la sauce rousse ; on en fait des purées ; on le fait frire en pâte et il se marie avec la plupart des viandes, sur-tout avec le mouton et le canard.

Navets à la sauce blanche. Epluchez et coupez proprement en leur donnant la forme d'un gros marron ; faites-les cuire à l'eau, et quand ils sont cuits et égouttés, faites-les mitonner dans une sauce blanche avec persil haché.

Navets à la sauce rousse. Appropriez comme à l'article précédent, faites-les roussir dans du beurre avec une pincée de farine, et mouillez avec du jus ou du bouillon ; ajoutez un peu de sel, de la poudre d'épices et un morceau de sucre gros comme un petit œuf ; quand ils sont cuits, servez à sauce un peu courte.

Purée de navets. Coupez en morceaux quelconques, ôtez-en la peau et faites cuire à l'eau, passez à la passoire avec expression et réduisez en purée ; assaisonnez de sel, poudre d'épices et persil haché, et liez avec un peu de farine et de jus. Servez garnie de mies frites ou sous un fricandeau.

Ragoût de mouton aux navets. Coupez-les proprement en les tournant en forme de rognons ou de gros marrons, comme nous l'avons dit, et mettez-les dans la casserole où vous avez fait cuire à moitié des morceaux de mouton avec l'assaisonnement qui leur convient. Achevez la cuisson et servez à courte sauce. Voyez HARICOT.

NOIX DE VEAU ; On appelle ainsi l'une des trois parties dans lesquelles on a divisé une cuisse de veau, comme on l'a dit au mot FRICANDEAU : les deux autres parties se nomment *sous-noix*.

Noix de veau à la bourgeoise. Prenez la plus grosse avec sa tétine, enveloppez-la d'un linge blanc et battez-la avec le rouleau ou le couperet, pour l'attendrir. Piquez-la de gros lardons assaisonnés de sel, poudre d'épices et persil haché. Beurrez le fond d'une casserole ; mettez-y votre *noix* avec deux verres de bouillon ; couvrez-la d'un papier beurré et faites cuire pendant deux heures sur un feu doux, et avec un peu de feu sur le couvercle de la casserole. Tirez votre noix et glacez-la avec ce qui reste dans la casserole réduit en glace. Servez sur une sauce tomate, ou sur de la chicorée, ou sur une purée d'oseille, ou sur une farce de laitues. Voyez SAUCE TOMATE.

NOUGAT ; subst. masc. C'est un grillage d'amandes pelées et coupées en filets avec du sucre: on réduit ce grillage en une croûte épaisse de deux ou trois lignes en lui donnant la forme d'un gâteau dans une casserole huilée.

NOUILLES ou NOULLES; subst. fém. plur. On appelle ainsi des filets d'une pâte faite avec de la farine, des œufs et un peu de beurre. On étend cette pâte en lames minces que l'on roule et que l'on coupe en filets déliés; on fait blanchir un moment ces filets dans l'eau bouillante, et on les apprête de diverses manières.

Noulles au lait. Vos noulles étant blanchies et égouttées, faites cuire doucement dans du lait avec un grain de sel et du sucre.

Noulles au fromage. Beurrez le fond du plat où vous voulez les servir, et couvrez-le avec de la rapure de gruyère ou de parmesan; arrangez vos noulles en dôme applati et couvrez-les de la même rapure mêlée avec de la mie fine et quelques petits morceaux de beurre. Faites prendre couleur au four, ou dans la tourtière entre deux feux.

Noulles en pain. Beurrez tout l'intérieur d'une casserole à couvercle, et répandez sur ce beurre de la mie fine. Liez avec trois jaunes d'œufs des noulles cuites dans du lait avec un peu de beurre. Quand elles sont froides ou presque froides, mettez-les dans la casserole, et faites prendre couleur au four ou en plaçant la casserole garnie de son couvercle dans un tas de cendres rouges mêlées avec de la braise, avec pareil feu sur le couvercle. Au moment de servir, renversez le pain sur le plat.

Vous pouvez mettre dans ce pain une fricassée de poulets ou de grenouilles ou un ragoût de riz de veau, après en avoir ôté ce qui est nécessaire pour cela; on ne renverse le pain que quand le ragoût y est placé.

O

OEILLETTE; voyez OLIVETTE.

OEUF, subst. masc. Substance gélatineuse renfermée dans une coque et quelquefois dans une membrane dure ou molle, que mettent dehors les oiseaux et la plupart des poissons, des reptiles et des insectes, et de laquelle leurs petits se forment et se nourrissent avant d'éclore. Nous ne considérons ici que les œufs des oiseaux, dont nous nous servons pour notre nourriture.

Les œufs sont destinés par la nature à la propagation des oiseaux, mais il s'en faut bien qu'ils remplissent toujours cette destination. Nos basses-cours sont peuplées de dindes, de poules, d'oies, de cannes, dont nous mangeons les œufs, et à peine la dixième partie de ces œufs est employée à la reproduction des espèces. Ceux de poule sont d'un usage journalier à la ville et à la campagne, non-seulement parce qu'ils sont les meilleurs, mais parce que les poules sont de toutes les femelles de la basse-cour les plus nombreuses, les plus fécondes et les plus faciles à élever. C'est un aliment sain, nourrissant et qui convient à tous les estomacs. Les œufs se prêtent à tous les procédés de la cuisine, où on les emploie comme mets, ainsi qu'à la préparation de la plus grande partie des autres.

Les œufs les plus frais sont toujours les meilleurs, et l'on doit les choisir tels, non-seulement pour être mangés à la coque, mais pour tous les emplois qu'on veut en faire. C'est dommage que nous en soyons privés pendant trois mois de l'année, les poules finissant de pondre à la fin d'octobre pour ne commencer que pendant le mois de février. Mais on peut les conserver, sinon très-frais, au moins en état d'être mangés pendant ces trois mois. On prend pour cela les derniers, ceux de septembre et d'octobre, et dès qu'ils sont pondus, on les enduit avec de l'huile ou du saindoux; on les conserve ainsi dans un endroit sec et frais, à l'abri de la gelée. Une autre manière de les conserver, est de les stratifier, c'est-à-dire, de les arranger lit par lit dans de la menue paille, du son, de la sciûre de bois, du bled, du seigle ou d'autres grains; mais cette manière est moins efficace que la première.

On a observé que les œufs qui ont été transportés ne se conservent pas aussi long-temps que les autres. Ainsi quand on est obligé de les transporter, il faut toujours le faire le plus doucement qu'il est possible.

Œufs frais à la coque. Prenez-les du jour. Mettez-les sur le feu dans de l'eau fraîche, et retirez-les quand l'eau commence à bouillir. Servez sur-le-champ.

Autre manière. Mettez-les dans l'eau bouillante pendant deux minutes ; retirez l'eau du feu, et laissez-y encore les œufs pendant une minute.

Ces deux manières de faire cuire les œufs à la coque, au point convenable, sont également sûres, mais la première est la meilleure, parce que les œufs restent plus long-temps dans l'eau, et qu'ils cuisent plus également.

Œufs douillets entiers. Faites-les cuire pendant cinq minutes dans l'eau bouillante ; épluchez et servez dans une sauce blanche ou sur une farce d'oseille, de laitue ou de chicorée, comme des œufs pochés auxquels beaucoup de personnes les préfèrent.

Œufs au jus. Pochez-les à l'eau bouillante, dans laquelle vous avez mis un peu de vinaigre. Faites chauffer du jus de veau un peu fort, versez-le dans un plat, et coulez-y vos œufs pochés avec un brin de poivre concassé sur chacun. Servez chaudement, et ayez soin que vos œufs soient bien arrondis et bien entiers. (*) Voyez POCHER.

(*) Si l'on veut des œufs au jus plus recherchés, il faut pren-

Œufs au lait. Prenez une pinte de lait et faites-le bouillir et réduire aux deux tiers avec quelques zestes de citron et un morceau de sucre. Pilez dans un mortier deux ou trois douzaines d'amandes douces, après les avoir dérobées à l'eau bouillante, et délayez-les avec six jaunes d'œufs et votre lait réduit. Passez ce mélange au tamis clair, et mettez cuire dans un plat au bain-marie, ou sur de la cendre chaude, feu par-dessus. Glacez, si vous voulez, avec du sucre en poudre à la pêle rouge.

Œufs à la sauce-Robert. Passez au beurre trois gros oignons coupés en dés, et quand ils commencent à roussir, mettez-y une bonne pincée de farine. Quand le tout est de belle couleur, mouillez avec du bouillon et un verre de vin blanc ; ajoutez sel et poivre et faites cuire pendant six à sept minutes en consistance un peu épaisse. Coupez en quatre dans leur longueur dix à douze œufs durs, et faites-les chauffer doucement dans cette sauce ; servez ensuite en ajoutant un peu de moutarde et un filet de vinaigre.

Œufs à la tripe. Les œufs à la tripe sont des œufs à l'oignon comme les précédens ; c'est, pour parler le langage de la cuisine, une chipolate d'œufs

---

dre, comme l'enseigne le Cuisinier Impérial, douze canards, les mettre à la broche, les en retirer encore verts, c'est-à-dire, rouges, et les ciseler sur l'estomac jusqu'aux os, pour en tirer le jus, qu'on assaisonne de sel et de gros poivre, et qu'on sert sous des œufs pochés.

durs; mais ceux-ci sont au blanc et les autres au roux.

Faites durcir dix à douze œufs et coupez-les en tranches. Mettez dans une casserole un bon morceau de beurre avec six oignons moyens aussi coupés en tranches et un verre d'eau. Les oignons étant cuits sans être roux, ajoutez une cuillerée de farine, un grand verre de crême, du sel et de la poudre d'épices. Faites mijoter pendant quelques minutes, mettez-y vos œufs, faites chauffer en sautant et servez.

Œufs brouillés. On les met dans une casserole avec du beurre tiède, un peu de crême, du sel et de la poudre d'épices, et on les bat pour les bien mêler. On les remue, à mesure qu'ils s'attachent à la casserole, avec une cuiller de bois, et quand ils sont cuits un peu douillets, sans être baveux, on les dresse sur le plat au milieu d'un cordon de mies frites.

On mêle quelquefois aux œufs brouillés de la sauce de carpe à l'étuvée, des champignons ou des mousserons frais, des pointes d'asperges, etc. Il faut alors que les champignons et les mousserons soient passés au beurre, et que les asperges soient cuites dans l'eau bouillante.

Œufs sur le plat. Foncez de beurre un plat qui souffre le feu; cassez-y huit ou dix œufs sans les brouiller; assaisonnez de sel, poudre d'épices et d'une échalotte hachée très-menu; mettez encore dessus trois ou quatre cuillerées de crême, faites cuire sur de la cendre rouge, et qu'ils soient encore mollets après avoir passé dessus la pêle rouge.

Œufs au miroir. Cassez dans un petit plat huit à dix œufs, et faites en sorte qu'ils restent entiers. Assaisonnez de sel et de poivre. Faites chauffer dans une poêle, dont le fond soit plat, du beurre affiné ou du saindoux, et quand il est bien chaud, versez-y vos œufs d'un seul jet, toujours sans les brouiller; faites frire sans les retourner; passez dessus la pêle rouge; versez un bon filet de vinaigre, et coulez le tout sur le plat où vous voulez les servir.

Œufs en timbales. Cassez huit œufs; ôtez-en quatre blancs et brouillez les huit jaunes et les quatre blancs restans avec du jus tiède; passez le tout au tamis clair. Beurrez vos timbales et remplissez-les à moitié de vos œufs; faites cuire au bain-marie dans une casserole, et renversez-les l'une après l'autre sur le plat sans les rompre, servez dessous un jus clair.

Sept timbales suffisent pour faire un plat.

Œufs farcis. Vous les servez durs et coupés en deux ou en quatre sur de l'oseille, de la laitue ou de la chicorée cuite avec les assaisonnemens convenables. Entourez-les, si vous voulez, de mies frites.

Œufs frits. Prenez-les frais, et faites-les frire, en les cassant un à un et jusqu'au nombre de quatre ou cinq à la fois, dans une friture bien chaude. Servez sur une sauce-Robert. Voyez SAUCE.

C'en est assez sans doute pour faire voir combien l'on peut varier la manière d'apprêter les œufs. Nous ne finirions pas si nous voulions parler des œufs à la turque, à la bonne suisse, des œufs délicieux, à la vestale, à la none, des œufs coquets, etc. Tout cela se trouve dans le Manuel de la friandise, livres V et VI. On trouvera au mot OMELETTE *un supplément à celui-ci.*

OIE ; subst. fém. Oiseau aquatique, amphibie, palmipède, dont on distingue généralement deux espèces, l'*oie* domestique et l'*oie* sauvage.

L'*oie* domestique ou privée est un oiseau de basse-cour, plus petit que le cygne et plus grand que le canard; il pèse jusqu'à dix livres étant engraissé. Les naturalistes observent que l'*oie* n'est nullement stupide, comme semble l'annoncer cette expression commune : *Bête comme une oie.* Mais quand cela serait, elle n'en serait pas moins en honneur parmi nous; c'est ainsi que le cochon est vénéré sur nos tables, quoiqu'il soit ailleurs un objet de mépris et de dégoût. Nul animal en effet ne peut entrer en comparaison avec l'*oie*, quant au profit qu'on en tire. Sa chair, sa graisse, son foie, ses œufs, son duvet, ses grandes plumes, ses pattes, tout est mis à contribution; sa fiente même a quelque utilité. Tout le monde sait comment on engraisse les *oies*, comment on parvient à donner à leurs foies le volume et l'embonpoint qui les ont rendus si célèbres dans les pâtés de Strasbourg. Il y a de ces foies qui pèsent jusqu'à deux livres, (*) et les *oies* qui les fournissent sont elles-mêmes très-grasses et excellentes à manger, quand on a suivi la bonne méthode.

Oie en broche. Prenez-la jeune et grasse; plumez, videz et flambez. Après avoir remis le foie dans le corps, faites cuire à la broche, et conservez la graisse qui tombe dans la léchefrite pour l'employer dans les légumes et les ragoûts. Servez avec la sauce suivante:

(*) Veut-on savoir comment le foie de l'*oie* acquiert cette grosseur monstrueuse? Je vais le dire, en demandant pardon à l'auteur de traduire, suivant mon penchant irrésistible, de si bonne prose en de si méchans vers; mais tout faibles qu'ils sont, ils en graveront peut-être mieux dans la mémoire le mystère *de quo agitur*. Voici donc comment le foie de l'*oie* s'engraisse:

C'est que dans les vaisseaux tout son sang s'hydrogène,
Que le carbone pur s'unit à l'oxygène
Qui, par ce beau liquide, est sans cesse absorbé.
De l'habitude enfin le tissu cellulaire
S'emplit du suc huileux dans le foie emporté:
Et voilà justement comme cela s'opère.

Nouveau Dictionnaire d'histoire naturelle, tom. 16, pag. 85.

Les pâtissiers de Strasbourg ignorent sans doute cet admirable mécanisme et n'en font pas moins d'excellens pâtés qu'ils envoient à Paris, à Vienne et jusqu'à Pétersbourg. Les cuisiniers de ces grandes villes ignorent peut-être aussi que les pattes d'*oie* cuites à demi et frites ensuite, sont un mets digne de trouver place dans l'Almanach des gourmands. *Ibidem*, pag 90. Pourquoi non, puisque la culotte de Marlborough mise en menus-droits, peut faire un mets digne de l'Olympe?

OIE

Écrasez le foie et délayez-le avec de la moutarde, un peu d'huile, un filet de vinaigre aux fines herbes, eau chaude, quelques zestes de citron, sel et poudre d'épices; passez au tamis clair avec expression, faites chauffer et servez sous l'oie avec le jus du citron.

Oie farcie à la broche. Passez des marrons à la poêle percée ou à l'eau bouillante et pelez-les; hachez-les ensuite avec la chair de deux ou trois saucisses, le foie de l'oie, une pointe d'ail, persil, ciboules, échalottes, sel et poudre d'épices. Passez cette farce sur le feu avec du beurre, pendant quinze à vingt minutes, et mettez-la dans le corps d'une oie jeune et tendre, que vous cousez ensuite pour que rien n'en sorte; faites cuire à la broche et servez-la sur un ragoût de marrons, apprêté comme il suit :

Faites rissoler et pelez trente à quarante beaux marrons, et mettez-les dans une casserole avec un demi-verre de vin blanc, un verre de jus, autant de bouillon et une pincée de farine délayée dans deux ou trois cuillerées du jus de l'oie tombé dans la léchefrite. Faites bouillir et réduire à sauce un peu courte, sans qu'elle soit trop salée et sans que vos marrons soient déchirés. Servez sous l'oie.

Oie à la daube. Prenez une grosse oie qui ne soit plus propre à la broche, et après l'avoir vidée et flambée, faites une farce avec son foie et un peu de graisse, de la rouelle de veau, du lard, des truffes ou des mousserons, une pointe d'ail, une échalotte, sel et poudre d'épices, le tout bien haché et lié ensuite avec deux jaunes d'œufs. Mettez cette farce dans le corps de l'oie, cousez-la et enveloppez-la d'un linge blanc. Mettez-la dans une marmite ou dans une braisière proportionnée avec deux pintes d'eau, autant de vin blanc, un jarret de veau, sel et poivre, et un gros bouquet de persil, de ciboules et de thym. Faites cuire sur un feu modéré pendant quatre heures; et quand elle est cuite, ce que l'on voit en appuyant le bout du doigt sur l'estomac, retirez-la de la braisière, et laissez-la refroidir dans son enveloppe. Dégraissez et faites réduire le court-bouillon, s'il n'est pas assez réduit. Prenez en une grande cuillerée pour le fouetter avec deux blancs d'œufs et le mêler ensuite avec le reste en fouettant toujours. Faites bouillir pendant six à sept minutes, passez dans une serviette fine sans expression et laissez refroidir. Quand la gelée est bien prise, mettez-la en gros morceaux autour de l'oie que vous avez déshabillée, et servez.

Manière de conserver les aîles et les cuisses d'oies. Faites cuire à la broche, aux trois quarts seulement, les oies que vous voulez conserver; levez-en les aîles et les cuisses, et quand elles sont froides, arrangez-les dans un pot de grès ou de fayence avec du sel, du poivre, de la sauge et quelques feuilles de laurier. Faites fondre la graisse que vous avez recueillie de vos oies avec du saindoux, et versez ce mêlange, quand il est tiède, dans le pot où sont les membres de vos oies jusqu'à ce qu'ils en soient couverts. Couvrez le pot vingt-quatre heures après, avec du parchemin amolli dans l'eau, et mettez-le dans un endroit sec et frais.

Autre manière. Dépécez vos oies sans être cuites; tournez-en les ailes et les cuisses dans un mélange de sel bien sec, de poudre d'épices et de trois ou quatre gousses d'ail hachées; arrangez-les bien serrées dans votre pot, en y mêlant quelques feuilles de laurier, et remplissez-le de graisse tiède, comme il est dit ci-dessus.

OIGNON; subst. masc. On donne ce nom en général à la racine bulbeuse de quelques plantes, mais plus particulièrement à la plante potagère dont on fait usage en cuisine, soit comme aliment, soit comme intermède dans les ragoûts. Les *oignons* se distinguent en blancs et rouges; les premiers sont moins âcres que les autres; mais cette différence disparaît dans la préparation qu'on leur fait subir.

La plupart des cuisiniers emploient l'*oignon* dans les viandes et poissons bouillis, et cet usage doit déplaire aux palais les moins délicats; l'*oignon* affadit singulièrement le poisson, à moins qu'il ne soit rissolé, ou que le goût n'en soit absorbé par un assaisonnement très-relevé. Il est bon d'appuyer sur cette observation pour les cuisiniers qui n'ont d'habileté que dans une aveugle routine ; les autres en saisiront d'abord la justesse.

L'*oignon* perd son âcreté et son mauvais goût quand il est rissolé avec du beurre ou de la graisse, et le jus qu'il a rendu prend, par la réduction, ce beau roux clair qui doit être la couleur de la plupart de nos sauces et de nos ragoûts. On en fait des purées blanches et rousses sur lesquelles on peut servir des œufs, des côtelettes, des fricandeaux. Tout le monde connaît la sauce-Robert dont la base est l'*oignon*. Enfin on les mange entiers, mais toujours préparés de manière à en affaiblir la saveur primitive.

Oignons entiers. Epluchez neuf ou dix gros oignons, et mettez-les entiers dans une tourtière foncée de beurre pour les faire cuire entre deux feux. Etant cuits, glacez-les et servez sur un bon coulis.

Au défaut de coulis, coupez en dés un gros oignon, et passez-le au beurre avec de la farine ; quand il est de belle couleur cannelle, mouillez avec du bouillon, assaisonnez de sel et poudre d'épices, faites bouillir pendant sept à huit minutes et passez cette sauce au tamis clair avec expression. Servez sous vos oignons.

Si les oignons ne sont pas glacés, arrosez-les de leur sauce.

Purée d'oignons blanche. Passez au beurre douze à quinze gros oignons coupés en dés ; mouillez avec de l'eau, et faites-les cuire sans les laisser roussir. Passez à la passoire pour en tirer une purée un peu claire. Mettez cette purée sur le feu, avec sel, poudre d'épices, persil blanchi et haché et une bonne pincée de farine; remuez toujours jusqu'à ce qu'elle prenne une consistance un peu épaisse; alors ajoutez un bon verre de crême, faites chauffer en mêlant, et servez sous des œufs, des côtelettes ou des filets de mouton en fricandeaux.

Purée d'oignons rousse. Coupez en dés douze ou quinze oignons, et faites-les cuire avec du beurre en les remuant souvent. Quand ils sont cuits et d'un beau roux, sans être brûlés, ajoutez un peu de farine, du sel et de la poudre d'épices; passez à la passoire; chauffez doucement; ajoutez moutarde et vinaigre, et servez.

Cette purée s'emploie spécialement sous les cuisses grillées d'un dindon qui a été rôti.

Coulis d'oignons roux. Nous répétons ici ce que nous avons déjà dit en plusieurs endroits de cet ouvrage, afin qu'on puisse en faire les applications qu'on jugera à propos.

Prenez des oignons en quantité proportionnée à ce que vous voulez faire; coupez-les en dés et passez-les au beurre ou au lard jusqu'à ce qu'ils commencent à roussir; ajoutez alors de la farine, et faites prendre au tout une belle couleur cannelle; mouillez ensuite avec du bouillon ou du jus clair, ou de l'eau, et faites bouillir pendant huit à dix minutes après y avoir mis du sel, de la poudre d'épices et un bouquet de persil; passez au tamis clair avec expression.

Ce coulis peut servir dans une infinité d'occasions où l'on manque de viandes et de temps pour en préparer d'autres. Il sert de sauce pour les côtelettes de mouton et pour le gros gibier rôti, en y ajoutant du vinaigre et de l'échalotte hachée.

OILLE; subst. fém. Mot qui a passé de l'espagnol dans notre langue, et qui désigne une espèce de potage, dans lequel il entre plusieurs racines et plusieurs viandes différentes.

Exemple d'une oille. Prenez un gros morceau de culotte de bœuf, un quartier de mouton dégraissé et deux noix de veau, et faites-les cuire à demi à la broche. Mettez ensuite ces viandes dans une marmite avec la quantité d'eau nécessaire; faites bouillir à petit feu pendant deux heures, écumez et dégraissez. Faites rôtir un dindon, un chapon et un canard, et quand ils sont à moitié cuits, employez-les avec les autres viandes; faites toujours cuire doucement; assaisonnez de sel et d'un sachet contenant du poivre long, cinq à six clous de girofle, une pincée de coriandre, le tiers d'une muscade, un peu de basilic et une gousse d'ail; ajoutez oignons, carottes, navets, poireaux, racines de persil. Laissez consommer le tout. Mettez dans une casserole une demi-livre de jambon maigre et coupé en tranches; faites suer, et quand le jambon est attaché, mouillez avec du bouillon de la marmite, dans laquelle vous verserez les tranches avec leur mouillement. Enfin, tout étant cuit, dégraissez votre oille et passez au tamis fin. Versez sur des croûtes dans un pot à oille, et servez chaudement.

Ces procédés, tirés du Dictionnaire de cuisine, sont longs et dispendieux; mais aussi quel est le tempérament froid ou débile qui ne se ranimerait pas par l'usage d'une oille si pleine de chaleur et de vie ? Esculape lui-même semble en avoir prescrit l'ordonnance. On trouvera à l'article PERDRIX une oille ou potage de perdrix aux marrons.

OILLE; (Pot à) c'est une terrine à couvercle, de porcelaine, d'argent ou de vermeil, dans laquelle on sert les oilles ou les potages.

OING; subst. masc. C'est un gâteau mollet, fait avec du lait, de la farine et des œufs. Voyez GATEAU.

OISON; subst. masc. Le petit d'une oie; il perd ce nom à l'âge de six mois. On fait cuire les *oisons* à la broche et on les sert avec une poivrade.

OLIVE; subst. fém. Fruit de l'olivier. Ce fruit est vert, à noyau, de la grosseur et de la forme d'une cornouille. On s'en sert pour garnir les entrées soit bouillies ou rôties.

Ragoût d'olives. Tournez-les, c'est-à-dire, coupez-en la chair en spirale en tournant autour du noyau, de manière que, quand elles en sont détachées, elles paraissent encore entières. Mettez-les à mesure dans de l'eau fraîche, puis passez-les au beurre avec un peu de farine; mouillez avec un verre de jus et un demi-verre de Champagne blanc; ajoutez les filets d'un anchois, écrasés et lavés, un filet d'huile d'olives et des câpres. Liez sur le feu et servez sous des viandes cuites à la broche, sur un canard cuit à la braise, ou avec des côtelettes de mouton sautées, etc.

OLIVETTE, subst. fém. C'est le pavot blanc, dont la graine se nomme aussi *Olivette*. On sait qu'on en tire une huile très-douce qui peut, en certain cas, remplacer l'huile d'olives, et qu'on appelle, par corruption, *huile d'œillette*. On en fait aussi une espèce de tarte que l'on nomme *Quiche*. Voyez ce mot.

OMBRE, subst. fém. Poisson à nageoires épineuses, de la grandeur de la carpe, et orné de lignes dorées et obscures qui semblent faire ombre les unes sur les autres.

L'*ombre* des rivières est une espèce de truite dont les nageoires sont molles, et qui a un goût de thym.

A Lausanne, on donne le nom d'*ombre* ou d'*omble* au saumon qu'on pêche dans le lac de ce nom; sa chair a le goût de la truite saumonée.

On apprête l'*ombre* comme la truite. Voyez TRUITE.

OMELETTE ; subst. fém. Oeufs battus ensemble et cuits en une seule pièce dans la poêle avec du beurre, de l'huile, du saindoux ou du lard.

Omelette simple au beurre. Cassez et battez huit ou dix œufs dans une terrine avec sel et poudre d'épices, et versez-les dans la poêle quand le beurre est bien chaud. Ayez soin que le feu soit clair et que la poêle chauffe par-tout également. A mesure que les œufs prennent, relevez-en avec une fourchette de fer les bords et le milieu, sans brouiller, afin que la partie liquide vienne se prendre à son tour en s'appliquant contre la poêle. Quand tout est pris, soulevez doucement l'omelette pour voir si elle est par-dessous de belle couleur, et s'il reste dessus quelque partie baveuse, faites-la ressuer en présentant obliquement la poêle au feu. Étant cuite, dressez-la, en la roulant, sur le plat où vous devez la servir.

Omelette au lard. Coupez du lard en tranches de deux ou trois lignes d'épaisseur, et ces tranches en lardons ou losanges de huit à dix lignes de longueur et de cinq à six lignes de largeur. Faites fondre ces lardons dans la poêle jusqu'à ce qu'ils soient un peu roux, sans être desséchés. Versez-y vos œufs bien battus avec un peu de sel et de la poudre d'épices. Faites cuire et servez votre omelette comme ci-dessus.

On peut ajouter aux omelettes des deux articles précédens, du cerfeuil, ou du persil, ou de la ciboule, ou de l'estragon haché, ou de tout cela ensemble.

Omelette aux croûtons. Faites une omelette simple au beurre, et quand elle est cuite, arrangez par-dessus des petits lozanges ou quarrés de mie frite, roulez-la et servez.

Si votre omelette était de dix ou quinze œufs, il vaudrait mieux en faire deux, parce qu'elles seraient mieux cuites et s'arrangeraient mieux sur le plat.

Omelette aux queues d'écrevisses. Epluchez les queues de cinquante ou soixante petites écrevisses cuites à l'eau et au persil, et mêlez-les avec les œufs de votre omelette. Faites cuire et servez de belle couleur, ou seule, ou sur un coulis d'écrevisses.

On peut de même employer des queues de chevrettes.

On peut aussi mettre dans une omelette des champignons ou des mousserons passés au beurre, des pointes d'asperges blanchies, des truffes coupées en lardons ou en dés, du jambon haché, etc. Le procédé est le même.

Omelette au rognon de veau. Hachez le rognon avec du persil, après en avoir séparé la graisse pour la mettre dans la poêle, en y ajoutant du beurre, s'il est nécessaire. Mettez ce hachis dans une terrine avec dix œufs, sel, poudre d'épices et deux cuillerées de crême; battez et mêlez le tout, et versez dans la poêle quand le beurre et la graisse sont bien chauds; faites cuire de belle couleur, et retournez-la un peu baveuse dans la poêle où vous ne la laisserez qu'une minute. Servez sans rouler.

Omelette au foie de chevreuil. Faites fondre dans une casserole quelques petits lardons de lard, et mettez-y le foie haché, ou seulement une partie, avec persil et ciboules aussi hachés et un peu de jus. Passez sur le feu pendant sept à huit minutes; cassez et battez huit ou dix œufs; assaisonnez de sel et poudre d'épices, et mêlez avec votre foie. Faites cuire de belle couleur et ressuer; mettez dessus quelques lozanges ou quarrés de mie frite; roulez et servez.

On peut employer de même les foies de lièvre et de lapin.

Omelette à l'oseille. Faites blanchir de l'oseille avec une laitue et du cerfeuil; hachez le tout et passez au beurre avec sel et poudre d'épices; liez avec deux jaunes d'œufs délayés dans deux cuillerées de crême. Faites une omelette simple, et quand elle est cuite, glissez-la sur le plat sans la rouler; dressez dessus votre ragoût d'oseille, entouré d'un cordon de mies frites.

Omelettes farcies. Faites trois petites omelettes simples de trois ou quatre œufs chacune, et étendez-les sur des couvercles plats; étant à moitié froides, couvrez-les d'une farce faite avec du blanc de volaille rôtie, foies, champignons ou mousserons, persil, ciboules, sel et poivre d'épices, passée au beurre et liée avec deux jaunes d'œufs. Roulez vos omelettes ; enduisez-les de beurre fondu et de mie fine. Faites prendre couleur au four ou sous le couvercle d'une tourtière, et servez sur un blond de veau pour entremets. Voyez BLOND.

Omelette soufflée et glacée. Fouettez à part les blancs de six ou huit œufs, et mêlez-les ensuite avec les jaunes battus ; ajoutez un peu de rapure d'écorce de citron vert, une cuillerée d'eau de fleur d'orange et de sucre en poudre, et fouettez encore le tout. Versez dans la poêle quand le beurre est bien chaud ; faites cuire de belle couleur, sans être baveuse, et dressez-la sur le plat pliée en deux ; glacez-la par-dessus avec du sucre en poudre et la pèle rouge, et servez pour entremets.

ORANGE ; subst. fém. Fruit de l'oranger. On ne se sert guère en cuisine que de l'orange amère qu'on nomme *Bigarade*, et dont on emploie l'écorce et le jus dans les sauces claires des viandes blanches rôties. On sait combien on fait usage dans l'office de l'eau de fleur d'orange.

OREILLES ; subst. fém. pluriel. On n'apprête que les oreilles de veau et de cochon.

Oreilles de veau à la braise. Prenez sept oreilles de veau, et après les avoir échaudées, nettoyées et blanchies, faites-les cuire à petit feu, couvertes de bardes de lard, dans une braise composée de bouillon, de vin blanc, la moitié d'un citron coupé en tranches et dont la peau est ôtée, un bouquet garni, peu de sel et de la poudre d'épices. Quand elles sont cuites, servez-les avec une sauce piquante et dressées sur leur base.

Etant cuites de cette manière, on peut les ouvrir et les farcir, et après les avoir panées de mie fine, les faire cuire dans la tourtière sur des bardes de lard. Quand elles ont pris couleur, on les dresse sur leurs bardes, et on les sert sur un jus clair rehaussé d'un jus de citron.

Les oreilles de veau braisées peuvent encore se servir avec un ragoût de champignons, de mousserons ou de morilles, cuit dans du jus et lié avec deux jaunes d'œufs.

Oreilles de cochon sur le gril. On sale les oreilles de cochon avec le petit lard, on les fait cuire dans de l'eau ou avec des légumes, on les met sur le gril, et on les sert sur une remolade. Voyez ce mot.

Oreilles de cochon en panache. Faites-les cuire comme les oreilles de veau à la braise, ou plus simplement dans de l'eau avec un peu de vin blanc. Quand elles sont cuites, coupez le bout en filets jusqu'au tiers ou au milieu de la longueur de l'oreille, pour imiter un bouquet de plumes; liez le mouillement réduit avec un peu de farine et un jaune d'œuf; il ne faut pas que cette sauce excède une cuillerée à pot. Coupez les oreilles dans cette sauce, et panez-la de mie fine parsemée de petits morceaux de beurre. Dressez vos oreilles debout dans une tourtière beurrée, et faites-leur prendre couleur au four ou sous un couvercle bien chaud. Servez-les debout sur une remolade. Voyez RE- MOLADE.

ORGE; subst. fém. et masculin dans cette seule phrase, *orge mondé*. Plante graminée, dont il y a plusieurs espèces, et dont le grain s'appelle aussi *orge*.

Orge mondé. Nettoyez et lavez; faites-le bouillir doucement dans l'eau pendant cinq à six heures avec un peu de beurre et de sel jusqu'à ce qu'il soit réduit en bouillie. On peut rendre cette bouillie plus agréable en y mêlant un peu de sucre et douze ou quinze amandes dérobées et pilées.

ORIGAN ; subst. masc. Plante aromatique, qui vient dans les lieux secs et élevés, dans les haies, dans les broussailles. L'*origan* commun qui se trouve en Espagne, est préférable au nôtre.

On se sert de l'*origan* dans les assaisonnemens relevés et dans quelques préparations de la viande de cochon. On l'emploie aussi dans la confection du vinaigre aux fines herbes. Voyez VINAIGRE.

ORONGE ; subst. fém. Nom qu'on donne en Guienne à un champignon qu'on regarde comme le plus beau et le meilleur de tous ; il sort de terre enveloppé d'une membrane très-blanche, qui, en se fendant, laisse voir la petite *oronge* sous la forme et la couleur d'une orange ; l'*oronge* s'épanouit ensuite en un parasol d'un jaune doré en dessus et blanc par-dessous.

On mange l'*oronge* comme les champignons et les mousserons, et on la met dans les fricassées de poulets et autres ragoûts ; mais elle n'y fait pas un aussi bon effet que ces derniers ; elle perd prespresque toute sa qualité par la dessication.

L'*oronge* a l'inconvénient de ressembler beaucoup à un autre champignon qu'on appelle *fausse-oronge* et qui est un poison ; il faut y prendre garde quand on la cueille. Le vinaigre et le jus de citron sont les contre-poisons de la fausse-oronge ; ainsi il est bon de faire tremper quelques instans la vraie *oronge* dans le vinaigre, qui d'ailleurs l'améliore et tue les insectes qui peuvent se trouver entre ses lames ou dans sa substance.

ORTOLAN ; subst. masc. Oiseau qui ressemble au moineau franc et qui est un peu moins gros ; sa longueur est de six pouces et demi. Cet oiseau, si recherché, est commun dans les provinces méridionales où on l'engraisse dans des volières ; on en prend quelques-uns en Lorraine.

On mange les *ortolans* cuits à la broche à un feu un peu vif et arrosés du feu d'enfer ; il ne faut que quelques minutes pour les cuire. On les mange aussi après les avoir fait tremper cinq à six minutes dans du bouillon ou du jus bouillant, car ils sont si délicats que cette courte application d'une chaleur légère suffit pour les cuire parfaitement. Bouillis ou rôtis, on les assaisonne avec le sel, le poivre et le jus de citron; mais, malgré ce correctif, il est peu de personnes qui puissent en manger une certaine quantité, sans en prendre du dégoût. Deux ou trois suffisent aux estomacs délicats.

OSEILLE; subst. fém. Plante potagère fort acide, d'un grand usage en cuisine et dont on distingue plusieurs espèces.

Ragoût d'oseille. Épluchez, ôtez les queues et la grosse côte, lavez et faites cuire dans l'eau bouillante avec une poignée d'épinars, pour tempérer son acidité. Egoutez-la et passez à la passoire, en exprimant avec la cuiller à pot. Mettez-la dans une casserole avec du beurre frais, persil, ciboules et cerfeuil hachés, sel et poudre d'épices; faites mitonner, et ajoutez sur la fin deux ou trois cuillerez de crême épaisse.

Vous pouvez servir ce ragoût sous des œufs pochés ou des œufs durs, ou sous du poisson grillé, ou sous un fricandeau. Dans ce dernier cas, au lieu d'y ajouter de la crême, vous la verserez dans la casserole après avoir glacé le fricandeau, et vous la remuez pour détacher ce qui reste de la glace.

Farce d'oseille. Faites blanchir de l'oseille dans l'eau bouillante avec une pincée de cerfeuil; égouttez et passez à la passoire ; mettez-la dans une casserole avec du beurre et des œufs battus, sel, poudre d'épices et une cuillerée de crême ; brouillez le tout ensemble et faites prendre sur le feu consistance de crême épaisse. Mettez cette farce dans le corps des poissons que vous faites cuire sur le gril ou dans la tourtière.

Vous pouvez y mettre quelques champignons ou mousserons coupés en petits dés et passés dans le beurre qui sert à votre farce.

OUTARDE ; subst. fém. Oiseau de la grandeur du coq d'Inde, et dont la chair a le même goût. On voit des *outardes* dans les environs de Châlons en Champagne, dans la Picardie et dans le Poitou. Une autre *outarde* plus petite se trouve en Normandie, dans la Bauce et dans le Berry, mais elles n'y sont que de passage.

L'*outarde*, grande et petite, est un très-bon gibier ; il faut la manger jeune et mettre les vieilles en daube ; les cuisses sont préférées par les amateurs. On écrit avec les grosses plumes de l'*outarde*, comme avec celles de l'oie et du cygne.

P

PAIN; subst. masc. Aliment fait avec de la farine de blé, pétrie avec de l'eau et cuite. Tout le monde sait la manière de le faire.

On donne en cuisine le nom de pain aux gâteaux soit de pâte, soit de viande, qu'on fait cuire dans une casserole ou autre moule dont ils retiennent la forme. Ainsi l'on dit *un pain de riz*, *un pain de noulles*, *un pain de lièvre*, etc.

On dit aussi *un pain aux champignons*, *aux mousserons*, *aux morilles*, pour désigner un ragoût de champignons, de mousserons ou de morilles, servi sur un pain ou sur des mies frites.

PALAIS; subst. masc. Espèce de membrane ou de tunique glanduleuse qui tapisse le dedans de la mâchoire supérieure du bœuf et d'autres animaux, dont on fait des mets très-délicats. On emploie rarement les palais de veau et de cochon.

Palais de bœuf à la sauce piquante. Faites cuire pendant quatre ou cinq heures trois palais de bœuf à l'eau, avec du sel et une gousse d'ail ; ôtez les peaux en ratissant avec le couteau ; coupez chaque palais en deux ou en trois, et quand ils sont froids, faites-les mariner avec de l'huile, du sel, des fines herbes, une gousse d'ail et une échalotte hachées : panez-les et faites griller de belle couleur, en les arrosant du reste de la marinade. Servez sur une sauce piquante.

Palais de bœuf en menus droits. Faites cuire à l'eau comme ci-dessus; ôtez les peaux et coupez en filets. Faites un roux d'oignons et de farine rissolés dans du beurre, mouillés avec du bouillon et passés à la passoire fine avec expression. Mettez vos filets dans une casserole avec cette sauce, sel, poudre d'épices, pointe d'ail et des truffes coupées en tranches. Faites mijoter et prendre goût; et quand ils sont au point de réduction convenable, ajoutez un peu de moutarde délayée dans une cuillerée de vinaigre, et servez.

Palais de bœuf au blanc. Faites cuire à l'eau, ratissez les peaux et coupez en morceaux carrés. Fricassez-les ensuite comme des poulets avec champignons ou mousserons, et servez entourés de mies frites. Voyez POULET.

Palais de bœuf à la béchamelle. Faites cuire à l'eau, parez et coupez en carrés; passez au beurre avec un peu de farine et mettez-les ensuite dans une béchamelle bien chaude. Voyez *Sauce à la béchamelle*, au mot SAUCE.

Palais de bœuf au parmesan. Étant cuits à l'eau et parés, coupez-les en filets, et passez-les au beurre avec champignons et un peu de farine; mouillez avec du jus ou du bouillon et une cuillerée de coulis, si vous en avez. Faites mitonner, et quand la sauce est réduite, mettez sur le fond d'un plat du parmesan ou du gruyère râpé avec quelques petits morceaux de beurre et vos palais par-dessus, recouvrez-les de la même rapure mêlée avec de la mie fine, et mettez çà et là d'autres morceaux de beurre. Faites prendre couleur au four ou sous le couvercle d'une tourtière. Servez.

Palais de bœuf en rissoles. Cuits à l'eau et parés, coupez-les en petits dés et mettez-les en fricassée de poulets avec de petits mousserons. La fricassée étant refroidie, garnissez-en des rissoles et faites frire de belle couleur. Voyez RISSOLE.

Palais de bœuf en hâtelettes. Cuits à l'eau et parés, coupez-les en carrés d'un pouce avec autant de bardes de même grandeur; passez le tout au beurre, apprêtez en fricassée de poulets et laissez refroidir. Enfilez alternativement vos palais et vos bardes dans des hâtelettes, de manière que chaque hâtelette ne fasse qu'un carré dont rien ne déborde. Enduisez-les de la sauce de votre fricassée, et panez-le de mie fine; faites griller de belle couleur et servez à sec.

PANACHE; subst. masc. Les oreilles de cochon sont dites *en panache*, quand elles sont dressées debout et qu'elles sont découpées en filets qui imitent un panache. Voyez OREILLE.

PANADE; subst. fém. Potage épais fait avec du pain et du bouillon, ou avec du pain, du beurre et de l'eau et un peu de sel.

PANAIS; subst. masc. Plante potagère dont la racine et d'usage en cuisine pour les potages.

Il y a un panais sauvage dont la racine ressemble à celle de la ciguë, et il est dangereux de prendre l'une pour l'autre.

PANER ; c'est, en terme de cuisine, couvrir de mie fine la viande, le poisson, les légumes que l'on fait griller, rôtir ou frire. On enduit préalablement les objets que l'on veut paner, de beurre, d'huile ou d'œufs battus, afin que la mie s'y attache.

PAON ; subst. masc. Tout le monde connaît la beauté de cet oiseau ; les gourmands seuls en connaissent la bonté. Il paraît pourtant que ce mets était inconnu aux Romains, et qu'ils le servirent pour la première fois dans leurs festins, plutôt comme un mets extraordinaire que comme un aliment agréable. Galien dit que la chair de *paon* est dure, fibreuse et difficile à digérer ; mais on la loue contre les vertiges et on en vante le bouillon contre l'épilepsie : sa fiente est plus anti-épileptique encore, et on recommande ses œufs contre la goute. Mais ces vertus ne sont rien en comparaison de l'estime qu'en faisaient les anciens chevaliers. On sait que c'était un honneur parmi eux de savoir découper un *paon* ; le roi Artus d'Angleterre fut, dit-on, comblé de remercîmens et d'éloges, pour avoir tranché le *paon* à la table ronde au gré de cent cinquante chevaliers auxquels il en fit la distribution. Chaque chevalier fut donc assez mal partagé ; mais puisque le héros est fabuleux, on peut croire que ce trait l'est aussi.

Quoiqu'il en soit, le *paon* ne se sert que rôti et quand il est jeune; il prend alors le nom de *paonneau* qu'on nomme *panau*, comme on prononce *pan*.

PASSER; signifie en cuisine faire faire quelques tours sur le feu aux viandes qu'on met dans une casserole avec du beurre, de l'huile ou du lard, avant de les assaisonner, et de les mouiller pour les faire cuire.

PATE; subst. fém. Farine détrempée et pétrie. Quand la farine n'est pétrie qu'avec de l'eau, la *pâte* qui en provient sert à faire le pain; quand on y ajoute d'autres substances, comme beurre, œufs, lait, elle sert à différens mets compris sous le nom général de *pâtisserie*.

Pâte pour les pâtés froids. Sur un demi-boisseau (huit litrons) de farine, mettez deux livres et demie de beurre, trois onces de sel et un demi-septier d'eau plus ou moins chaude, suivant la température. Pétrissez, en commençant par manier le beurre; que la pâte soit ferme.

Pâte feuilletée. Pétrissez à l'eau froide deux litrons de farine avec un peu de sel et quatre jaunes d'œufs. Quand la pâte est bien liée, laissez-la reposer en masse pendant une demi-heure; étendez-la au rouleau de l'épaisseur d'un doigt, et éparpillez dessus environ une livre de beurre; pliez en deux et étendez-la de nouveau; répétez cette opération cinq ou six fois.

Pâte brisée pour les tourtes. Pétrissez quatre livres de farine avec deux livres de beurre, une once de sel et de l'eau à proportion; maniez bien le tout, afin qu'il n'y ait pas de grumeaux et que la pâte soit bien liée. Laissez reposer au moins pendant deux heures avant de vous en servir.

Pâte à frire. C'est une pâte claire faite avec de la farine, du vin blanc et des jaunes d'œufs, et dans laquelle on trempe les marinades pour les faire frire. Il faut que cette pâte file en tombant de la cuiller. Si vous la voulez plus légère, fouettez à part les blancs de vos œufs pour les mêler dans la pâte.

Pâtes d'Italie. Pâtes sèches pour les potages, qu'on a d'abord tirées d'Italie, et qu'on fabrique maintenant en France. On donne à ces pâtes toutes les formes possibles; on les figure en étoiles, en graines de céleri et de melon; on les file en petits vers, en tuyaux, en rubans, etc. La plus usitée est le vermicelle.

On les fait cuire dans du bouillon ou dans du lait, et on a soin qu'elles ne se prennent pas en grumeaux.

Celle de ces pâtes que l'on nomme *macaroni*, se fait avec du fromage et s'apprête aussi avec du fromage. Voyez MACARONI.

PATÉ; subst. masc. Mets fait avec toutes sortes de viandes ou de poissons mis en pâte. On distingue les pâtés en chauds et en froids, et ces derniers se servent quelquefois dans une terrine de faïence.

Pâté chaud. Faites une farce fine avec de la rouelle de veau, autant de graisse de bœuf, sel, poudre d'épices, petite pointe d'ail, le tout haché ensemble et ensuite pilé dans un mortier; ôtez-en les peaux, et mêlez-y les jaunes de quatre œufs et les blancs fouettés à part; formez des boulettes de cette farce, et couvrez-en légèrement le fond de votre pâté; mettez avec vos boulettes différentes garnitures préparées en ragoût dont vous garderez la sauce, telles que champignons, riz de veau, écrevisses, filets de volailles et de gibier. Couvrez votre pâté et mettez au four. Étant cuit, ouvrez-le en coupant le dessus circulairement et près des bords, et versez la sauce de votre ragoût. Servez chaudement.

On peut se servir pour ce pâté de pâte feuilletée ou de pâte brisée indifféremment.

Quand le pâté est fait de pâte feuilletée sans être garni et couvert, on le nomme *vole-au-vent*, et alors on le remplit d'un ragoût à volonté en gras ou en maigre.

Pâté froid en pâte ou *en terrine.* Faites une farce avec du veau et du lard assaisonnés de sel, poudre d'épices, gousse d'ail, persil et ciboules, le le tout haché ensemble et ensuite lié avec trois jaunes d'œufs battus. Si c'est un lièvre que vous mettez en pâté, hachez aussi avec la farce le foie et les parures ou débris de sa chair, dont vous ne réservez que les cuisses desservies et les filets. Foncez votre pâté de bardes minces, et sur ces bardes mettez une couche de farce de trois ou quatre lignes d'épaisseur. Arrangez vos morceaux de lièvre sur cette couche, sans les serrer, après les avoir piqués de gros lard et roulés légèrement dans un mélange de sel, et de poudre d'épices. Entremêlez quelques truffes dans ces morceaux, si vous en avez. Couvrez d'une nouvelle couche de farce, et versez par-dessus un demi-verre de vin : unissez le dessus du pâté, couvrez-le de bardes ; fermez-le et faites cuire au four pendant deux heures. Si c'est une terrine, lutez-en le couvercle, avec un petit filet de pâte.

On met ainsi en pâté toutes sortes de viandes, de volailles et de gibier ; mais il faut toujours que le fond de ces pâtés soit de veau. On y met des perdrix, des grives, des alouettes, des rouges-gorges, après les avoir vidées et remplies de la farce du pâté. On leur coupe le bec et les pattes.

Petits pâtés. Ils se font, comme on sait, de pâte feuilletée, et on met entre les deux abaisses, gros comme une noix de farce semblable à celle des pâtés chauds.

PAUPIETTES ; subst. fém. pluriel. Se dit des morceaux de palais de bœuf ou des tranches de langue de bœuf, couvertes d'un côté d'une farce fine, ensuite roulées, puis enduites d'œufs battus et panées de mie fine, pour être cuites à la broche ou au four, ou dans la tourtière, ou pour être frites. On sent bien que ces morceaux ou tranches doivent être préalablement cuits, sinon dans une braise, au moins dans une eau salée. On sert dessous une sauce piquante.

On apprête à peu-près de même des tranches de veau coupées suivant le fil de la viande et applaties avec le rouleau. On les assaisonne de sel, poudre d'épices et fines herbes hachées; on les couvre chacune d'une barde de même grandeur, on les roule en cylindre, on les lie, on les pane, et on les fait cuire à la broche ou dans la tourtière. On les sert sur une sauce tomate ou sur une sauce piquante. On les appelle alors *roulades*. Voyez SAUCE.

PAVOT; voyez OLIVETTE et QUICHE.

PERCE-PIERRE; subst. fém. On donne ce nom à deux sortes de plantes, l'une qui vient dans la mer, et l'autre dans les sources salées : on les confit l'une et l'autre au vinaigre, et on en fait des garnitures de salades.

PERCHE; subst. fém. Poisson de mer et de rivière, à nageoires épineuses. On dit que la chair de la *perche* de mer est plus tendre et meilleure que celle de la *perche* de rivière. Cependant celle-ci est fort estimée, et Ausone l'appelle les délices de la table, et lui donne une place distinguée entre les poissons des fleuves. La *perche* est fort vorace ; elle se nourrit de poissons, d'écrevisses, et même des petits de son espèce ; elle jette son frai en mars et en avril.

La *perche* étant difficile à écailler, on peut la faire cuire avec ses écailles au court-bouillon, l'habiller quand elle est cuite, et la servir sans sauce ou sur une sauce blanche aux câpres, ou avec un ragoût de riz de veau, ou sur un coulis d'écrevisses.

Il faut avoir l'attention, quand on cuit la perche, d'en ôter les œufs qui ne cuiraient pas s'ils restaient dans le corps du poisson, et l'empêcheraient de cuire. On les sert à côté comme garniture, et si l'on veut, on les met sur le gril et on les sert assaisonnés de sel et de poivre. On met à la place des œufs dans le corps de la perche, un bouquet de persil, qui sert à l'assaisonnement et conserve la forme du poisson.

On peut farcir la *perche* et la faire cuire sur le gril ou dans la tourtière. Voyez CARPE et BROCHET.

On fait frire les petites perches.

PERDREAU, subst. masc. Jeune perdrix, qui conserve ce nom jusqu'au mois d'octobre, suivant cet ancien adage des chasseurs : *A la Saint-Remi, tout perdreau perdrix*. Mais on peut manger les perdrix comme *perdreaux* jusqu'au mois de décembre.

Il n'y a que deux manières d'apprêter les *perdreaux*, à la broche ou sur le gril, à moins qu'on ne veuille en faire un salmis quand ils sont cuits à la broche.

A la broche, on les pique de lard fin et on les enveloppe d'un papier qu'on ôte quand ils sont presque cuits, pour leur faire prendre couleur; ou bien on les barde et on les enveloppe de feuilles de vigne. On met sur le plat où on les sert autant de citrons que de perdreaux, pour ceux qui veulent les manger avec cet assaisonnement.

Sur le gril, on les fend par le dos; on les applatit avec un rouleau, on les marine avec sel, poivre, persil haché et de l'huile, on les fait griller à feu doux, et l'on sert avec le jus d'un citron.

En salmis, on les découpe par membres; on écrase et on délaye leurs foies avec du vin blanc; on les assaisonne avec sel, poudre d'épices, une pointe d'ail et une échalotte hachée; on ajoute, quand ils ont mijoté, un peu d'huile ou du beurre et le jus d'un citron.

Voilà à quoi se réduit tout l'apprêt des perdreaux. Cette briéveté surprendra ceux qui ont lu le Dictionnaire de cuisine, où l'on trouve vingt-une façons de les accommoder, et trente-deux pour les perdrix.

PERDRIX; subst. fém. Oiseau trop connu pour en donner la description, et dont on distingue généralement deux espèces, la *perdrix* grise et la *perdrix* rouge. Ces deux espèces ne se mêlent point ensemble. La *perdrix* rouge, plus estimée que la grise, n'habite que les provinces méridionales, et celle qu'on appelle *bartavelle* et qui est une autre *perdrix* rouge, est la meilleure de toutes. Les autres perdrix sont étrangères à nos climats.

Perdrix au coulis de lentilles. Faites-les cuire dans une braise ou dans du bouillon. Servez pour entrée sur une purée de lentilles. Voy. LENTILLE.

Perdrix au jambon. Faites-les cuire à la broche, bardées et farcies de leurs foies hachés avec du lard, persil, ciboules, pointe d'ail, poudre d'épices, peu de sel et des truffes, si vous en avez. Foncez une casserole de tranches de jambon; faites suer et attacher avec une pincée de farine; mouillez de jus, ajoutez un bouquet de persil et faites mitonner. Dressez les perdrix, le jambon autour et la sauce par-dessus.

Perdrix aux olives. Comme le canard aux olives. Voyez CANARD.

Perdrix à la sauce de carpes. Comme l'étuvée de carpes. Voyez CARPE.

Perdrix en fricandeaux. Piquez-les de lard fin, et remplissez-les, si vous voulez, d'une farce légère faite avec leurs foies, du lard et des mousserons, le tout haché et pilé. Faites-les cuire dans une casserole avec un jarret de veau, de l'eau ou du bouillon, bouquet de persil, pointe d'ail, sel et poudre d'épices. Etant cuits, passez la sauce au tamis et faites-la réduire en glace; glacez vos perdrix et dressez-les sur une sauce faite avec du bouillon ou du jus et le reste de la glace. Garnissez-les de riz de veau glacés, si vous en avez.

Oille ou *potage de perdrix aux marrons.* Lardez-les de gros lard, et faites-les cuire à demi à la broche. Empotez une tranche de bœuf avec un jarret de veau, pour en faire du bouillon. Passez des marrons à la poêle percée pour les peler, sans qu'ils soient rissolés; mettez-les cuire avec les perdrix dans le pot à bouillon, pendant vingt minutes. Passez ensuite votre bouillon sur des croûtes dans un pot à oille; faites un cordon de marrons autour du potage, et mettez les perdrix dans le milieu.

Si vous voulez un potage épais, voyez GARBURE.

Perdrix en salmis. Comme les perdreaux en salmis.

Pâté froid de perdrix. Voyez PATÉ.

PERSIL; subst. masc. Plante potagère aromatique, dont on fait un grand usage en cuisine. On en distingue de trois sortes, le *persil commun*, le *persil frisé* et le *persil de Macédoine.* Ce dernier est le moins usité, les deux autres sont l'assaisonnement le plus ordinaire de nos ragoûts, et c'est aussi l'un des plus agréables. On doit préférer le *persil* frisé, dont les feuilles crêpées sont très-belles, ce qui le distingue parfaitement de la ciguë, qu'on prend quelquefois pour le *persil* commun. Au défaut de feuilles *de persil*, on emploie les racines, et au défaut des unes et des autres, on se sert d'une eau distillée sur les feuilles, la racine et la graine de cette plante.

PERSILLADE; subst. fém. Mets préparé avec du persil haché et que l'on mange froid. Pour faire une *persillade* de bœuf, on coupe en tranches les restes de bœuf bouilli, et on assaisonne ces tranches avec du sel, du poivre, de l'huile et du vinaigre, et du persil haché : on y ajoute, si l'on veut, des échalottes hachées.

Le veau rôti et froid s'apprête de même.

PIED; subs. masc. On n'emploie guère en cuisine que les pieds de veau et ceux de cochon; les pieds de mouton ne se prêtent ni à l'art du cuisinier, ni au goût des amateurs.

On appelle *petits pieds*, les perdrix, les cailles, les grives, les alouettes et autres petits oiseaux délicats.

Pieds de veau sur le gril. Faites-les blanchir à l'eau bouillante, et après les avoir fendus en deux dans leur longueur, faites-les cuire dans du vin blanc et de l'eau avec sel, poivre et bouquet de persil. Etant cuits et refroidis, trempez-les dans du lard fondu ou de la graisse, panez-les, faites griller de belle couleur, et servez-les à sec, accompagnés d'une remolade dans une saucière.

Pieds de veau au blanc. Échaudés et blanchis, faites-les cuire dans l'eau avec de la farine, du sel, poivre, gousse d'ail et bouquet de persil. Quand ils sont froids, coupez-les en filets et passez-les au beurre avec une pincée de farine; mouillez de vin blanc et assaisonnez de sel, poudre d'épices, champignons ou mousserons et bouquet de persil. La sauce étant réduite et un peu courte, liez-la avec deux jaunes d'œufs délayés avec de la crême; tournez sans faire bouillir; ajoutez le jus d'un citron et servez.

Pieds de veau frits. Faites blanchir et cuire comme dans l'article précédent; coupez-les par moitié et en long, et faites mariner avec sel, poivre, vinaigre, persil, ail et ciboules hachés. Égouttez-lez, roulez dans la farine, faites frire de belle couleur, et servez garnis de persil frit.

Pieds de cochon à la Sainte-Menehould. Faites les cuire à l'eau, avec sel et poivre et un verre de vin blanc. Étant cuits et refroidis, fendez-les en deux, panez et faites griller de belle couleur, servez à sec pour entremets.

On lit avec surprise dans le Dictionnaire de cuisine une recette de ce mets, dans laquelle on fait entrer du mercure cru; on croit lire une pharmacopée. Il fallait au moins expliquer le motif de ce singulier ingrédient.

PIGEON; subst. masc. Oiseau connu, dont les espèces les plus employées dans les cuisines sont le *pigeon commun* ou *fuyard*, le *pigeon de volière*, et le *ramier* gros et petit; ce dernier se nomme *biset*.

La seconde espèce est préférée à la première, le *pigeon* de volière étant plus gros et plus gras que le *pigeon* commun.

Le ramier est très-bon quand il est jeune; autrement sa chair est dure et se met en daube ou en pâté.

Pigeons rôtis. Piquez-les de lard fin et faites cuire à la broche, enveloppés d'un papier que vous ôtez sur la fin pour leur faire prendre couleur.

Si on ne veut pas les piquer, on les fait rôtir bardés ou enveloppés de feuilles de vigne. On les pique aussi avec des branches de persil.

Pigeons grillés ou *à la crapaudine*. On les appelle plus élégamment *Pigeons à la Saint-Laurent*. Ouvrez-les par le dos et applatissez-les un peu avec le rouleau; assaisonnez de sel, poudre d'épices et persil haché; panez; faites griller de belle couleur, et servez sur une poivrade. Voyez POIVRADE.

Pigeons en compote. Passez-les dans la casserole avec du lard fondu et une pincée de farine jusqu'à ce qu'ils soient de belle couleur; mouillez avec de l'eau ou du bouillon et autant de vin blanc; ajoutez un ris de veau blanchi et coupé en quatre, champignons ou mousserons, bouquet de persil, sel et poudre d'épices. Faites cuire et réduire à petit feu. Servez.

On peut, avant de les faire cuire, les farcir d'un hachis délicat fait avec leurs foies, de la rouelle de veau, de la graisse de bœuf ou du lard, sel, poivre, persil et mousserons, le tout lié avec un œuf battu.

Pigeons aux truffes ou *aux champignons*. Farcissez-les d'un hachis fin fait avec leurs foies, du blanc de volaille cuite, du lard, sel, poudre d'épices et quelques champignons. Faites-les cuire à la broche enveloppés de bardes. Quand ils sont cuits, ôtez les bardes, et servez dessus un ragoût de truffes, de champignons ou mousserons. Voyez RAGOUT.

Pigeons fricassés au blanc. Passez-les coupés en quatre avec du lard fondu et farine; mouillez d'eau et de vin blanc; assaisonnez de sel, poudre d'épices et bouquet de persil; ajoutez champignons ou mousserons, ris de veau, crêtes; faites cuire à sauce courte et liez avec trois jaunes d'œufs délayés avec de la crême, sans faire bouillir. Servez pour entrée.

Pigeons fricassés au roux. Coupez-les en quatre comme ci-dessus, et passez-les avec lard fondu et farine jusqu'à ce qu'ils soient d'une belle couleur ; mouillez d'eau et de vin blanc ; assaisonnez de sel, poudre d'épices et bouquet de persil ; ajoutez, comme ci-dessus, crêtes, ris de veau, mousserons ou champignons, faites cuire et réduire à juste sauce, et servez pour entrée.

Pigeons en fricandeaux. Comme les perdrix en fricandeaux. Voyez PERDRIX.

Pigeons en pâté froid. Voyez PATÉ.

Pigeons aux olives. Comme le canard aux olives. Voyez CANARD.

C'est assez et même trop pour les esprits intelligens. Ceux qui désirent de plus grands détails, peuvent consulter le Dictionnaire de cuisine, qui donne quatre-vingt-huit manières d'apprêter les pigeons. Il faudrait une bouche de fer pour les dire, et une main de fer pour les exécuter.

PIMENT ; subst. masc. Plante qu'on appelle aussi *poivre d'Inde* ou *poivre de Guinée*, ou *Poivre d'Espagne*, et qu'on cultive dans les jardins. Le fruit de cette plante est une gousse ou capsule, verte d'abord, puis jaune, et rouge-purpurine quand elle est dans sa maturité. Une espèce de cette plante produit des gousses longues de quatre à cinq pouces, et courbées en forme de petites cornes ; dans une autre espèce, ces gousses sont de la forme et de la grosseur d'une très-grosse noix. Ces fruits ont une saveur âcre et brûlante, sur-tout quand ils sont mûrs, c'est-à-dire parfaitement rouges, et on ne peut en mâcher un instant le plus petit morceau sans se mettre la bouche en feu. Il faut avoir l'attention, quand on en a touché, de ne point porter les doigts au nez ou sur les yeux. Aussi s'en sert-on peu dans les aissonnemens : son principal usage est de renforcer le vinaigre dans lequel on confit les cornichons, et celui qu'on prépare pour la table sous le nom de *vinaigre aux fines herbes*; encore ne faut-il l'employer qu'avec réserve.

Le poivre d'Espagne est vraisemblablement celui que le cuisinier anglais appelle *poivre enragé*, quoiqu'il y ait une espèce de piment ainsi qualifié. On ne peut être trop clair ni trop précis quand on emploie des ingrédiens peu connus ou qui sont connus sous d'autres noms.

PIMENT DES ANGLAIS ; Voyez POIVRE.

PIMPRENELLE ; subst. fém. Plante qui croît naturellement sur les montagnes et dans les prés, et qu'on cultive dans les jardins potagers où elle dure long-temps en s'y perpétuant de semence. La *pimprenelle* est en usage dans les cuisines, et on la fait entrer dans les garnitures de salade à cause de son parfum léger qui devient très-sensible quand on la fait infuser avec d'autres herbes dans du vin blanc.

PIQUER ; C'est, en terme de cuisine, garnir

une pièce quelconque, soit de boucherie, de volaille, de gibier ou de poisson, de lard coupé en filets, de manière que ces filets ou lardons débordent par les deux bouts la pièce piquée et forment sur sa surface des rangs allignés et symétriques. C'est un talent que de savoir piquer proprement, et cette préparation relève beaucoup le goût et la bonne mine d'un grand nombre de mets.

Le fil ou la nature de la viande ne permet pas toujours d'y faire passer des lardons qui aient les deux bouts en dehors. Alors on implante ces lardons perpendiculairement dans la viande, et il n'y a qu'un bout qui en sort, tandis que l'autre s'y perd. C'est ce qu'on appelle piquer à lardons perdus, et c'est ainsi qu'on pique les ris et les foies de veau, les côtelettes et les rouelles, dont le fil est coupé par la surface qu'on veut piquer.

PISSENLIT; subst. masc. Plante très-commune sur-tout dans les prés, dont les feuilles oblongues et découpées, comme celles de la chicorée sauvage, se mangent en salade au printemps, quand elles sont encore blanches et tendres. On choisit les pieds qui poussent à travers les taupinières, parce que les feuilles en sont plus longues et plus blanches. On mêle aux salades de *pissenlit* du cerfeuil et des sommités d'estragon.

PISTACHE; subst. fém. Fruit d'un arbre qu'on appelle *Pistachier*, qui contient une amande d'un vert pâle, très-agréable au goût et couvert d'une pelliculé roussâtre. On emploie cette amande dans les crêmes, dans les épinars, dans les glaces, dans les bonbons.

PLIE; subst. fém. Poisson de mer plat, blanc d'un côté et marbré de brun et de gris de l'autre côté. Il y a la grande et la petite *plie*, et celle-ci qui est parsemée de taches rougeâtres, est le *carrelet*.

On mange la *plie* frite ou grillée; on la fait cuire aussi au court-bouillon, et on la sert avec une sauce blanche aux câpres.

PLONGEON; subst. masc. Oiseau d'eau, à peu-près de la grosseur d'une poule d'eau, et qui habite les rivières et les étangs. Sa chair est d'un goût marécageux et désagréable; on le mange rôti ou à la crapaudine, avec une poivrade ou vinaigrette. Voyez POIVRADE.

PLUVIER; subst. masc. Oiseau dont on distingue trois espèces, le *pluvier vert*, le *pluvier gris*, et le *pluvier criard*. Tous sont recherchés par les amateurs qui n'ignorent pas ce proverbe,

Qui n'a mangé ni vanneau ni pluvier,
Guère ne sait ce que vaut le gibier.

On le sert rôti, sans être vidé.

POCHER; c'est faire cuire des œufs dans l'eau bouillante, de manière que le jaune conserve sa mollesse au milieu du blanc qui lui sert d'enveloppe ou de robe.

Œufs pochés. Faites bouillir de l'eau dans une casserole aux trois quarts pleine avec un peu de vinaigre et de sel; ayant retiré la casserole sur le coin du fourneau, cassez un œuf et versez-le doucement dans l'eau le plus entier qu'il est possible et sans endommager le jaune; mettez-en de suite trois ou quatre autres, et laissez-les prendre en tenant toujours l'eau bouillante. Retirez le premier avec une écumoire, et tâtez du bout du doigt s'il a la consistance convenable. Dans ce cas, tirez-les tous et mettez-les dans l'eau fraîche; ôtez-en les bavures, et mettez les œufs sur une serviette pliée pour les égoutter. Pochez ainsi tous les œufs qui vous sont nécessaires.

POELE, subst. fém. Se dit en cuisine d'un jus de viandes et de légumes, préparé pour servir de mouillement à différens ragoûts.

Pour faire une poêle, mettez dans une casserole deux ou trois petites tranches de veau, une tranche de jambon coupé en dés, un morceau de beurre et une cuillerée d'huile fine. Faites suer doucement, et quand la viande a rendu son jus, mouillez avec du vin blanc, et ajoutez sel, poudre d'épices, gousse d'ail, bouquet de persil; faites bouillir pendant trois quarts d'heure, versez le jus d'un citron, et passez au tamis fin sans expression.

On peut faire les *poêles* plus ou moins succulentes et assaisonnées, suivant l'emploi qu'on veut en faire; on s'en sert ordinairement pour les braises.

Le Cuisinier impérial parle de vingt ragoûts mouillés avec des poëles, renvoie toujours à ce mot, et on arrive à la fin du livre sans en avoir trouvé la recette et même sans savoir ce que c'est.

POIREAU ou PORREAU ; subst. masc. Plante potagère qu'on emploie dans les bouillons.

POIS ; subst. masc. Légume fort commun dont on distingue plusieurs espèces ; mais il nous suffit de le considérer comme pois verts ou petits pois, et comme pois mûrs et secs.

On sait combien les petits pois sont recherchés dans leur primeur ; le plus hâtif est le pois *michaux*. Les premiers petits pois se vendent fort cher à Paris et dans les provinces, et on raconte sur cela une anecdote assez plaisante. Le maréchal de Richelieu était versé en gourmandise, et il avait, dit-on, le meilleur cuisinier de Paris. Ayant un jour invité plusieurs personnes à manger des petits pois à la première apparition de ce légume, le plat ne parut point sur la table. Le cuisinier fut mandé sur le champ, et interrogé sur ce délit, il répondit, le bonnet à la main : *Monseigneur, j'ai manqué les petits pois, et quand un homme comme moi éprouve un tel malheur, il doit le taire à un homme comme vous.* C'est bien ; mais les petits pois étaient-ils manqués au point de ne pouvoir les présenter, au moins pour être vérifiés ? L'histoire ne le dit point. Sans cela, les grands cuisiniers auraient beau jeu pour imputer à leur malheur les petits larcins qu'ils feraient à leurs maîtres.

Petits pois à la crême. Passez-les au beurre avec une pincée de farine, et faites-les cuire à petit feu avec très-peu d'eau, un peu de sel, du sucre et un bouquet de persil. Liez sans sauce avec deux jaunes d'œufs délayés avec de la crême, et servez en pyramide.

Petits pois au beurre. Faites-les cuire dans l'eau bouillante, et passez-les ensuite avec du beurre, du sucre en poudre et peu de sel. Servez en pyramide.

Petits pois au lard. Coupez du lard en tranches épaisses de deux ou trois lignes, puis ces tranches en quarrés ou losanges de huit à neuf lignes de côté. Faites suer à petit feu, et mettez-y les petits pois avec un peu de beurre, de l'eau bouillante et de la poudre d'épices. Faites cuire doucement et réduire à très-courte sauce. Servez entourés de mies fries.

On ajoute souvent aux petits pois une belle laitue coupée en quatre, qu'on dresse au milieu du plat, et sur laquelle on verse les petits pois.

Purée de gros pois. Prenez un litron de gros pois, verts ou secs, et faites-les cuire à l'eau bouillante jusqu'à ce qu'ils fléchissent aisément sous le doigt. Faites blanchir une poignée d'épinars; passez le tout ensemble dans une passoire à grands trous, puis dans une plus petite ; mouillez cette purée, qui doit être fine et d'un beau vert, avec du bouillon ou de l'eau ; ajoutez du beurre, du sel et de la poudre d'épices ; faites mitonner et servez la purée ou seule, ou sous un morceau de petit salé, ou sous une oreille de cochon, ou sous des perdrix, après l'avoir entourée de tranches de cornichon et de mies frites.

POISSON ; subst. masc. Les cuisiniers, ainsi que le vulgaire ignorant, donnent le nom de poisson à tout animal qui naît et qui vit dans l'eau, soit que cet animal ait une colonne vertébrale ou qu'il n'en ait pas, soit qu'il ait des nageoires ou qu'il soit renfermé dans une ou plusieurs coquilles, soit qu'il ait le sang rouge ou le sang blanc, soit qu'il ait des écailles ou une peau unie et sans poil, soit qu'il ait des pieds ou qu'il n'en ait pas, soit qu'il respire par les poumons ou par les ouies, soit qu'il n'ait qu'un ventricule ou qu'il en ait deux, soit que le mâle ait affaire avec la femelle ou avec ses œufs, soit enfin qu'il soit vivipare ou ovipare, c'est-à-dire, que la femelle mette dehors ses petits tout formés ou les œufs dont ils doivent éclore. (*)

(*) C'est donc à tort que Bomare blâme Artedi d'avoir mis les cétacées au nombre des poissons.

Ainsi la baleine, l'huître, la conque de Venus, l'écrevisse, la chevrette, la grenouille sont des poissons aussi bien que le saumon et le brochet. Nous voilà déjà un peu loin de la science ou plutôt des savans ; nous nous en éloignerions encore davantage en disant que

On distingue en général les poissons en poissons de mer et poissons d'eau douce, et ceux-ci comprennent les habitans des fleuves, des rivières, des lacs et des étangs. Ainsi l'empire liquide offre à nos besoins et à notre sensualité de plus vastes domaines que ceux qu'il laisse à découvert; mais il s'en faut bien que les peuplades aquatiques nous offrent les mêmes ressources que les habitans de l'empire terrestre. Le thon, l'esturgeon et le menu peuple des poissons sont-ils à comparer aux bœufs, aux moutons, aux cochons et à tout ce qui occupe les derniers rangs de nos basses-cours, de nos plaines et de nos bois ? Et les mets que nous fournissent les poissons ne paraissent-ils pas plutôt destinés à rompre l'uniformité des autres qu'à y jouer les premiers rôles, honneur qu'on ne leur accorde que quand ils sont distingués entre leurs sembla-

---

les poissons diffèrent des oiseaux comme les élémens dans lesquels ils vivent, et que la seule analogie qui existe entre eux est qu'ils se meuvent dans un fluide sans autre appui que le fluide même.

Il est à remarquer que les meilleurs poissons sont ceux de la classe vorace, comme le brochet, la perche, le saumon, la truite, la morue, tandis que la chair des oiseaux de proie est si sèche et si mauvaise qu'on ne la sert pas même sur les tables des plus pauvres. Les oiseaux de proie vivante ont besoin de force et de légèreté pour s'élever et fendre les airs. Chez eux tout est nerf, tout est plume ; la graisse ajoutée à leur corps ne ferait que les rendre plus pesans. C'est le contraire dans les poissons, dont la graisse augmente la légèreté relative. La truite nage avec la rapidité de l'éclair, ou pour saisir sa proie, ou pour éviter le danger ; on la voit remonter les courans les plus rapides, et les pêcheurs placent quelquefois leurs hameçons dans les nappes formées par la chute des eaux qui s'écoulent par-dessus les vannes des moulins.

bles par leur taille plus encore que par leur délicatesse? Mais revoyons ce qui se passe dans nos cuisines.

La plupart de nos grands cuisiniers et la horde des petits qui suivent servilement leurs traces, échouent dans la préparation du poisson; il est rare qu'il paraisse sur nos tables sous la forme séduisante qu'ils savent donner aux autres mets. Ils croiraient manquer à la majesté d'une belle carpe et se manquer à eux-mêmes, s'ils ne la servaient pas, pour ainsi dire, *in naturalibus*, non seulement entière, mais encore revêtue de ses écailles, et même le ventre rempli de ses œufs. Et ce ne sont pas les cuisiniers seulement qui perpétuent ce détestable usage, ce sont les amphitrions et les gourmands grands et petits, qui par-là entendent bien mal leurs intérêts; car ce n'est pas toujours de la taille d'un poisson que dépend sa bonté, mais de la délicatesse de sa chair et de la manière dont elle est apprêtée. Ils n'ignorent pas d'ailleurs que la sensualité dans la gourmandise exclut l'idée même de la malpropreté; et certes, le plus beau poisson cuit et servi avec ses écailles, le ventre plein de ses œufs encore crus, n'est pas propre à l'exciter. Pour moi, je l'avouerai, si j'étais jolie femme, je me serais donné plus d'un fois le plaisir d'avoir des maux de nerfs, de me trouver mal à l'aspect de ces mets dégoûtans. Qu'arrive-t-il en effet? le poisson cuit mal et ne prend pas l'assaisonnement; les œufs laissés dans le ventre ne cuisent point et empêchent le poisson de cuire. J'ai vu quelquefois les plus belles carpes rester entières sur la table, quand la truelle en avait découvert l'intérieur. Ce n'est pas tout : en supposant que le poisson soit bien cuit, ne voit-on pas que la personne qui se charge de le distribuer doit faire l'office du cuisinier en enlevant les écailles, ou laisser ce soin à chacun des convives ? Ce soin n'est pas tellement rempli qu'il n'échappe par fois à la truelle ou au couteau quelques écailles qui, étant dévorées avec le poisson, peuvent devenir très-dangereuses : témoin le chevalier de C. qui, dans sa jeunesse ayant avalé une écaille de carpe, en ressentit dans les basses voies des douleurs cuisantes, et fut obligé d'appeler à son secours un disciple de Saint-Côme, qui extirpa l'écaille et guérit le malade.

On ne justifierait pas cet usage en citant l'histoire du turbot monstrueux pour lequel le sénat romain s'assembla pendant la nuit et fit faire une poissonnière exprès. Ce serait tout au plus dans ces occasions extraordinaires qu'il serait permis de faire cuire dans leur entier les poissons d'une taille gigantesque, toutefois sans leurs écailles, pour être servis sur la table des souverains. Encore perdraient-ils en bonté ce qu'ils gagneraient en appareil.

Mettez à la place d'un de ces monstres ventrus, cuirassés et à moitié cuits, le même poisson dépouillé de ses écailles, bien nettoyé et lavé au de-

dedans et au dehors, coupé par tronçons, parfaitement cuit et assaisonné. D'abord on peut le servir sur les grandes tables dans son intégrité, en raccordant tous ces tronçons bout à bout, de manière qu'ils forment et représentent le poisson même. La distribution en sera plus facile, et on ne sera pas obligé de le déchirer, en le dépeçant, d'une manière que réprouve la sensualité. On peut ensuite servir ces tronçons sur les plus petites tables où il serait ridicule de les réunir tous, et l'on emploie ainsi jusqu'au dernier morceau, sans qu'il porte les marques toujours peu agréables d'un service antérieur.

Autre erreur fondée sur ce faux proverbe : *le poisson hors de l'eau ne doit pas y rentrer*, pour dire que le poisson ne doit pas être cuit dans un autre liquide que le vin. Dieu sait combien on consomme de vin dans les grandes maisons dont les maîtres permettent à leurs cuisiniers de mettre cette maxime en pratique, et combien il en revient au poisson. Et ce ne sont pas les vins ordinaires qui passent à la cuisine ou plutôt aux cuisiniers, ce sont souvent les vins les plus recherchés, tels que le Champagne, le Bourgogne, le Roussillon, le Bordeaux, le Malaga, le Madère, comme on peut le voir dans les livres faits par les grands hommes de bouche.

Tout poisson au contraire, quand il est destiné à être servi à sec, doit être cuit à l'eau, à moins qu'il ne soit pris dans le temps du frai. Dans le pays où l'on mange la meilleure truite connue, on la cuit à l'eau, et ce qui pis est, on la coupe par tronçons, grosse ou petite. Les gourmands les plus délicats la préfèrent pourtant aux truites les plus vantées et servies dans leur entier ; et les plus simples cuisinières donnent sur ce point la leçon aux plus grands artistes.

Enfin, nos cuisiniers font mariner et mortifier le poisson avant de le faire cuire, et cette pratique n'est pas moins contraire à la santé qu'au bon goût. Il n'y a guère de poisson qui ne doive être cuit, s'il se peut, en sortant de l'eau, à l'exception de la raie et de quelques gros poissons qu'on peut attendre plus ou moins; encore la raie trop gardée devient-elle mollasse et même piquante, et affecte désagréablement les organes du goût et de l'odorat.

Les Romains, qu'on cite toujours, n'avaient pourtant pas imaginé de servir sur leurs tables somptueuses des poissons eunuques; c'est à notre siècle qu'il était réservé d'enlever aux poissons les organes de la génération, pour les rendre plus gras et plus délicats. C'est à la vérité une grande barbarie; mais puisque ces muets sont destinés à figurer sur nos tables, cette barbarie peut s'excuser; il faut les regarder comme des criminels condamnés à mort, auxquels on appliquait autrefois la question. Cette découverte, car c'en est une, ne vaut pas sans doute le magnétisme animal, l'électricité animale, la vaccine, la crânologie et quelques autres dont notre siècle s'enorgueillit; mais elle atteste toujours la perfectibilité de l'esprit humain; ce qu'il fallait démontrer.

Nous renvoyons pour la manière d'apprêter les poissons, aux articles propres à chacun d'eux.

Poisson royal: on donne ce nom au thon, à l'esturgeon et au saumon.

POISSON; subst. masc. Ancienne mesure de liquides, qui est la huitième partie d'une pinte.

POISSONNIÈRE; subst. féminin. Ustensile de cuisine, ordinairement en cuivre rouge étamé, de forme ovale très-allongée, dans lequel on fait cuire les poissons dans leur longueur. Une *poissonnière* doit être accompagnée d'une feuille de fer blanc de même grandeur que le fond, percée de trous dans toute sa surface et garnie à ses deux bouts de deux oreilles qui débordent un peu la *poissonnière*, et par le moyen desquelles on en sort le poisson sans le déchirer.

POITRINE; subst. fém. Les poitrines de bœuf et de mouton se mettent ordinairement au pot; la *poitrine* de bœuf se mange bouillie, et celle de mouton grillée après avoir été bouillie. Quant à celle de veau, voici plusieurs manières de l'apprêter:

Poitrine de veau farcie et rôtie. Prenez une

poitrine avec sa peau; mettez sous cette peau une farce faite avec du veau, du lard et du persil, le tout haché, assaisonné de sel et poudre d'épices, et lié avec deux œufs entiers délayés avec un peu de crême. Faites cuire à la broche et servez sur une sauce piquante ou sur une sauce tomate. Voy. SAUCE.

Poitrine de veau en fricassée de poulets. Coupez par morceaux longs comme le doigt; faites dégorger à l'eau froide et ensuite blanchir dans l'eau bouillante; passez sur le feu avec un morceau de beurre et une pincée de farine; mouillez d'eau ou de bouillon; ajoutez sel, poudre d'épices, bouquet de persil, champignons ou mousserons. Etant cuite à sauce un peu courte, liez avec deux jaunes d'œufs et de la crême délayés ensemble. Servez avec un filet de verjus ou le jus d'un citron.

Poitrine de veau en fricassée au roux. Comme les pigeons fricassés au roux. Voyez PIGEON.

Poitrine de veau au jus d'oseille. Faites-la cuire comme celle en fricassée de poulets, dont on vient de parler. Lavez et pilez deux poignées d'oseille, et exprimez-en le jus dans un linge un peu fort, de manière que vous en ayez un bon demi-verre; délayez dans ce jus trois jaunes d'œufs pour servir de liaison à votre fricassée quand elle est réduite à courte sauce; liez sans faire bouillir et servez.

Poitrine de veau à la purée de lentilles ou de

pois. Coupez en morceaux carrés de la longueur du doigt. Faites dégorger et blanchir; mettez ces morceaux dans une casserole avec de l'eau ou du bouillon, du sel, de la poudre d'épices et un bouquet de persil. Pendant que votre fricassée cuit, faites une purée de lentilles ou de pois, comme il est dit aux mots LENTILLE et POIS, mais à laquelle vous donnerez plus de corps en la mouillant avec la sauce des tendrons. Si la purée se trouve trop claire, faites-la réduire sur le feu au point convenable, et servez-la sur les tendrons.

POIVRADE; subst. fém. Se dit en général de tout assaisonnement où le poivre domine, mais particulièrement d'une sauce poivrée, préparée comme il suit:

Faites roussir dans une casserole deux oignons et une carotte coupés en dés avec un morceau de beurre; quand les oignons commencent à se colorer, ajoutez une bonne pincée de farine, et remuez toujours jusqu'à ce que le tout soit d'une belle couleur cannelle; mouillez avec un demi-verre de vin blanc et un verre d'eau; ajoutez un bouquet de persil et une pointe d'ail, et faites bouillir pendant sept à huit minutes; passez au tamis clair en exprimant légèrement; remettez dans la casserole avec sel, poivre, échalottes hachées et un verre de vinaigre blanc. Faites chauffer et servez.

Cette sauce, qu'on nomme aussi *vinaigrette*,

s'emploie avec le chevreuil et le lièvre rôtis, et en général avec toutes les viandes rôties ou grillées qui demandent à être relevées.

POIVRE; subst. mascul. Fruit d'un arbrisseau rampant qu'on appelle *Poivrier*. Le *poivre* est l'épice la plus commune et la plus employée dans les cuisines. On en distingue de deux sortes, le *poivre* rond et noir et le *poivre* long qui est peu en usage, et qu'il ne faut pas confondre avec le *poivre* à gousses longues et rouges qu'on cultive dans nos jardins. La plante qui porte le poivre long se nomme *Poivrier-chaton*, parce que son fruit est une espèce de chaton semblable à ceux du bouleau; ce chaton ou gousse, long d'un pouce et demi, est divisé intérieurement en plusieurs cellules dont chacune renferme une graine arrondie, petite, noirâtre en dehors, blanche en dedans, d'un goût âcre et un peu amer. Les Indiens en font un grand usage.

Le *poivre* rond, dont on se sert dans les cuisines, se distingue en *poivre* blanc et *poivre* noir; mais le *poivre* blanc ne diffère du *poivre* noir qu'en ce qu'il est dépouillé de son écorce qui en augmente l'âcreté.

POIVRE DE LA JAMAÏQUE OU PIMENT DES ANGLAIS. C'est le fruit d'un grand arbre qui croît dans les forêts des montagnes de la Jamaïque et dans les Antilles. Ce fruit desséché avant sa maturité est une baie aromatique ronde, plus grosse et plus légère que le poivre ordinaire et dont l'écorce est brune; ce fruit a le goût de la cannelle, du girofle et du poivre, et il entre dans la composition de la poudre d'épices.

POMME; subst. fém. Fruit du pommier, connu de tout le monde, et dont on fait usage en cuisine pour les compotes, les charlottes et les beignets.

Compote de Reinettes dans la tourtière. Coupez vos reinettes en deux et ôtez-en le cœur. Mettez-les dans une tourtière avec du sucre en poudre dessus et dessous. Faites cuire jusqu'à ce que le sucre soit en caramel clair, sans être brûlé, et glissez-les sur un compotier, pour être servies chaudement.

On peut faire des compotes de Reinettes avec un sirop clair ou avec un sirop réduit en gelée. C'est ce qu'il y a de plus facile dans l'office.

Voy. pour le reste BEIGNET et CHARLOTTE.

POMME D'AMOUR; voyez TOMATE.

POMME DE TERRE; subst. fém. Plante à racines tubéreuses, et dont on mange les tubercules sous diverses préparations. Cette plante est heureusement fort commune aujourd'hui, et elle sert à l'aliment du riche et du pauvre. Il est à remarquer que la Cuisinière bourgeoise n'ayant fait aucune mention de ce légume, les livres de cuisine qui l'ont suivie n'en parlent pas non plus, à l'exception du *Parfait Cuisinier*, qui est le dernier de tous. Le Cuisinier anglais, cet Hercule qui a posé les colonnes de la gourmandise, ne donne que la manière de les faire cuire à l'eau, ce qui assurément n'était pas nécessaire. Voici quelques autres manières de les préparer.

Pommes de terre au beurre. Faites-les cuire dans l'eau avec un peu de sel ; pelez-les et coupez-les en tranches épaisses de deux lignes ; mettez ces tranches dans une casserole avec du beurre frais, sel, poudre d'épices, persil et ciboules hachés ; sautez-les sans laisser tourner le beurre et servez en pyramide.

Pommes de terre à la sauce blanche. Cuites, pelées et coupées en tranches comme à l'article précédent, faites-les mijoter un moment dans une sauce faite avec du beurre, une pincée de farine, un verre de crême, sel, poudre d'épices, persil haché et filet de vinaigre, le tout lié sur le feu. Servez chaudement.

Pommes de terre au roux. Faites un roux d'oignons et de farine ; mouillez avec de l'eau ou du bouillon et un filet de vinaigre ; assaisonnez de sel et poivre ; faites bouillir cinq à six minutes, et mettez-y vos pommes de terre cuites à l'eau et coupées en tranches comme ci-dessus.

Pommes de terre dans la tourtière. Otez la peau et coupez en tranches de trois ou quatre lignes d'épaisseur. Arrangez ces tranches dans la tourtière avec du beurre ; faites cuire et rissoler entre deux feux et servez sans autre préparation. C'est ce qu'on appelle *pommes de terre sautées*.

On peut, si l'on veut, les assaisonner de sel et de poivre.

Quand les pommes de terre ne sont pas très-grosses, on peut les couper en deux dans leur longueur et même les laisser entières, pour les faire cuire et rissoler comme on vient de le dire. On peut alors les servir avec des viandes grillées, comme le bifteck, ou sous des viandes rôties, comme le gigot, ou autour du bouilli.

Quenelles de pommes de terre. Épluchez proprement des pommes de terre cuites sous la cendre, et n'en prenez que le farineux, que vous pilerez dans un mortier et passerez ensuite dans une passoire fine; mettez avec cette pâte un tiers de beurre en poids, et pilez encore le tout. Ajoutez sel, poivre, persil haché, quatre jaunes d'œufs et trois blancs fouettés à part. Mêlez bien le tout et formez-en des boulettes un peu ovales, que vous ferez frire après les avoir saupoudrées de farine, ou que vous ferez cuire dans du bouillon ou de l'eau bouillante, pour les servir avec une sauce tomate ou une béchamelle.

Gâteau de pommes de terre. Comme les quenelles; mais au lieu de former la pâte en boulettes, on la met dans une casserole beurrée et panée, et on la fait cuire au four, ou en enveloppant la casserole et son couvercle de cendres rouges. On renverse le gâteau quand il est cuit.

On ajoute, si l'on veut, à la pâte du gâteau, du sucre en poudre fine.

POTAGE ; subst. masc. Croûtes de pain, riz ou pâtes sèches d'Italie, qu'on fait tremper ou cuire dans le bouillon ou le jus des viandes cuites à l'eau. Voyez BOUILLON.

Les livres de cuisine sont remplis de recettes d'une infinité de potages dans lesquels figurent les viandes, légumes et racines qui ont servi à la confection des bouillons. Le Dictionnaire de cuisine en donne l'énumération qui se monte à plus de soixante-dix. On sépare aujourd'hui, et avec raison, les viandes des potages.

Les croûtes se trempent dans l'instant ; une demi-heure suffit pour cuire les pâtes sèches. Mais il faut plus de temps pour cuire le riz, qu'on fait d'abord crever dans l'eau et mitonner ensuite dans le bouillon. Quelques cuisiniers le colorent et lui donnent de la consistance en y mêlant une purée fine de carottes.

Au lieu de croûtes, on peut employer des mies de pain coupées en carrés de deux pouces sur une épaisseur de trois lignes, et passées au beurre jusqu'à ce qu'elles soient d'un beau blond ; on les met dans l'oille ou soupière, et on verse le bouillon par-dessus.

POUDING ; subst. masc. Nom d'un mets fort en usage chez les Anglais, et qui est composé de mie de pain, de graisse, de moëlle de bœuf, de raisins de Corinthe, etc. Le cuisinier anglais donne au moins quarante sortes de *poudings*; il y en a au riz, au pain, à la moëlle, à l'orange, au citron, aux abricots, aux pommes vertes, aux pommes de terre, aux carottes, à la levûre de bierre, au sagou, à la tanaisie, au gruau, etc. L'anglomanie a porté sur nos tables cet étrange mets, pour lequel les palais français ont quelque répugnance; mais l'anglomanie est passée de mode comme les *poudings*, et nous nous contenterons d'en donner deux ou trois recettes, bien moins pour exciter la sensualité que pour l'amortir.

Pouding au pain. (Bread Pudding.) Faites bouillir une chopine de lait avec un peu de cannelle, quatre œufs bien battus, une écorce de citron rapée, une demi-livre de graisse crue bien hachée, et une quantité suffisante de mie de pain. Versez votre lait sur la graisse et sur le pain émietté, et mêlez jusqu'à ce que le tout soit froid; ensuite mettez-y l'écorce de citron, les œufs, un peu de sucre et un peu de muscade rapée. Faites cuire ce pouding pendant trois quarts d'heure en le mettant enveloppé d'un linge dans l'eau bouillante.

Pouding à la moëlle. (Marrow Pudding). Emiettez la mie d'un pain d'un sou; versez dessus une chopine de crême ou de lait bouillant; coupez menu une livre de moëlle de bœuf; battez bien quatre œufs avec un verre d'eau-de-vie, de la muscade et du sucre à volonté. Mêlez tous ces ingrédiens, et faites-les cuire à l'eau dans un linge noué pendant trois quarts d'heure. Coupez un citron confit en lardons que vous ficherez dans votre pouding en le servant.

Pouding aux abricots. (Apricot Pudding). Faites bouillir six gros abricots jusqu'à ce qu'ils soient bien tendres; broyez-les; sucrez à volonté, et quand ils sont froids, versez dessus six jaunes d'œufs et deux blancs bien battus; mêlez le tout avec une chopine de bonne crême. Couvrez votre plat de pâte feuilletée, et versez votre pouding par-dessus. Faites cuire pendant une demi-heure dans un four d'une chaleur modérée, et quand il est cuit, saupoudrez-le avec un peu de beau sucre.

Pouding aux pommes de terre. (Patatoe pudding) Faites bouillir un quart de pommes de terre jusqu'à ce qu'elles soient cuites; pelez-les, écrasez-les avec une cuiller et passez-les dans une passoire fine. Prenez une demi-livre de beurre chaud, une demi-livre de beau sucre, et broyez-les avec les pommes de terre, de manière que le tout soit bien lié. Mêlez ensuite avec six œufs battus dans un petit verre d'eau-de-vie ou un verre de vin d'Espagne, et ajoutez, si vous voulez, une poignée de raisins de Corinthe. Enveloppez votre pouding dans un linge noué, et faites-le cuire pendant une demi-heure dans l'eau bouillante. Retirez-le, ôtez le linge, et versez dessus du beurre chaud, un verre de vin et du sucre. (*Cuisinier anglais*, Tom. II, chap. XVI, *des Poudings.*)

POULARDE ; subst. fém. Jeune poule engraissée. La *poularde* s'apprête comme le poulet. Voy. ce mot.

POULE ; subst. fém. Nom qu'on donne à plusieurs femelles de volatiles, mais plus particulièrement à la femelle du coq. On mange la poule bouillie, cuite au pot avec le bœuf, dont elle améliore le bouillon ; dans ce cas, du persil haché et mêlé au bouillon en fait la sauce, et c'est ce qu'on appelle *poule au gros sel*, parce qu'on la sert parsemée de quelques grains de sel. On la sert aussi avec du riz, en fricassée, à la daube, ainsi que le chapon.

POULE D'EAU ; subst. fém. Oiseau aquatique ; on l'apprête comme le plongeon et la foulque, c'est-à-dire, qu'on le mange rôti ou grillé à la crapaudine, avec une poivrade. Voyez POIVRADE.

POULET ; subst. masc. Le petit de la poule. Voici encore un de ces mets sur lesquels l'art du cuisinier s'est exercé d'une manière presque ridicule. On trouve dans le Dictionnaire de cuisine plus de cent cinquante façons d'apprêter les poulardes et les *poulets*. Ce grand nombre de préparations ne prouve nullement l'art du cuisinier, qui consiste bien plus dans la juste application des sauces aux mets que dans leur diversité. Toutes les manières d'apprêter les *poulets* pourraient peut-être se réduire à cinq ou six, et c'est à ce nombre que nous nous bornerons. Les autres en sortiront en quelque sorte comme des corollaires pour les cuisiniers qui joignent à un peu d'intelligence un peu d'usage.

Poulets ou *poulardes à la broche*. Habillez proprement et videz vos poulets ; remettez le foie dans le corps, après en avoir ôté le vésicule du fiel ; coupez les ailerons et les pattes, et troussez les genoux en dedans. Piquez de lard fin ou bardez. Faites rôtir de belle couleur.

On doit remarquer que la plupart des cuisiniers laissent les ailerons aux volailles qu'ils font rôtir, et que ces ailerons desséchés ne représentent pas mal les ailes d'une chauve-souris, et ne sont plus bons à manger. Quant aux pattes, elles font aussi un fort mauvais effet, et ressemblent à deux béquilles dont la volaille est emmanchée.

Je ne ferai qu'un article de la volaille rôtie, en ajoutant seulement qu'on peut la farcir de plusieurs manières, ce qui dépend du goût du cuisinier ou des objets qu'il a sous la main, et la servir ensuite avec différentes sauces assorties à ces farces.

Les poulets rôtis et desservis peuvent encore être présentés sur la table, soit entiers, soit dépécés par membres avec une remolade aux fines herbes. Voy. REMOLADE.

Fricassée de poulets. Vos poulets étant plumés et vidés proprement, coupez-les par membres, et séparez les ailerons des ailes et les pattes des cuisses. Pelez les pattes en les passant sur la braise ; coupez le bec à sa naissance ; parez le foie et l'estomac ; enfin que chaque partie soit coupée proprement. Faites blanchir le tout un moment dans l'eau bouillante avec un filet de vinaigre. Retirez, et faites égoutter ; passez au beurre avec une bonne pincée de farine ; mouillez de bouillon ou d'eau et d'un demi-verre de vin blanc; ajoutez sel, poudre d'épices, bouquet de persil et d'estragon, champignons ou mousserons et une pointe d'ail. Faites cuire un peu vivement ; la sauce étant un peu courte, liez-la, sans la faire bouillir ; avec deux ou trois jaunes d'œufs délayés avec de la crême; jetez le bouquet, et arrangez vos morceaux sur le plat, en mettant dans le fond les ailerons, les pattes, les foies, les estomacs et les cous, les cuisses et les ailes au-desus. Versez la sauce sur le tout, après l'avoir relevée, si vous voulez, d'un filet de verjus ou du jus d'un citron. Vous pouvez aussi entourer votre fricassée d'un cordon de mies frites.

La desserte d'une fricassée de poulets peut encore être présentée en friture. On trempe les morceaux dans une pâte claire, voyez PATE ; on les fait frire dans du beurre bien chaud, et on les sert en pyramide, garnis de persil frit.

Poulets en matelotte. Coupez par membres deux poulets, comme dans l'article précédent. Mettez dans une casserole un morceau de beurre avec deux oignons et une carotte coupés en dés ; dès qu'ils commencent à roussir, ajoutez une bonne pincée de farine, pour faire du tout un roux de belle couleur; mouillez avec de l'eau où du bouillon et autant de vin blanc; faites bouillir pendant sept à huit minutes, et passez au tamis clair avec expression dans une casserole où vous avez mis vos poulets dépécés; ajoutez sel, poudre d'épices, bouquet de persil et champignons. La cuisson faite, mettez dans la sauce les filets d'un anchois écrasé et une pincée de câpres. Servez.

Poulets en fricandeaux. Comme les perdrix en fricandeaux. Voyez PERDRIX.

Poulets à l'estragon. Flambez et videz deux poulets. Faites bouillir pendant cinq à six minutes une petite poignée de sommités d'estragon; prenez-en le quart pour le hacher avec les foies de poulets; maniez cette farce avec un morceau de beurre ou avec du lard fondu, et mettez-la dans le corps de vos poulets, que vous faites ensuite revenir dans la casserole avec du beurre. Bardez-les et faites-les cuire à la broche enveloppés dans du papier. Quand ils sont cuits, mettez le reste de l'estragon haché dans la casserole avec du beurre, une pincée de farine, deux jaunes d'œufs délayés avec un peu de jus ou du bouillon, sel et poudre d'épices; faites lier sans bouillir, et ajoutez un filet de vinaigre; versez cette sauce sur les poulets et servez.

Poulets aux petits pois. Flambez, videz et troussez deux poulets; passez-les au beurre avec une pincée de farine; mouillez avec du bouillon et un peu de jus; ajoutez poudre d'épices, un bouquet de persil, peu de sel ; faites cuire et réduire à courte sauce ; dressez vos poulets et versez dessus un ragoût de petits pois au lard. Voyez POIS.

On peut, si l'on veut, faire cuire ensemble les poulets et les petits pois.

POULETTE; subst. fém. Jeune poule. La poulette est ordinairement plus tendre que le poulet.

Poulette, se dit aussi des ragoûts blancs préparés comme une fricassée de poulets. On accommode la tanche, l'anguille, etc. *à la poulette*.

POULPETON; substant. masc. qu'on prononce *poupeton*. Prenez une livre de rouelle de veau, autant de graisse de bœuf, du persil, des ciboules, deux échalottes ; hachez le tout, assaisonnez de sel et poudre d'épices, et mêlez avec trois œufs entiers délayés ou battus avec de la crême. Couvrez l'intérieur d'une casserole à couvercle de bardes de lard, et mettez-y une partie de votre farce ; placez au milieu deux pigeons en compote, refroidis et sans sauce. Recouvrez du reste de la farce et faites cuire au four ou entre deux feux. Quand il est cuit, renversez-le sur le plat sans le rompre ; faites un trou dans le milieu avec un couteau et versez-y la sauce de votre compote, bien chaude. Fermez le trou sans qu'il paraisse, et servez.

Autre manière. Votre farce étant préparée comme ci-dessus, enduisez de beurre le dedans de votre casserole, et ensuite de mie fine ; mettez-y votre farce, en laissant dans le milieu un trou assez grand pour recevoir une fricassée de poulets, sans qu'elle déborde la farce élevée contre les parois de la casserole. Faites cuire au four ou entre deux feux; versez la fricassée dans le trou et renversez adroitement le *poulpeton* sur le plat pour le servir.

POUPELIN; subst. masc. Pièce de four; c'est la croûte d'un pain cuit au four dans une casserole beurrée. La pâte de ce pain est faite avec de l'eau, de la farine, des œufs et un peu de sel; on la verse molle, sans être liquide, dans la casserole, et quand elle est cuite on en ôte la mie, on enduit la croûte de beurre en dedans et en dehors, et on la glace avec du sucre en poudre et la pêle rouge.

POUPIETTES, subst. fém. pluriel. Petites roulades qu'on apprête comme il suit:

Coupez des tranches de veau longues de trois doigts et larges de deux; applatissez-les avec le rouleau de manière qu'elles n'aient qu'une ligne d'épaisseur ou à peu près. Faites une farce avec de la rouelle de veau et autant de graisse de bœuf, persil, ciboules, échalottes, le tout haché très-fin et mêlé avec sel, poudre d'épices et deux jaunes d'œufs battus; étendez cette farce sur vos tranches, roulez-les, enduisez-les avec un œuf battu, et panez-les de mie fine; mettez-les ensuite dans la tourtière, chacune sur une barde de lard de même grandeur, ayant soin de mettre en dessous le bord de la tranche roulée. Quand les *paupiettes* sont cuites et de belle couleur, servez-les avec leurs bardes sur une sauce claire un peu piquante.

POURPIER; substant. masc. Plante dont il y a deux espèces, l'une cultivée dans les jardins, l'autre sauvage; celle qu'on appelle *pourpier doré* n'est qu'une variété de la première.

On mange le jeune *pourpier* en salade, et avec les herbes qu'on met dans la soupe; quelquefois on le mange frit, ou blanchi avec une sauce blanche, ou apprêté en ragoût sous des fricandeaux, des poulets ou des pigeons.

PURÉE; subst. fém. Espèce de bouillie tirée des graines légumineuses; on réduit en bouillie les pois, les fèves, les lentilles et les haricots, en les faisant cuire dans l'eau ou dans du bouillon, et en les exprimant fortement dans une passoire pour en séparer la peau. On emploie les purées des légumes farineux dans les soupes, pour donner plus de corps au bouillon.

On donne par extension le nom de *purée* aux farces ou bouillies faites avec certaines herbes ou certaines racines. Ainsi l'on fait des *purées* d'oseille, d'épinars, d'oignons, de navets, de carottes, et on les emploie sous des fricandeaux ou sous d'autres viandes ou poissons diversement apprêtés. Ici le mot de *purée* convient mieux que celui de farce, qui ne doit être employé que pour désigner les viandes hachées et les compositions légères qu'on met dans le corps du poisson ou de la volaille.

QUE

Nous parlons de toutes les purées aux articles qui leur sont propres.

Q

QUARTIER ; subst. masc. Terme employé dans les boucheries et les cuisines, pour désigner la quatrième partie d'un veau, d'un mouton, d'un agneau, d'un cerf, d'un chevreuil. Les *quartiers* de derrière sont plus estimés que ceux de devant, et comprennent la cuisse et une partie de l'échine.

QUENELLE ; subst. fém. C'est en terme de cuisine une boulette de farce. Les *quenelles* se font comme il suit :

Quenelles de veau. Coupez en petits morceaux une demi-livre de viande de veau et autant de graisse de bœuf. Hachez ensemble et pilez ensuite dans un mortier avec du sel, de la poudre d'épices et des fines herbes. Mettez cette farce avec trois jaunes d'œufs, et les blancs de ces œufs fouettés en neige. Formez-en des boulettes un peu ovales, en les roulant dans les mains avec de la farine. Faites-les frire dans du beurre ou de la graisse, si vous les destinez à un ragoût roux. Si vous les mettez dans une sauce blanche, faites-les cuire dans l'eau bouillante pendant sept à huit minutes.

On fait aussi des quenelles avec de la chair

de lapin, des blancs de volailles et de perdrix, des pommes de terre.

QUEUE ; subst. fém. On emploie en cuisine les *queues* de plusieurs animaux ; comme celles de bœuf de veau, de mouton, d'agneau et de cochon. On appelle *queue de mouton* la pièce du quartier de derrière à laquelle tient la *queue*, et on la sert seule ; quand on dit *des queues de mouton*, on n'entend parler que des *queues* seules.

Queue de bœuf en matelotte. Coupez en morceaux et faites blanchir dans l'eau bouillante ; retirez-les à l'eau fraîche pour les faire cuire à moitié dans de l'eau ou du bouillon. Pendant ce tems, passez au beurre trois oignons coupés en dés, et quand ils commencent à roussir, mettez dans la casserole une bonne pincée de farine. Le tout étant de belle couleur cannelle, mouillez avec le bouillon de la queue ; faites bouillir pendant cinq à six minutes, et passez au tamis clair avec expression ; versez ce roux sur vos morceaux, en y ajoutant une chopine de vin blanc, sel, poudre d'épices, bouquet de persil et de thym, une gousse d'ail et une feuille de laurier. Faites cuire jusqu'à ce que la sauce soit au point convenable ; dressez et servez vos morceaux entourés de mies frites.

Queues de mouton à la braise, grillées, frites, etc. Prenez quatre ou cinq queues de mouton et faites-les cuire avec du bouillon ou de l'eau, sel, poudre d'épices, bouquet de persil. Quand elles ont cuit pendant trois quarts d'heure ou une heure; servez-les sur une purée de lentilles, ou sur des choux cuits avec du petit lard.

Si vous voulez les servir grillées, retirez-les de la braise quand elles sont cuites, et laissez-les refroidir; trempez-les alors dans deux œufs battus, et panez de mie frite; étant panées, arrosez-les de la graisse du derrière du pot un peu refroidie, et panez-les de nouveau. Faites griller à petit feu en les arrosant du reste de la graisse, et quand elles sont de belle couleur, servez à sec ou sur un jus clair à l'échalotte.

Si vous voulez les faire frire, étant cuites et refroidies comme il vient d'être dit, trempez-les dans des œufs battus et panez-les une fois seulement; faites frire de belle couleur, et servez garnies de persil frit.

Si vous voulez les mettre au parmesan ou au gruyère, mettez-les, quand elles sont cuites, dans un plat, dont le fond soit couvert de fromage râpé, et de deux ou trois cuillerées de coulis, recouvrez-les de coulis et de fromage râpé; faites mijoter pendant un quart d'heure, et passez la pêle rouge par-dessus pour les glacer. La sauce doit être courte.

Queues de mouton au riz. Faites-les cuire à la braise comme il est dit ci-dessus, et quand elles sont cuites, laissez-les refroidir. Prenez cinq à six onces de riz épluché et bien lavé à l'eau tiède, et mettez-le dans une marmite avec le bouillon des queues, passé au tamis. Faites cuire le riz à petit feu jusqu'à ce qu'il soit épais sans être trop cuit. Etant à moitié froid, mettez-en une couche légère dans le fond du plat où vous voulez servir les queues, que vous y placerez serrées, le gros bout de l'une répondant au petit bout de l'autre. Couvrez-les du reste du riz que vous formerez en dôme, en l'unissant avec le plat du couteau; dorez-le avec de l'œuf battu; placez le plat sur de la cendre bien chaude, et couvrez-le du couvercle d'une tourtière et d'un bon feu. Quand le riz a pris une belle couleur dorée, retirez le plat, penchez-le pour en faire tomber la graisse, essuyez les bords et le dessous, et servez.

Queues de veau grillées ou *dans la tourtière*. Prenez trois queues de veau, coupez-les en deux et faites-les blanchir à l'eau bouillante. Mettez-les ensuite dans une petite marmite avec de l'eau et du bouillon un peu gras, bouquet de persil et de thym, une gousse d'ail, une feuille de laurier, sel et poudre d'épices. Faites cuire à courte sauce; passez cette sauce au tamis clair avec sa graisse, et liez-la sur le feu avec une bonne pincée de farine; ajoutez-y trois jaunes d'œufs délayés, et remuez jusqu'à ce qu'elle soit épaisse, sans la faire bouillir; trempez-y les queues et panez-les à mesure de mie fine; mettez-les dans un plat sous un couvercle de tourtière, entre deux feux. Quand elles sont de belle couleur, servez-les avec une sauce piquante. Voyez SAUCE.

Au lieu de les mettre dans la tourtière, on peut les faire griller et les servir sur la même sauce.

Queues de cochon. Etant cuites à l'eau et égouttées, on les fait griller et on les sert à sec.

Queues d'agneau. Comme celles de mouton au parmesan.

QUICHE; subst. fém. Ce mot ne se trouve, je crois, dans aucun Dictionnaire, et il est si bizarre que je n'oserais m'en servir, si la chose qu'il désigne ne l'était encore plus. Peu de personnes savent qu'une *quiche* est une tarte sans façon cuite au four, et que la *quiche* par excellence est celle qui est faite avec l'olivette ou graine de pavot blanc et de l'oignon. On ne peut pas appeler cette pâtisserie le *nec plus ultrà* de la gourmandise; mais plus d'un friand s'en est léché les doigts, et a peut-être attribué aux Romains la gloire de cette invention. Voici comment on la prépare.

Quiche d'olivette. Faites tremper dans l'eau pendant une nuit une chopine de pavot blanc; cette graine étant épurée, broyez-la très-fine dans un mortier de marbre, en l'arrosant d'un peu de lait jusqu'à ce qu'elle ait la consistance d'une bouillie épaisse; mêlez avec cette bouillie deux ou trois bonnes cuillerées de crême, et trois ou quatre oignons moyens hachés et cuits dans du beurre, sans être roux. Mettez sur une abaisse de pâte feuilletée une couche de cette farce, épaisse d'un bon doigt; recouvrez d'une abaisse de la même pâte, et soudez les deux abaisses sur les bords; coupez l'excédant de la pâte suivant le contour de la tourtière, et festonnez ou cordelez la circonférence; donnez de légers coups de la pointe des ciseaux sur l'abaisse supérieure et dorez-la. Faites cuire au four ou dans la tourtière, et servez la *quiche* plutôt chaude que froide.

Au lieu de donner à la *quiche* la forme circulaire de la tourtière, on peut la faire en demi-cercle; en ne garnissant que la moitié de l'abaisse inférieure et en la recouvrant de l'autre moitié; on cordèle ou on festonne la pâte sur la demi-circonférence; on y fait de légères coupures avec la pointe des ciseaux, en dirigeant ces coupures sur plusieurs lignes droites paralelles; on dore la *quiche*, et on la fait cuire au four.

QUINTESSENCE; subst. fém. Voy. ESSENCE.

R

RABLE ; subst. masc. partie du lièvre ou du lapin comprise entre les épaules et les cuisses ; c'est la plus estimée. On dit aussi *un rable de chevreuil*.

Rable de lièvre à la poivrade. Prenez un rable de lièvre dont vous avez employé le devant et les cuisses, ôtez-en les peaux, et piquez-le de lard fin ; mettez-le cuire dans la tourtière sur des bardes de lard ; étant un peu saignant, dressez-le sur ses bardes, et versez dessous une poivrade. Voyez POIVRADE.

C'est le même procédé pour le rable de lapin. Voyez LAPIN.

RACINE ; subst. fémin. Partie par laquelle les plantes tiennent à la terre et en tirent une partie de leur nourriture. Nous ne considérons ici que les racines bulbeuses, charnues ou farineuses que l'on emploie dans les cuisines. Ces racines sont la rave, le chou-rave, la betterave, la carotte, le navet, le chou-navet, le panais, la pomme de terre, le topinambour, l'oignon, l'ail, la rocambole et l'échalotte. Le nom seul de racine s'applique au salsifis et à la scorsonnère. Voyez les différentes manières d'apprêter les racines aux articles qui leur sont propres.

RAGOUT ; subst. masc. Mets apprêté pour satisfaire le goût, avec de la viande, du poisson, des légumes, des œufs. L'art de faire des ragoûts est celui du cuisinier, et cet art exige de l'intelligence, de l'adresse, du goût et une longue pratique. Un fameux danseur disait, *que de choses dans un menuet!* Un habile cuisinier pourrait dire, *que de choses dans un ragoût!* Et cela ne s'entend pas de la quantité des ingrédiens qui le composent; c'est principalement les analogies et les proportions de ces ingrédiens qu'il faut considérer; c'est le dégré de chaleur qui leur convient; c'est la couleur, c'est la forme à donner aux mets, et toutes ces choses peuvent se combiner et se varier à l'infini. Aussi un excellent cuisinier est la *cosa rara*, et ce phénix qui manque quelquefois dans les bonnes maisons, se trouve quelquefois aussi dans une humble cuisine sous les habits d'une femme. Heureux qui l'a trouvé! Cela vaut mieux sans doute que la femme forte.

On dit que les rôtis sont préférables aux ragoûts pour la santé.

Voici les *ragoûts* que l'on peut servir pour accompagnemens.

Ragoûts de champignons, mousserons ou *morilles.* Épluchez et lavez; mettez-les dans une casserole avec du beurre et une pincée de farine; passez sur le feu, et mouillez avec du bouillon, du jus et un petit verre de vin blanc; ajoutez un bouquet de persil et faites cuire pendant une demi-heure. Voyez si la sauce est assez assaisonnée.

Ragoût de truffes. Pelez-les, coupez-les en tranches et procédez comme ci-dessus.

Ragoût d'écrevisses. Étant cuites à l'eau et au persil, épluchez les queues sans les détacher, et coupez les serres des grosses pattes. Mettez les écrevisses ainsi épluchées dans une casserole avec un demi-verre de vin blanc, autant de bouillon et autant de coulis. Faites mijoter pendant un quart d'heure.

Vous pouvez aussi, quand elles sont cuites et épluchées, les mettre dans un coulis d'écrevisses. Voyez COULIS.

Ragoût de ris de veau et de foies. Otez le fiel des foies, et faites-les blanchir dans l'eau bouillante avec un ris de veau coupé en cinq ou six morceaux. Mettez le tout dans une casserole avec un demi-verre de vin blanc, autant de bouillon et autant de coulis, bouquet de persil, gousse d'ail, sel et poudre d'épices. Faites cuire pendant une demi-heure.

Ragoût de laites de carpe. Si c'est en gras, mettez vos laites, quand elles ont été blanchies à l'eau bouillante, dans une casserole avec un demi-verre de vin blanc, autant de jus, autant de coulis, un bouquet de persil, une pointe d'ail, sel et poudre d'épices. Faites bouillir pendant un quart d'heure.

Si c'est en maigre, étant blanchies, passez-les

au beurre avec une pincée de farine ; mouillez avec de l'eau ou du bouillon maigre et un peu de vin blanc. Assaisonnez de sel, poudre d'épices, demi-gousse d'ail et bouquet de persil. Faites cuire un quart d'heure.

Ragoût d'oseille. Faites blanchir à l'eau bouillante de l'oseille, de la laitue, du cerfeuil, du persil et de la ciboule dans les proportions convenables. Égouttez et hachez ; passez sur le feu avec un morceau de beurre et un peu de farine ; mouillez avec du jus, assaisonnez légèrement de sel et poivre, et faites mijoter jusqu'à ce qu'il n'y ait plus de sauce.

La chicorée s'apprête à peu-près de même. Otez-en les feuilles extérieures et les sommités vertes des autres, de manière qu'il n'en reste que des blanches. Jetez-les dans l'eau bouillante, ayant soin d'enfoncer avec l'écumoire celles qui surnagent, afin qu'elles ne noircissent pas. Quand elles sont toutes à flot, elles sont cuites. Tirez-les dans une passoire pour les égoutter, et jetez-les dans l'eau froide : refroidies, égouttez-les encore en les pressant dans les mains ; hachez-les ; passez-les sur le feu avec du beurre, un peu de farine, sel et poudre d'épices. Versez dans la casserole une grande cuillerée à pot de jus ou de consommé si vous en avez ; faites réduire en remuant toujours, et quand la chicorée est un peu épaisse, servez-la, ou seule entourée de mies frites, ou sous les mets que vous jugerez à à propos.

C'est assez de ces ragoûts, pour faire voir comment on peut apprêter tous les autres; car s'ils ne sont pas parfaitement identiques, ils se ressemblent beaucoup, et ce serait se moquer des lecteurs que de leur donner les mêmes ragoûts sous des noms différens. (*)

RAIE ; subst. fém. Poisson de mer, plat, large et cartilagineux, dont on distingue plus de trente espèces; la plus connue est la *raie* bouclée, et c'est celle que l'on mange le plus communément en France et sur-tout à Paris; elle est si commune dans le nord, que le peuple seul en fait une partie de sa nourriture. La plupart des *raies* fournissent un aliment savoureux et sain, quoiqu'en général un peu coriace, et toutes ont une mauvaise odeur de mer qui se perd à l'air et quand on la garde quelque temps. Aussi elles sont meilleures quand elles ont été transportées au loin, tant en hiver qu'en été. Le foie de ce poisson est regardé en France comme un mets délicat ; on en fait peu de cas en Hollande et en Angleterre.

On prépare la *raie* de plusieurs manières, dont la plus commune est de la faire cuire dans l'eau avec son foie, dont on a détaché le fiel, et de la

---

(*) La Cuisinière bourgeoise donne un ragoût sous le titre de *ragoût mêlé*, et le *Parfait Cuisinier* qui annonce les recettes les plus nouvelles, donne ce même ragoût, mot pour mot, sous le nom de *ragoût friand*. La pauvre fille ! tout le monde la méprise, et tout le monde lui prend toujours quelque chose.

servir sur une sauce blanche faite avec du bon beurre et assaisonnée de câpres.

Raie au beurre roux. Lavez-la bien, videz-la, ôtez le fiel et faites cuire dans l'eau; égouttez, dressez, versez dessus du beurre roux mêlé d'un filet de vinaigre, et servez garnie de persil frit.

Raie à la sauce de son foie. Étant épluchée, vidée, lavée et cuite à l'eau, écrasez une partie du foie, et délayez-le avec une cuillerée d'eau et un filet de vinaigre, mettez-le dans une casserole avec du beurre, une pincée de farine, pointe d'ail, persil haché, sel et poivre. Liez cette sauce sur le feu, et servez sur la raie.

On peut encore servir la raie *à la sauce-Robert, ou la faire frire en filets, après les avoir fait mariner pendant trois ou quatre heures dans une marinade tiède faite avec du beurre roulé dans la farine, du vinaigre, du sel, du poivre et du persil haché.*

RAIFORT; subst. masc. Il s'agit ici du *raifort sauvage* ou *grand raifort*, qu'on appelle *moutarde des Capucins* ou *moutarde des Allemands*. C'est une plante qui croît naturellement aux bords des lieux aquatiques, mais que l'on cultive aussi dans les jardins. Sa racine est longue, rampante, blanche, d'un goût âcre et brûlant; on rape cette racine, on y met un peu de vinaigre et on la mange avec le bouilli en guise de moutarde.

RAIPONCE; subst. fém. Plante dont on distingue deux espèces, la *petite raiponce de carême* ou *campanule-raiponce* et la *grande raiponce*.

La petite raiponce, qui est celle dont il s'agit dans cet article, croît spontanément sur les bords des fossés, dans les prés, dans les champs, parmi les blés, et on la cultive dans les potagers. Sa racine est comme une petite rave, longue et grosse comme le petit doigt, blanche, douce et bonne à manger; on la cueille encore tendre pour la mêler dans les salades du printemps. Si l'on coupe cette racine par tranches et qu'on la mette en terre, il naîtra de chacune d'elles une nouvelle plante.

RALE; subst. masc. Oiseau dont il y a plusieurs espèces, dont les plus connues sur nos tables sont le *râle d'eau* et le *râle de terre*, autrement *râle de genêt*. Le premier a huit ou neuf pouces de longueur, et l'autre neuf pouces et demi, et il est gros comme la caille. L'un et l'autre sont en haute considération parmi les connaisseurs. On sent bien qu'on ne les mange que rôtis.

RAMEQUIN; subst. masc. Pâtisserie légère faite avec du fromage, et qu'on mange chaude.

Pour faire des ramequins, mettez dans une casserole un demi-verre d'eau et un morceau de beurre; quand le beurre est fondu, ajoutez de la farine et un peu de sel; remuez toujours avec la cuiller de bois jusqu'à ce que la pâte quitte la casserole; mettez cette pâte dans un mortier avec deux fois autant de beurre et quatre onces de gruyère rapé; pilez le tout ensemble, en y ajoutant l'un après l'autre les jaunes de quatre ou cinq œufs, dont vous fouettez les blancs à part. Mettez ces blancs fouettés avec la pâte; et distribuez cette pâte dans des caisses de papier que vous avez soin de ne remplir qu'à demi pour laisser place au renflement. Faites cuire au four ou dans la tourtière pendant un quart d'heure, et quand les ramequins sont bien renflés, servez-les promptement.

RAMIER; substant. masc. Pigeon sauvage dont nous avons parlé au mot PIGEON.

RATAFIA; subst. masc. Liqueur spiritueuse faite avec de l'eau-de-vie ou de l'esprit de vin, dans lequel on a fait infuser des fleurs, des fruits ou des substances aromatiques, et édulcoré ensuite avec du sucre. Je suis fâché de ne pouvoir donner ici quelques recettes de ces liqueurs que tout le monde fait et croit savoir faire; mais ces recettes sont absolument étrangères à cet ouvrage.

RATON; subst. masc. Espèce de tarte faite avec du lait, du fromage et des œufs.

Mettez sur du papier beurré des abaisses de pâte fine avec rebords, et remplissez-les de la crême suivantes; délayez de la farine et de œufs avec du lait, de manière qu'il en résulte une pâte un peu claire; ajoutez encore un peu de lait et un morceau de beurre ; faites cuire en remuant toujours ; quand cette crême est prise, remplissez-en vos abaisses et mettez dessus quelques petits morceaux de beurre. Faites cuire et servez chaudement vos *ratons* saupoudrés de sucre.

On peut substituer à la crême ou bouillie dont on garnit les *ratons*, du fromage blanc écrasé, délayé et mêlé avec de la crême et des œufs. Alors les *ratons* peuvent se manger froids.

RAVE ; subst. fém. Plante tubéreuse, potagère, dont on distingue vulgairement deux espèces, la *grosse rave* ou *rave d'hiver*, qui ressemble au navet, et la *petite rave* ou *radi* qui est du genre des raiforts, et qu'on mange au printems.

RAVIGOTTE ; subst. fém. Sauce qu'on prépare avec toutes sortes de fines herbes, comme il suit :

Faites suer une tranche de jambon dans une casserole ; quand elle est attachée, mouillez-la de bouillon et de coulis, ou, si vous n'avez pas de coulis, avec du jus ou un morceau de beurre manié de farine ; passez au tamis et ajoutez baume, pimprenelle, cerfeuil, persil, estragon, ciboule et corne de cerf (*), le tout haché ; mêlez sur le feu, et

---

(*) La corne de cerf est une plante potagère dont on fait des salades ; sa racine est petite : elle pousse beaucoup de feuilles, tellement découpées et nerveuses qu'elles représentent des petits bois de cerfs ; elles sont d'un goût astringent mais agréable. Entre ces feuilles s'élèvent des tiges velues, hautes d'un pied et demi, et portant des fleurs semblables à celles du plantin.

après avoir assaisonné de sel et de poivre, versez le jus d'un citron, et servez chaude avec les mets auxquels elle est destinée.

Autre. Mettez dans une casserole un demi-setier de vin blanc, deux cuillerées d'huile dégraissée et du bouillon. Faites réduire le tout à un bon verre; ajoutez sel et poudre d'épices avec fines herbes hachées et le jus d'un citron, comme à l'article précédent. Cette sauce s'emploie avec les poulets et les pigeons rôtis. Si on veut la relever davantage, on y met une gousse d'ail que l'on ôte en servant.

REMOLADE ou **REMOULADE**; subst. fem. Sauce de haut goût faite avec de la moutarde. On peut la préparer froide ou chaude.

Remolade froide. Hachez très-fin du persil, une demi-gousse d'ail, ciboules et câpres; délayez avec de l'huile et du vinaigre, une cuillerée de moutarde fine et les filets d'un anchois écrasés; mêlez le tout ensemble et assaisonnez de sel et poudre d'épices.

Remolade chaude. Passez sur le feu avec une cuillerée d'huile, persil, ciboules, champignons et demi-gousse d'ail hachés très-fin; mouillez de coulis et d'un filet de vinaigre; ajoutez sel, poudre d'épices, et après quelques bouillons, une cuillerée de moutarde et une échalotte hachée.

Remolade verte. Faites blanchir une petite poignée de cerfeuil, la moitié autant de pimprenelle, d'estragon et de ciboules ; retirez ces herbes, et après les avoir pressées, vous les pilerez et vous les assaisonnerez de sel, poudre d'épices et de moutarde; ajoutez un demi-verre d'huile, deux jaunes d'œufs crus et quatre ou cinq cuillerées de vinaigre blanc; mêlez le tout ensemble et passez au tamis clair en pressant. Si votre remoulade n'est pas assez verte, vous pouvez y mettre un peu de vert d'épinars. Voyez EPINARS.

RIBLETTE; subst. fém. Mets qu'on prépare avec une tranche de bœuf, de veau ou de cochon cuite sur le gril et assaisonnée de sel et de poivre ; une *riblette* de bœuf est proprement ce qu'on appelle *bifteck*. Voyez ce mot. On sert les *riblettes* à sec ou sur un jus clair.

On donne aussi le nom de *riblette* à une omelette faite avec du lard. Voyez *Omelette au lard*.

RIS DE VEAU; subst. masc. Glandule qui est sous la gorge du veau, et dont on fait des mets fort délicats.

Ris de veau au blanc. Après les avoir fait dégorger dans de l'eau tiède, faites-les blanchir pendant cinq à six minutes dans l'eau bouillante ; passez-les ensuite au beurre et finissez comme une fricassée de poulets.

Ris de veau en fricandeaux. Dégorgés et blanchis comme ci-dessus, piquez-les du beau côté de lard fin à lardons perdus, c'est-à-dire, fichés perpendiculairement et ne sortant que par un bout, parce que les ris n'ont pas assez de consistance pour être piqués comme les autres viandes. Faites cuire et glacez comme les fricandeaux. Voyez FRICANDEAU. Observez qu'il ne faut que trois quarts d'heure pour les cuire, et qu'il est nécessaire par conséquent de les retirer de la casserole pendant la confection de la glace.

Ris de veau aux fines herbes. Faites dégorger et blanchir comme il est dit; piquez de lard fin et arrangez-les dans une tourtière, chacun sur une barde de lard. Faites cuire entre deux feux. Mettez dans une casserole un bon verre de bouillon et deux verres de vin blanc; faites bouillir et réduire à moitié; ajoutez ensuite une échalotte, de l'estragon, du persil, de la ciboule, du cerfeuil, une demi-gousse d'ail, le tout haché très-fin, et un morceau de beurre manié de farine; faites bouillir un moment et versez dans le plat, où vous placerez ensuite les ris de veau sur leurs bardes.

Vous pouvez aussi les servir sur une sauce tomate.

Ris de veau à la broche. Dégorgés, blanchis et piqués, passez-les dans une brochette que vous attachez à la grande broche. Faites rôtir de belle couleur, et servez sur les sauces de l'article précédent.

Ris de veau frits. Dégorgés et blanchis, coupez-les en quatre et faites-les mariner avec sel, poivre, persil haché et jus de citron pendant deux heures. Coupez-les et trempez-les dans une pâte claire, pour les faire frire dans du saindoux bien chaud. Servez de belle couleur garnis de persil frit.

RISSOLE; substant. fém. Menue pâtisserie faite avec une farce quelconque enveloppée dans une feuille de pâte fine, et frite dans du beurre ou du saindoux.

Manière de faire les rissoles. Faites une pâte brisée avec de la farine fine, du beurre, un peu de sel et de l'eau; formez-en de petites abaisses minces, et mettez sur chacune gros comme une noix ou un petit œuf de la farce que vous y destinez; repliez-la sur elle-même, et soudez-la sur les bords, de manière qu'elle ait à peu près la forme d'un fuseau; faites frire de belle couleur au saindoux.

On peut mettre dans les rissolles un hachis fin de blanc de volaille ou de veau cuit ou cru. On peut même les faire avec des épinars, de la marmalade d'abricots, des crêmes, et dans ce cas on les glace, quand elles sont frites, avec du sucre et la pêle rouge.

RISSOLER; C'est faire prendre aux comestibles qu'on frit ou qu'on rôtit une belle couleur rousse. On dit *sauter* quand la cuisson se fait dans une poêle ou dans une casserole. Voyez SAUTÉ.

RISSOLETTES; subst. fém. pluriel. Petites rôties garnies d'une farce de viande quelconque. Voy. ROTIE.

RIZ; substant. masc. Plante graminée que l'on cultive dans les lieux humides et marécageux des pays chauds. Tout le monde en connaît la graine qu'on nous apporte sèche des Indes orientales, du Piémont, d'Espagne et de la Caroline. On prétend que celui du Piémont est le meilleur. Les Indiens tirent du riz une liqueur spiritueuse qu'on appelle *rack* ou *arack*, et qu'il ne faut pas confondre avec l'eau-de-vie de sucre qu'on appelle *rhum*. Celle-ci vaut beaucoup mieux et n'a pas le goût désagréable des eaux-de-vie que l'on tire des grains par la distillation.

Riz au lait. Lavez-le bien après l'avoir nettoyé, et faites-le sécher. Mettez-le dans du lait pour le faire crever sur le feu; ajoutez un grain de sel et du sucre; mettez y du lait à mesure qu'il cuit jusqu'à ce qu'il ait la consistance convenable, et qu'il forme une crême épaisse.

Riz au lard. Nettoyez et lavez; faites-le crever dans du bouillon avec un morceau de lard. Servez quand le tout est cuit.

Riz soufflé. Prenez deux cuillerées de farine de riz et délayez-la avec du lait; ajoutez-y du lait comme pour faire une bouillie, du sucre et de l'eau de fleur d'orange; faites cuire pendant une heure en remuant; passez au tamis clair avec expression, et mettez-y cinq blancs d'œufs bien fouettés; mêlez et versez sur un plat que vous mettrez au four ou sous un couvercle de tourtière pour lui faire prendre couleur; glacez avec du sucre en poudre et la pêle rouge, et servez chaudement.

Riz pour potage en gras. Nettoyez et lavez une demi-livre de riz, et faites-le sécher. Faites-le cuire avec de bon bouillon à petit feu, et remuez-le souvent pour qu'il n'y ait point de grumeaux. Quand il est cuit, ajoutez-y un peu de jus et une grande cuillerée de purée très-fine de carottes rouges.

Riz pour potage en maigre. Faites un bouillon maigre avec carottes, panais, oignons, racines de persil et de céleri, le tout coupé en dés et passé au beurre et mouillé avec une décoction ou bouillon de pois. Faites cuire pendant dix à douze minutes, et passez au tamis clair sans expression. Faites cuire votre riz dans ce bouillon pendant trois heures sur un feu modéré, assaisonnez de sel et de poivre, et ajoutez, si vous voulez, comme à l'article précédent, de la purée fine de carottes rouges.

ROBERT, (SAUCE) voyez SAUCE.

ROCAMBOLE; substant. fém. Espèce d'ail plus doux et plus délicat que l'ail ordinaire; on l'appelle aussi *Echalotte d'Espagne*, et on la cultive dans les jardins pour l'usage de la cuisine. Nous conseillons de l'employer sur-tout dans les farces et les petits ragoûts.

ROGNON; substant. masc. On donne ce nom à deux corps glanduleux, de figure ovoïde, placés au-dessous de la rate et du foie, séparés l'un de l'autre par l'élévation que forme en cet endroit la colonne vertébrale. C'est ce qu'on appelle proprement les *reins*; mais ils prennent le nom de *rognons* quand on les considère dans les animaux destinés à notre nourriture.

Rognons de bœuf grillés. Fendez-les en deux et passez-les à la graisse ou au beurre avec sel, poivre et persil haché. Panez-les de mie fine et faites-les griller à feu doux; servez ensuite de belle couleur sur un jus clair.

Rognons de mouton. On les mange avec le morceau auquel ils tiennent, ou en hâtelettes.

Rognon de veau. Il se sert rôti avec la longe. Quand il est desservi, on en fait des omelettes ou des rôties. Voyez OMELETTE et RÔTIE.

ROMARIN; subst. masc. Arbrisseau aromatique que l'on cultive dans les jardins, et qui croît sans culture dans les pays chauds et secs, comme l'Espagne, l'Italie, le Languedoc et la Provence. On emploie quelquefois le romarin dans les assaisonnemens relevés.

ROSASSE; subst. fém. Ornement en forme de

rose que l'on met sur les pâtés froids et qui est alors de la même pâte; dans les aspics, et c'est une tranche de betterave ou de carotte; sur l'oseille ou d'autres légumes apprêtés en farce, et dans ce cas c'est une mie frite comme les mies en losange qui en garnissent le contour.

Plusieurs articles de cet ouvrage font mention des mies frites qui servent d'ornement à plusieurs mets; voici comment on les prépare :

Coupez des tranches de pain de trois lignes d'épaisseur, et dans ces tranches des carrés de mie d'un pouce de long et de six lignes de large. Formez aussi avec une de ces tranches une *rosasse* de deux pouces à deux pouces et demi de diamètre; percez-la au centre avec un emporte-pièce rond de six à huit lignes de diamètre, et festonnez sa circonférence de huit ou neuf demi-cercles. Faites frire le tout dans une casserole avec du beurre affiné. Ayez soin que toutes ces mies soient blondes et non brunes, et qu'elles soient également frites.

ROSSE; subst. fém. Voyez GARDON.

ROT; substant. masc. Viande rôtie, synonyme de rôti qui est plus usité.

ROT-DE-BIF; subst. masc. La partie de derrière d'un mouton, d'un agneau, d'un chevreuil, etc. qu'on sert rôtie.

ROTI; subs. masc. Viande cuite à la broche,

synonyme de rôt qui est moins en usage ; c'est aussi par extension le second service des tables réglées.

Il y a le gros et le menu rôti ; le premier comprend les pièces rôties de grosses viandes et de venaison, comme longe de veau, quartier de chevreuil, etc. Le petit ou menu rôti s'entend des poulets, perdrix, grives, rouges-gorges, etc.

Un cuisinier exercé connaît à l'œil le degré de feu et de cuisson propre à chaque rôti, en raison de la grosseur et de la nature des viandes. On sait en général que les viandes noires dans lesquelles on comprend le gros et le menu gibier, doivent être moins cuites que les autres, qu'il faut un feu plus vif aux petits oiseaux, etc.

ROTIE ; subst. fém. Tranche de pain qu'on fait rôtir après l'avoir couverte d'un hachis ou farce à volonté ; il se dit aussi des tranches de pain qu'on met sous les rôties de bécasses, de grives et de rouges-gorges.

Rôties de rognon de veau. Coupez des tranches de mie de pain épaisses de trois lignes, et d'environ deux pouces en carré ; couvrez-les d'une farce de pareille épaisseur, faite avec le rognon haché avec sa graisse, persil, sel et poudre d'épices et lié avec deux œufs entiers battus. Panez et mettez ces rôties dans une tourtière légèrement beurrée, et faites cuire de belle couleur entre deux feux. Servez à sec en couronne.

Rôties de foies. Hachez des foies gras avec du lard, des champignons, fines herbes, sel et poudre d'épices; liez cette farce avec deux œufs battus et couvrez-en vos rôties; panez et faites cuire dans la tourtière comme ci-dessus.

Rôties aux épinars. Faites blanchir et égoutter des épinars; hachez et passez au beurre; mouillez d'un peu de bouillon et assaisonnez de sel et poudre d'épices; faites réduire presque à sec en remuant, et liez ensuite avec deux œufs battus et un peu de crême. Mettez cette farce sur vos rôties, panez et faites prendre couleur dans la tourtière, comme au premier article.

On peut, par les mêmes procédés, faire des rôties avec du poisson et toutes sortes de viandes froides.

ROUELLE DE VEAU; subst. fém. Partie de la cuisse du veau coupée en travers, et qui par-là est à peu près de figure ronde.

Rouelle de veau à la sauce tomate. Prenez une rouelle épaisse de trois doigts; piquez-la à lardons perdus; mettez-la dans une tourtière sur des bardes de lard, et faites cuire lentement entre deux feux. Faites cuire dans du bouillon trois ou quatre tomates, et passez-les au tamis clair avec expression. Dressez la rouelle sur ses bardes et versez la sauce tomate dans la tourtière pour en détacher, sur un feu un peu vif, le jus rendu par la rouelle ; assaisonnez de sel et poudre d'épices, passez encore au tamis, et versez à côté de la rouelle.

Rouelle de veau en fricandeau. Piquez comme ci-dessus, et faites cuire en fricandeau. Voyez ce mot. Si on ne veut pas la piquer, il faut la larder de gros lard.

Rouelle de veau à la sauce piquante. Lardez-la de gros lard assaisonné de poudre d'épices et de persil haché. Panez-la de mie fine sur laquelle vous mettrez-ça et là quelques petits morceaux de beurre. Placez la rouelle dans la tourtière sur des bardes de lard ; faites cuire lentement entre deux feux et ensuite sur un feu plus vif. Dressez-la sur ses bardes, et versez dans la tourtière un peu de bouillon pour en détacher le jus ; assaisonnez de sel et poudre d'épices, passez au tamis, ajoutez une échalotte hachée et le jus d'un citron. Servez sous la rouelle.

ROUGE ; subst. masc. C'est le canard souchet un peu moins gros que le canard sauvage ; on lui a donné le nom de *rouge*, parce que sa chair étant cuite reste rouge.

ROUGE-GORGE ; subst. féminin et non masculin (*). Petit oiseau ainsi nommé à cause de la

---

(*) Contre l'autorité même de M. de Buffon qui emploie ce mot au masculin ; mais l'autorité ne peut rien contre l'usage qui a généralement adopté le féminin dans les pays où cet oiseau est le

couleur de sa gorge qui est d'un roux orangé ; il a cinq pouces neuf lignes de longueur, et il est moins gros que le rossignol. On voit des *rouges-gorges* depuis l'Espagne et l'Italie jusqu'en Suède. Elles sont communes en France, et sur-tout en Lorraine et en Bourgogne où on en prend en quantité dans les tendues et les pipées pendant les mois de septembre et d'octobre ; c'est alors qu'elles prennent cet embonpoint qui en fait un mets très-délicat et recherché sur les tables les plus somptueuses. On les mange ordinairement rôties pendant tout le mois d'octobre, car vers la fin de ce mois il y en a de si grasses qu'elles peuvent à peine voler. Ce rôti ne compte point parmi les autres plats, parce qu'il faut le manger dès qu'il paraît, et qu'il paraisse dès qu'il est cuit. Quand les *rouges-gorges* n'ont pas cet embonpoint, on les apprête de diverses manières indiquées ci-après.

La *rouge-gorge*, l'un des hôtes les plus aimables de nos bois, n'en est pas moins l'objet de notre barbarie par l'attrait qu'elle offre à notre gourmandise. On la prend en si grand nombre, dans les pays où cette chasse est usitée, qu'il faudrait craindre pour l'espèce, si les transmigrations ne fournissaient chaque année à cette chasse un nou-

---

plus commun. La *rouge-gorge* doit sans doute cet avantage aux grâces, à la douceur qui l'associent si justement au beau sexe. L'usage, en cela plus conforme à la langue, reprend sa bizarrerie pour le mot rouge-queue qu'il a fait du masculin.

vel aliment. C'est par cette raison qu'on ne devrait la permettre qu'aux seuls propriétaires particuliers, qui d'ailleurs sont intéressés à ménager leurs bois, tandis que les braconniers les ravagent.

Rouges-gorges rôties. Plumez proprement en détachant les aîles à la jointure; écorchez la tête, ôtez les yeux et coupez les pattes à la jointure du genou. Enfilez dans des hâtelettes ou petites broches de bois, de fer ou d'argent, en mettant entre deux une petite barde, de manière qu'elles se touchent sans être serrées. Attachez vos brochettes à la grande broche, et faites cuire à un feu un peu vif, après avoir mis des tranches de pain dans la lèchefrite. Quand la tête blanchit, servez-les sur-le-champ avec leurs brochettes sur les rôties.

Rouges-gorges sautées au persil. Préparez-les comme ci-dessus et mettez-les dans une casserole avec un bon morceau de beurre; faites-les cuire sur un feu vif en les sautant, et dès qu'elles sont cuites, assaisonnez-les de sel, poivre et d'une bonne pincée de persil haché; tournez un moment et servez sans tarder. Ayez soin qu'elles ne soient pas trop cuites.

Rouges-gorges en caisses. Préparez-les comme nous l'avons dit au premier article. Faites une farce fine avec des foies gras, des blancs de volailles ou du veau, de la graisse de bœuf, très-petite pointe d'ail, sel, poudre d'épices, le tout haché très-fin et même pilé et mêlé ensuite avec deux jaunes d'œufs. Foncez de cette farce des petites caisses de papier, propres à contenir chacune trois ou quatre rouges-gorges; arrangez-les sur ce fond après les avoir vidées et remplies de farce; recouvrez-les de la même farce; panez de mie fine sur laquelle vous semerez de petits morceaux de beurre. Faites cuire dans une tourtière légèrement beurrée, feu dessus et dessous, et servez après avoir mis un peu de jus de citron sur chaque caisse.

Rouges-gorges bouillies. Préparées comme il est dit, mettez-les dans une vessie avec un peu de sel, de poivre et de persil haché. Fermez la vessie avec une ficelle, au moyen de laquelle vous la suspendrez à l'anse d'un chaudron plein d'eau, de manière qu'elle y baigne; laissez-la dans l'eau bouillante pendant dix minutes; retirez-la et dressez les rouges-gorges dans un plat, pour les arroser d'un jus de citron et les servir promptement.

ROUGE-QUEUE; subst. masc. Petit oiseau de la grosseur de la rouge-gorge. On le prend dans les tendues pendant tout le mois de septembre; il est alors assez gras et d'un goût délicat. Il quitte nos climats au commencement d'octobre. On l'apprête comme la rouge-gorge, à laquelle on l'associe; mais il n'est jamais aussi gras.

ROUGET; subst. masc. Petit poisson de mer à nageoires épineuses, et qu'on nomme ainsi parce qu'il est rouge en dehors; sa chair est blanche, ferme, sèche et de très-bon goût.

Rougets aux câpres. Videz et lavez et faites-les cuire dans un court-bouillon composé de vin blanc et d'eau, d'un bouquet de persil, gousse d'ail, sel et poudre d'épices. Quand ils sont cuits, enlevez les écailles et versez dessus une sauce aux câpres. Voyez SAUCE.

Vous pouvez les servir avec un coulis et des queues d'écrevisses.

Rougets grillés. Écaillez, videz et lavez proprement. Trempez-les dans du beurre fondu et faites-les griller à petit feu. Faites une sauce avec du beurre frais, une pincée de farine, sel et poudre d'épices, un anchois écrasé et délayé avec de l'eau et du vinaigre, le tout lié sur le feu; versez cette sauce sur les rougets.

ROULADE; subst. fém. Tranche de viande très-mince, que l'on roule en cylindre après l'avoir garnie sur sa surface supérieure d'une farce quelconque. Nous avons parlé des roulades de veau au mot POUPIETTES. Nous ajouterons ici qu'on fait des roulades de bœuf, de mouton et de volailles, et qu'on les fait cuire à la broche, dans la tourtière, sur le gril ou dans une braise, en variant les farces qui leur sont propres.

ROULEAU; subs. masc. Cylindre de bois, d'environ deux pouces de diamètre et de douze à quinze pouces de longueur, dont on se sert pour étendre et applatir les pâtes qu'on emploie dans les pâtés, les tartes, etc. On se sert aussi du rouleau pour battre les viandes.

ROUX; subst. masc. C'est ainsi qu'on nomme en cuisine une liaison faite avec du beurre et de la farine. Quand on a fait frire la farine dans le beurre, cette liaison se nomme *roux blond*, ou simplement *roux*; quand on n'a fait qu'amalgamer le beurre et la farine, sans les faire roussir, la liaison est un *roux blanc*, ce qui implique contradiction et devrait se nommer *liaison blanche*. Ainsi un roux est un coulis dans lequel il n'entre aucun suc de viande et dont on fait un fréquent usage, parce qu'il n'exige ni apprêt ni dépense.

Nous avons parlé dans plusieurs articles de la manière de faire un *roux blond*, avec oignons ou sans oignons; mais pour ne rien laisser à désirer, nous dirons ici que pour faire un *roux blanc* ou plutôt une liaison blanche, il faut mettre dans une casserole un quarteron de beurre avec un quart de litron de farine, placer cette casserole sur un feu modéré et remuer la liaison jusqu'à ce qu'elle soit bien chaude sans être colorée; que pour faire un *roux blond*, il faut que cette liaison prenne sur le feu une belle couleur cannelle. Dans l'un et l'autre cas, n'employez que de la fine farine de froment.

S

SAFRAN, subst. masc. Plante à racine tubéreuse, dont on fait un grand usage en médecine, dans les teintures, dans la cuisine et dans la composition de quelques liqueurs. On n'emploie que les stigmates de la fleur, qui portent aussi le nom de *safran*. Ces stigmates sont découpés en forme de crête, d'un rouge foncé ou de couleur vive d'orange; c'est pour la récolte de cette partie de la fleur qu'on cultive cette plante. On s'en sert en cuisine dans quelques assaisonnemens, et les droguistes la font entrer dans leur poudre de cuisine.

SAIN-DOUX; substant. masc. Graisse molle et blanche que l'on tire de la panne du porc; cette graisse est d'un grand usage en cuisine, sur-tout pour les fritures et l'arrosement des rôtis.

Pour faire le *sain-doux*, on ôte des pannes les peaux qui y sont attachées; on découpe ces pannes en morceaux de la grosseur d'une noix, et on les met dans un chaudron sur le feu avec deux ou trois verres d'eau et un peu de verjus; on fait fondre cette graisse à petit feu, jusqu'à ce que le résidu se colore, et pendant la cuisson on ajoute encore du verjus. On passe alors le *sain-doux* à demi refroidi dans un pot de grès ou de terre vernissée où on le laisse refroidir tout-à-fait. Quand il est froid, on ferme le pot avec du parchemin ou un fort papier, et on le met dans un endroit frais et sec pour le conserver.

SAINGARAZ ou SAINT-GARA ou CINGARAT. Nom de plusieurs mets et d'une sauce qui n'ont entre eux rien de commun que la couleur rouge, ce qui ferait présumer que ce mot vient de garance. Les différences dans l'orthographe viennent sans doute des cuisiniers qui se sont copiés les uns les autres sans en connaître la signification et l'origine.

Quoiqu'il en soit, si l'on veut avoir l'idée d'un ragoût bien cher, bien compliqué, il faut lire le procédé suivant d'une *poularde à la Saint-Gara*.

Otez les os de l'estomac de votre poularde; coupez les pattes, troussez les cuisses en dedans, et bridez-la pour faire bomber l'estomac. Ayez des lardons de lard et de langue à l'écarlatte bien assaisonnés de sel et de poudre d'épices; piquez correctement la poularde d'un lardon de lard et d'un lardon de langue alternativement, en faisant passer la lardoire de l'estomac aux reins, et de manière que les lardons forment l'ovale. Mettez dans une casserole des tranches de lard, de veau et de carottes, quatre oignons, dont un piqué de deux clous de girofle, un bouquet de persil et de ciboules, une feuille de laurier et un peu de thym; placez la poularde sur cet assaisonnement, couvrez-la de bardes arrosées de jus citron et versez dessus une cuillerée à pot de bouillon ; salez légèrement et couvrez la casserole d'un papier beurré ; mettez-la au feu une heure avant de servir, et faites mijoter. Pendant qu'elle cuit, pilez gros comme un œuf du plus rouge de la langue dont vous avez fait vos lardons; ajoutez à peu près la moitié de beurre, un peu de gros poivre, un peu de muscade râpée, et après avoir repilé le tout ensemble, délayez-le dans une casserole avec une demi-cuillerée à dégraisser de velouté et faites chauffer sans bouillir ; versez-y deux cuillerées de consommé, dans lequel vous avez fait fondre gros comme une noix de glace, puis passez au tamis clair avec un peu d'expression. Vous tiendrez cette purée, qui doit être un peu claire, au bain-marie, afin qu'elle soit chaude au moment de servir, et vous la servirez sous la poularde débridée et égouttée, ayant soin qu'elle soit d'un beau rouge et d'un bon sel. (*Cuisinier impérial.*)

Quant à la sauce à la saingaraz, voyez SAUCE.

Saingaraz est donc encore un mot à retrancher du vocabulaire de la cuisine, puisque ce mot ne désignant que la couleur, quel que soit le procédé, la dénomination de mets à l'écarlatte est la seule qui convienne aux mets de cette couleur.

SAINTE-MENEHOULT ; subst. fém. Manière de préparer certains mets déjà cuits, qui consiste à les paner et à leur faire prendre couleur sur le gril. On donne aussi le nom de *sainte-menehoult* à la sauce dans laquelle on les trempe pour les paner, et qu'on prépare comme il suit :

Faites fondre du beurre avec un peu de farine, sel, poudre d'épices et coriandre en poudre ; mouillez avec de la crême et liez sur le feu.

On voit par là qu'un mets à la *sainte-menehoult* n'étant autre chose qu'un mets pané et grillé, ce mot est très-inutile à la nomenclature de la cuisine.

SALADE ; subst. fém. Mets composé de plantes potagères, ordinairement crues, et assaisonnées avec du sel, du poivre, de l'huile et du vinaigre. Ces plantes sont la laitue, la chicorée blanche cultivée, la chicorée sauvage, le cresson, la raiponce, etc. On y ajoute pour garniture, le cerfeuil, l'estragon, la pimprenelle, la fleur de capucine, etc.

On fait aussi des salades avec des haricots verts en gousse et blanchis, avec la betterave cuite, avec la pomme de terre cuite, avec les choux rouges confits au vinaigre, avec la perce pierre, etc. La salade de haricots se garnit avec de jeunes oignons crus et hachés, la salade de pommes de terre avec la betterave ou les choux rouges, etc.

SALÉ ; (PETIT) subst. masc. Voyez LARD.

SALICOQUE ; subst. fém. C'est la même chose que *Chevrette*. Voyez ce mot.

SALMIGONDIS ; subst. masc. Ragoût de plusieurs sortes de viandes réchauffées ; il ne se prend guère qu'en mauvaise part en parlant d'un mauvais ragoût.

SALMIS ; subst. masc. Ragoût fait avec des pièces de gibier cuit à la broche, et particulièrement avec les bécasses, les perdrix et les grives. On trouvera la manière de faire les salmis, aux articles BÉCASSE et GRIVE.

SALOIR ; subst. masc. Vaisseau de bois dans lequel on met le sel ; il se dit aussi de celui où l'on place la chair de porc et le lard en flèches ou en bandes, pour les saler.

SALPICON ; subst. mascul. Mauvais terme de cuisine par lequel on désigne un ragoût de filets de volailles, de ris de veau, de jambon, foies gras, truffes, champignons, mousserons, etc. qu'on sert avec de grosses pièces pour leur servir de garniture ou d'accompagnement. Ce n'est pas la peine d'entrer dans un plus grand détail.

SANG ; subst. masc. On se sert en cuisine du *sang* de cochon, pour faire des boudins ; du *sang* de lièvre, pour faire des civets ; du *sang* de carpe, pour faire les étuvées. Voyez ces mots.

SANGLIER ; subst masc. Cochon sauvage. Toutes les parties du *sanglier*, à l'exception de la tête, du cou et des pieds, se mettent à la broche et se servent sur une poivrade. De la tête on fait une hure, voyez HURE ; on met en étuvée le cou et la poitrine, et on apprête les pieds comme ceux du cochon. On met aussi les cuisses en jambons.

On servait, chez les Romains, un cochon ou un *sanglier* au milieu d'un tas de pommes, pour faire voir que c'était la nourriture de l'animal. (*Souvenirs de Caylus*).

SARCELLE ou CERCELLE; subst. fém. Oiseau aquatique qui ne diffère du canard qu'en ce qu'il est plus petit, et qu'il a la chair plus délicate. On l'apprête comme le canard. Voyez CANARD.

SARDINE; subst. fém. Petit poisson de mer à nageoires molles. On pêche les *sardines* dans l'Océan et la Méditerrannée, et on prétend que celles de la Méditerrannée sont les meilleures. Ce poisson n'a point de fiel, ce qui fait qu'on peut le manger sans le vider; et il est meilleur en mars et en avril qu'en tout autre temps. Son corps est couvert de grandes écailles. On le mange frit et sur le gril, et on le met aussi en caisses comme les rouges-gorges, avec une farce de poisson; on les pane alors et on les fait cuire au four ou dans la tourtière.

SARIETTE fém.; subst. Plante annuelle, aromatique, qui forme une touffe arrondie, branchue, d'environ un pied de hauteur. Les cuisiniers la recherchent pour relever le goût des fèves de marais avec lesquelles elle s'allie fort bien, et ils l'emploient aussi dans l'assaisonnement de quelques pièces froides, comme hure et jambon. On la fait sécher au mois de juillet pour la conserver pendant l'hiver.

SAUCE, substant. fém. Assaisonnement liquide qu'on sert avec les mets pour leur donner plus de relief.

Un cuisinier ne peut trop s'appliquer à donner à ses *sauces* un aspect agréable et à les présenter sous des couleurs qui plaisent aux yeux. Les couleurs ternes sont la livrée de la nature morte; il faut donc les éviter en se rapprochant, autant qu'il est possible, des couleurs riantes de la nature animée, et en les variant de la manière la plus analogue aux mets dont les *sauces* sont l'assaisonnement. Il est sur-tout nécessaire, dans un grand repas, de rompre l'uniformité des *sauces* brunes, qui sont presque toujours le résultat inévitable de l'action du feu, et qui, revêtues d'une couleur noire ou blafarde, repoussent le meilleur appétit. Le blanc, le rouge, le vert, le jaune sont celles qu'on peut employer pour remplir cet objet, et c'est ce qu'on trouvera dans plusieurs articles de cet ouvrage et spécialement dans celui-ci.

Sauce aux canards. Faites chauffer du jus de veau avec sel et poivre; ajoutez le jus de deux bigarades, et servez chaudement.

Sauce aux câpres. Mettez dans une casserole une petite poignée de câpres fines, une pincée de farine, un bon morceau de beurre, sel, poudre d'épices, un demi-verre d'eau et autant de vinaigre blanc. Tournez sur le feu et faites lier sans trop bouillir.

Sauce à l'échalotte. Mettez des échalottes hachées, du sel et du poivre dans le plat où vous avez dressé un gigot rôti; versez-y ensuite du jus de veau ou de mouton.

Sauce aux groseilles vertes. Faites roussir une bonne pincée de farine avec du beurre; mouillez avec du bouillon de poisson et ajoutez sel, poudre d'épices et des ciboulettes hachées, laissez un peu mitonner, et mettez dans cette sauce des groseilles vertes blanchies avec une pincée de sommités de cerfeuil.

Sauce hachée. Faites suer et attacher dans une casserole une tranche de jambon; ajoutez un morceau de beurre, des champignons ou des mousserons hachés, et une pointe d'ail. Passez un moment sur le feu; mouillez avec du bouillon et du coulis; ajoutez un bouquet de persil et de ciboules, et après quelques bouillons, passez au tamis clair en exprimant légèrement.

Si vous n'avez pas de coulis pour donner de la couleur et de la consistance à cette sauce, il faut faire un petit roux avec du beurre, un oignon coupé en dés et de la farine, mouiller ce roux avec du bouillon ou de l'eau, le verser sur la tranche de jambon pour faire cuire le tout ensemble, et passer ensuite au tamis comme ci-dessus.

Sauce italienne. Passez sur le feu une pincée de farine et un oignon coupé en dés dans deux ou trois cuillerées d'huile. Le tout étant d'un beau roux clair, mouillez avec du vin blanc et du bouillon; ajoutez un bouquet de persil et de ciboules, une gousse d'ail, sel et poudre d'épices, et faites bouillir pendant trente à quarante minutes. Quand la sauce a la consistance requise, passez-la au tamis clair en pressant légèrement.

Cette sauce, comme on voit, peut se faire en gras et en maigre, en employant du bouillon gras ou du bouillon maigre.

Il y a une sauce italienne plus compliquée que celle-là; mais comme on y emploie du velouté et du consommé, nous n'en parlerons point.

Sauce à la morue. Passez au beurre des champignons coupés en tranches, avec un bouquet de persil, une gousse d'ail et une pincée de farine; ajoutez deux verres de crême, et tournez jusqu'à ce que la sauce soit bien liée; passez au tamis clair avec expression, et ajoutez une pincée de persil haché.

Sauce à l'orange. Mettez dans une casserole une tranche de jambon, une tranche de veau, une pincée de farine, un oignon et une carotte coupés en dés; faites suer et attacher, et mouillez avec de l'eau ou du bouillon. Faites cuire à petit feu, passez au tamis avec un peu d'expression; ajoutez les zestes d'une bigarade et le jus de deux avec un morceau de beurre; faites chauffer et repassez au tamis.

On fait une sauce à l'orange plus simplement avec de l'eau chaude, du sel, du poivre, la moitié des zestes et le jus entier d'une bigarade. Cette sauce se colore en passant sur le rôti de viandes blanches sur lesquelles on la verse.

Sauce au pauvre homme. C'est une sauce faite avec de l'eau, de la ciboule hachée, du sel et du poivre. On peut y ajouter le jus d'un citron et la servir chaude ou froide.

On fait cette sauce un peu plus relevée en mettant dans un peu d'eau et un verre de vin blanc une échalotte et une rocambole pilées ensemble dans un mortier ; on passe au tamis et on ajoute le jus d'une bigarade et de la ciboulette hachée.

Sauce piquante chaude. Mettez dans une casserole un morceau de beurre avec deux oignons et une carotte coupés en dés ; quand les oignons commencent à roussir, ajoutez une pincée de farine, et faites prendre à ce mélange une belle couleur cannelle ; mouillez avec du bouillon, un verre de vin blanc, et faites bouillir pendant sept à huit minutes, après avoir mis dans la casserole, avec le mouillement, sel, poudre d'épices, gousse d'ail, persil, estragon et une échalotte hachée. Passez au tamis clair avec une légère expression et ajoutez un bon filet de vinaigre blanc aux fines herbes ; faites chauffer sans bouillir.

Sauce piquante froide. Pilez ensemble dans un mortier une rocambole, une échalotte, de la ciboule, du persil et de l'estragon, et exprimez-en le jus dans une serviette en les mouillant d'un bon filet de vinaigre blanc. Délayez dans ce jus un peu de moutarde et deux jaunes d'œufs durs; ajoutez de l'huile, du sel et du poivre; mêlez bien le tout et servez sous les anguilles grillées, sous les cuisses de volailles grillées, avec les viandes froides et les poissons froids cuits au court-bouillon.

Sauce poivrade. Voyez **POIVRADE**.

Sauce provençale. Mettez dans une casserole un verre de vin blanc, autant de bouillon, la moitié d'un citron coupé en tranches et sans peau, une bonne pincée de chapelure fine, deux cuillerées d'huile, bouquet de persil et d'estragon, une rocambole, sel et poivre; faites bouillir à petit feu pendant un quart d'heure; passez au tamis et servez avec la volaille ou le gibier.

Sauce ravigotte. Voyez **RAVIGOTTE**.

Sauce remolade. Voyez **REMOLADE**.

Sauce-robert. Faites roussir une pincée de farine avec du beurre, et quand elle est blonde, mettez dans la casserole deux ou trois oignons hachés; passez avec la farine, et quand le tout est de belle couleur, mouillez avec de l'eau ou du bouillon; faites bouillir pendant huit à dix minutes, passez au tamis clair avec expression; assaisonnez de sel et poudre d'épices; et quand vous voudrez servir, ajoutez de la moutarde et du vinaigre. Mêlez bien le tout, et servez sous des cuisses de dindons grillées, sous des grillades de porc frais, sous des œufs frits, etc.

On peut substituer à la *sauce-robert* une purée d'oignons qui remplit le même objet. Pour faire cette purée, on met dans une casserole une douzaine de gros oignons coupés en dés; on les fait cuire et roussir à petit feu avec de la graisse ou du beurre, en les remuant souvent pour les empêcher de s'attacher et de brûler. Quand ils sont cuits et de belle couleur, on les assaisonne de sel, de poudre d'épices, de moutarde et de vinaigre.

C'est ce qu'on pourrait avec raison appeler une *chipolate*, pour ne pas se servir du mot choquant *oignonade* qui d'ailleurs ne se dit point.

Sauce à la saingaraz ou *à l'écarlate*. Passez deux tranches de jambon battues, avec un peu de lard et de farine, et faites bouillir après y avoir ajouté un bouquet de persil et une croûte; passez au tamis clair; délayez dans cette sauce un morceau de langue de bœuf à l'écarlate (*) pilé dans un mortier; repassez au tamis avec expression; faites chauffer sans bouillir et servez avec un jus de citron.

Sauce à la sultane. Mettez dans une casserole une chopine de bouillon, un verre de vin blanc,

---

(*) On nomme ainsi la langue de bœuf salée et fumée, à cause de sa belle couleur rouge.

deux tranches de citron sans peau, une gousse d'ail, bouquet de persil et de ciboules et une échalotte; faites bouillir pendant une heure, et quand la sauce est suffisamment réduite, passez-la au tamis clair; ajoutez un peu de sel, de la poudre d'épices, une pincée de persil blanchi et haché, et deux jaunes d'œufs durs délayés avec un peu de sauce.

Sauce aux tomates ou *sauce tomate.* Faites cuire dans du bouillon dix à douze tomates ou pommes d'amour avec sel et poudre d'épices; quand elles sont un peu épaisses, passez-les au tamis clair avec expression, de manière qu'il en résulte une purée très-claire, que vous ferez chauffer avant de servir en y ajoutant un bon morceau de beurre.

Sauce au verjus. Faites chauffer du jus ou du coulis dans une casserole, et quand il est chaud, mettez-y du verjus.

Sauce verte à l'oseille. Pilez une poignée d'oseille dans un mortier, et exprimez en le jus dans un linge blanc; mettez ce jus dans une casserole avec du beurre manié de farine, sel et gros poivre, et faites lier sur le feu.

Sauce vinaigrette. C'est la même que la poivrade. Voyez ce mot.

Il serait facile de multiplier les recettes des sauces en les copiant dans les livres de cuisine où elles se trouvent sans mesure, et calquées les unes sur les autres. Dans quatre-vingts de ces recettes il n'y en a pas vingt qui diffèrent essentiellement, et dans ces vingt, il y en a encore à rejetter, à cause des viandes, du temps et du travail qu'elles exigent. Voyez ESPAGNOLE et VELOUTÉ. L'usage apprend à les varier suivant les occurrences, et à les adapter aux différens mets qu'on exécute. D'ailleurs cet article n'est qu'un supplément à tout ce qui a été dit dans le cours de cet ouvrage.

SAUCISSE; subst. fém. Viande hachée et renfermée dans des boyaux : on fait des *saucisses* avec du porc, du veau, de la volaille, des perdrix.

Manière de faire les saucisses. Prenez de la chair de porc, entremêlée de beaucoup de graisse; hachez-la avec des échalottes, sel, poudre d'épices, une petite gousse d'ail, fines herbes; ajoutez de la mie fine trempée avec de la crême, et remplissez de cette farce des boyaux de cochon ou de mouton, suivant la grosseur que vous voulez donner à vos saucisses. Servez-vous pour cela d'un entonnoir de fer blanc dont la queue soit assez longue et assez mince pour enfiler tout le boyau froncé et replié sur lui-même; d'une main on maintient ce boyau sur la queue de l'entonnoir, et de l'autre on y fait passer le hachis; le boyau quitte l'entonnoir à mesure qu'il se remplit, et par ce moyen l'air n'y entre pas. Quand le boyau est rempli, sans être serré, on le divise en le tordant, suivant la longueur que l'on veut donner aux saucisses.

Au lieu de boyau on se sert quelquefois de la crepine de porc pour envelopper le hachis des saucisses ; on les appelle alors *saucisses plates* ; parce qu'on leur donne la forme d'un œuf applati.

On procède de la même manière pour faire les saucisses de veau et de blancs de volailles.

On fait cuire les saucisses sur le gril et on les sert à sec, ou seules ou autour du bouilli. On les apprête aussi comme il suit :

Saucisse à la matelotte. Prenez une saucisse d'un seul boyau de cochon et roulée en volute comme un escargot. Faites un roux avec du beurre et deux gros oignons coupés en dés, auxquels vous ajoutez une bonne pincée de farine quand ils commencent à roussir. Quand le tout est d'une belle couleur, mouillez avec du bouillon ou de l'eau et faites bouillir pendant sept à huit minutes, après y avoir ajouté un peu de sel, de la poudre d'épices et un bouquet de persil. Passez au tamis clair avec expression, ajoutez deux verres de vin blanc, mettez-y votre saucisse et faites cuire doucement pendant une heure. Quand la sauce est au point convenable, dressez la saucisse en lui conservant sa forme, et servez avec la sauce.

On peut rendre les saucisses plus délicates en mettant dans le hachis deux ou trois jaunes d'œufs battus ; mais elles se conservent moins de temps, et on ne peut les manger que grillées ; elles se gonfleraient et creveraient dans la sauce. On peut de même y ajouter des truffes, des champignons ou des mousserons.

SAUCISSON ; substant. masc. Grosse saucisse salée et séchée.

Prenez de la chair de porc bien entrelardée, et ôtez-en les nerfs et les peaux. Sur le poids de vingt livres de viande, mettez une livre de sel, quatre onces de salpêtre en poudre, quatre onces de poudre d'épices, une demi-once de sariette sèche et pulvérisée, et autant de sauge. Hachez le tout et ajoutez-y une chopine de vin blanc, une demi-livre de sang de cochon et une demi-livre de lard frais coupé en dés. Mêlez bien le tout et emplissez-en de gros boyaux que vous diviserez en le liant avec de la ficelle, suivant la longueur que vous voulez donner aux *saucissons*. Frottez-les de sel et de salpêtre, et faites-les sécher à la cheminée. Quand ils sont secs, frottez-les d'huile d'olive et mettez-les dans un pot de terre vernissée, ou dans un pot de grès que vous couvrez pour les conserver.

SAUGE ; subst. féminin. Plante aromatique que l'on cultive dans les jardins et que l'on distingue en grande et petite *sauge* ; celle-ci est la plus estimée pour la cuisine. On fait avec les feuilles de la grande *sauge* une conserve très-agréable en les faisant sécher après les avoir passées au sucre. Je crois que l'Ecole de Salerne a dit en parlant de la *sauge*:

Cur moriatur homo cui salvia crescit in horto ? (1)

Cela est bien fort et fait, ce me semble, un peu trop d'honneur à cette plante.

SAUMON; subst. masc. Poisson de mer et des rivières qui vont s'y rendre. Il y a tant de conformité entre le *saumon* et la truite, que ces poissons semblent ne différer que par leur grosseur et par l'habitude qu'a le *saumon* de quitter les eaux douces après le frai, pour retourner à la mer, où il retrouve peut-être une nourriture plus abondante ou plus à son goût. Ils jettent leur frai dans le même temps, c'est-à-dire, en novembre et décembre, et ne reprennent leur embonpoint qu'au commencement du printemps, époque à laquelle le *saumon* rentre dans les rivières (2).

---

(1) Je traduis ce latin pour les cuisiniers qui pourraient ne pas l'entendre : *Comment l'homme peut-il mourir quand il a de la sauge dans son jardin ?*

(2) Le nouveau Dictionnaire d'histoire naturelle dit que le saumon jette son frai au commencement du printemps, ce qui est absolument démenti par les faits. Le saumon remonte alors dans les eaux douces, et ses œufs sont à peine formés. C'est depuis ce moment jusqu'en novembre que ces œufs acquièrent la grosseur d'un gros pois, et alors ils ne tiennent plus ensemble. Au mois de janvier, la femelle n'a plus d'œufs. Observez que ce n'est qu'au prin-

Saumon à la maître d'hôtel. Faites mariner une darne ou tranche de saumon avec de l'huile, du sel et du poivre; faites griller sur un feu doux en l'oignant de sa marinade, et servez sur une sauce piquante froide. Vous pouvez le servir aussi sur une sauce blanche aux câpres ou sur la sauce de l'anguille grillée. Voy. SAUCE et ANGUILLE.

Saumon au coulis d'écrevisses. Faites cuire à petit feu une darne de saumon sur des tranches de jambon et de veau avec du vin blanc, sel, poudre d'épices, pointe d'ail et bouquet de persil. Quand elle est cuite, dressez-la et versez dessus un coulis et des queues d'écrevisses.

Saumon en fricandeaux. Fendez en deux une belle darne, et ôtez-en la grosse arête; piquez de lard fin ces deux moitiés du côté de la peau, après l'avoir proprement détachée. Faites suer dans une casserole des tranches de veau et de jambon, le saumon par-dessus; mouillez de vin blanc et d'eau en parties égales, et assaisonnez de sel, poudre d'épices, pointe d'ail, bouquet de persil. Faites cuire à petit feu. Otez vos deux morceaux et passez le mouillement au tamis clair dans une autre casserole où vous mettrez, s'il en est besoin, de la glace déjà faite. Voyez GLACE. Le tout étant réduit, glacez vos deux fricandeaux; dressez-les et

---

temps qu'on prend dans le Rhin les saumoneaux ou jeunes saumons qui y sont éclos à la fin de l'année.

servez sur une sauce faite avec le reste de la glace délayée avec du bouillon ou du jus et le jus d'un citron.

Saumon au bleu. Écaillez videz, et lavez. Coupez-le en cinq ou six tronçons ou darnes, et faites-les cuire à feu modéré pendant deux heures avec de l'eau, un peu de vin blanc, du sel et du poivre entre deux lits de branches de persil, et de manière qu'il soit entièrement baigné. Quand il est cuit, retirez-le du feu et laissez-le dans son court-bouillon pendant un quart d'heure au moins. Mettez les tronçons sur un plat, et quand ils sont froids, arrangez-les bout-à-bout sur une serviette pliée dans un plat de la longueur du saumon. Servez entouré de persil vert.

Quand le saumon est gros, on peut n'en couper qu'une seule darne pour la faire cuire au bleu.

Il faut observer que quand le saumon approche du temps du frai, c'est-à-dire, dans les trois derniers mois de l'année, il convient de n'employer que du vin pour le cuire.

Si l'on veut le faire cuire entier, il faut ne pas l'ouvrir tout-à-fait pour le vider et le nettoyer en dedans ; il suffit d'un ouverture dans laquelle on puisse passer la main et mettre dans le corps du persil en branches pour le remplir.

Quoiqu'on ne serve pas les œufs du saumon, ils sont très-bons à manger jusqu'au moment où ils prennent trop de grosseur, c'est-à-dire, jusqu'au mois de septembre.

Saumon à la sauce blanche. Prenez une darne de saumon cuit au bleu comme ci-dessus. Mettez dans une casserole un bon morceau de beurre, une bonne pincée de farine, une cuillerée à pot de votre court-bouillon, point de sel. Tournez cette sauce sur le feu jusqu'à ce qu'elle bouille; faites-y mijoter et chauffer votre darne; dressez-la; mettez dans la sauce du beurre d'anchois et des câpres, et versez-la sur la darne.

SAUPIQUET; substant. masc. Ragoût fait avec des viandes noires rôties, telles que le mouton, le lièvre et le chevreuil.

Pour faire un saupiquet, coupez en morceaux gros comme un œuf les restes de viande noire rôtie, et ôtez-en avec soin les esquilles des os cassés par le couperet. Faites un roux avec deux oignons coupés en dés, auxquels vous ajoutez une bonne pincée de farine dès qu'ils commencent à roussir. quand le tout est d'un roux clair, mouillez avec de l'eau et faites cuire pendant cinq à six minutes, après y avoir ajouté du sel et de la poudre d'épices; passez ensuite au tamis clair en exprimant légèrement. Ajoutez un demi-verre de vin blanc et des échalottes hachées; mettez vos morceaux de viande dans cette sauce pour les faire chauffer sans bouillir, et quand vous voudrez servir, versez dans la casserole un filet de vinaigre aux fines herbes.

SAUTÉ ; subst. masc. C'est ainsi que l'on nomme, dans la nouvelle cuisine, les préparations de viandes ou de poissons frits, ou plutôt rissolés à la hâte sur un feu un peu vif. Cette manière de préparer les mets, renouvellée de l'antique cuisine, et encore usitée dans les plus simples ménages de la campagne, est due, sans doute, aux restaurateurs qui, ayant beaucoup de monde à servir à la fois, ont eu recours aux procédés les plus expéditifs. Mais les *sautés* en honneur aujourd'hui sont présentés sous une forme plus agréable, et accompagnés de sauces qui en relèvent le goût. On fait des *sautés* de tranches de bœuf, de filets et de côtelettes de mouton, de filets de lièvres et de lapereaux, de filets de faisans, de bécasses, de perdrix ; ou en fait de cailles, d'alouettes, de rouges-gorges, etc. Ces derniers conviennent aux petits oiseaux qui n'ont pas la graisse requise pour être cuits à la broche. Enfin, on fait des *sautés au suprême*, qualification imaginée par l'artiste qui s'est cru supérieur à tous les autres dans la confection des viandes rissolées.

Sautés de filets de lapereaux. Mettez dans un sautoir un bon morceau de beurre, et quand il est fondu, mettez-y aussi vos filets bien appropiés et assaisonnés de sel et poudre d'épices. Le feu étant bien vif, faites sauter les filets jusqu'à ce qu'ils soient roidis ; alors mettez dans le sautoir du persil et deux échalottes hachés très-fin ; remuez pendant deux minutes, puis ajoutez une cuillerée de farine en remuant toujours, pour qu'elle s'attache aux filets; mouillez d'un bon verre de vin blanc, et quand la sauce est liée, servez.

Au lieu de farine et de vin blanc, vous pouvez mettre avec vos filets du velouté de gibier, une espagnole réduite, etc.

Sauté de filets de brochets. **Coupez** en carrés égaux et un peu longs les filets de deux ou trois brochets moyens, et arrangez-les dans un sautoir; ajoutez persil, ciboules hachés, sel et poudre d'épices, et versez par-dessus du beurre tiède. Au moment de servir, placez le sautoir sur un feu vif, et quand le beurre bout, retournez vos filets; il ne faut qu'un moment pour les cuire. Inclinez le sautoir pour séparer les filets du beurre; dressez-les et versez dessus une sauce tomate ou une italienne. Voyez SAUCE.

Veut-on un sauté au suprême? **Levez** les filets de quatre ou cinq poulardes, ôtez-en la peau nerveuse et arrangez-les dans un sautoir; assaisonnez de sel et gros poivre, et saupoudrez de persil lavé et haché. Quand vous voudrez servir, versez dessus du beurre tiède, mettez-les sur un feu ardent, et quand ils seront roidis d'un côté, retournez-les et ne les laissez pas long-temps sur le feu; inclinez le sautoir pour que le beurre se sépare des filets. Mettez dans une casserole quatre cuillerées à ragoût de béchamel avec une cuillerée de consommé ou d'excellent bouillon ; faites bouillir deux ou trois minutes ; ajoutez du persil haché et un morceau de beurre, remuez votre sauce, et quand le beurre est fondu, mettez-y vos filets ; dressez-les ensuite en couronne, une mie frite et glacée entre deux.

On peut se servir de velouté au lieu de béchamel.

Cela suffit pour faire connaître la manière de préparer tous les sautés possibles. Faire rissoler promptement et également est le grand art du cuisinier sauteur.

SAUTER ; c'est, en cuisine, imprimer à la casserole qui est sur le feu un mouvement qui élève et retourne ce qu'on a mis dedans pour en opérer l'amalgame et rendre la cuisson plus égale.

SAUTOIR ; substant. masc. Espèce de casserole plate ou de poêle à manche court, dans laquelle on confectionne les sautés.

SEMOULE ; subst. fém. Pâte sèche, blanche ou jaune, réduite en petits grains.

Potage de semoule. Faites-la mitonner pendant une heure avec du bon bouillon et un peu de jus. Ayez soin qu'il n'y ait pas de grumeaux, et qu'elle soit plutôt claire qu'épaisse.

On peut faire ce potage au lait avec du sucre.

SERPOLET ; subst. masc. Plante aromatique,

dont les deux espèces principales sont le *serpolet* citronné et le petit *serpolet* ou thym sauvage. On fait usage en cuisine de l'un et de l'autre dans quelques assaisonnemens et dans la confection du vinaigre aux fines herbes. Le *serpolet* citronné est cultivé dans les jardins; le petit *serpolet* croît aux lieux incultes, montagneux, secs, sablonneux et presque par-tout. Ses tiges sont touffues, grandes comme la main, les unes rampantes et les autres droites. Les fleurs, disposées en têtes, sont de couleur purpurine qui pâlit à mesure qu'elles vieillissent.

SOLE; subst. fémin. Poisson de mer à nageoires molles, plus long et plus plat que la plie, noir par dessus et blanc par dessous. On distingue aisément la *sole* par un trait qui va droit de la tête à la queue. On la mange ordinairement frite ou grillée, à sec, ou avec un jus de citron, ou avec une sauce à la sultane. Voyez *Sauce à la sultane.*

Soles au vin de Champagne. Habillez et lavez; faites-les cuire à feu vif dans une casserole avec une chopine de vin blanc de Champagne, du bouillon de poisson, sel, poudre d'épices, bouquet de persil et d'estragon et de la chapelure fine. Passez cette sauce au tamis et liez-la avec un coulis roux ou un coulis d'écrevisses; versez sur les soles et servez.

SOUFFLÉ; subst. mascul. Espèce de pâtisserie

très-légère, faite avec de la farine ou de la mie de pain, des œufs et du sucre, auxquels on ajoute tel parfum qu'on juge à propos, comme la vanille, le café, la fleur d'orange, etc.

Les *soufflés* sont proprement des gâteaux légers; et comme nous parlons de ces gâteaux dans plusieurs articles de cet ouvrage, nous ne donnerons dans celui-ci qu'un seul exemple de ces compositions, lequel suffira pour faire voir comment on peut les diversifier.

Soufflé au café. Faites bouillir une pinte de lait ou une chopine de crême douce avec quatre onces de sucre. Si c'est du lait vous le ferez réduire à une chopine. Versez-y à la fin trois onces de café légèrement torréfié et tout chaud; retirez la casserole et couvrez-la; passez la crême encore chaude sur de la mie fine à peu près même volume. Mettez le tout dans un mortier avec deux œufs entiers, quatre jaunes et un morceau de beurre gros comme deux œufs. Pilez et passez ensuite à la passoire fine en exprimant fortement. Fouettez en neige les blancs des quatre jaunes, et mêlez-les bien avec ce que vous avez passé. Mettez cette composition dans une casserole d'argent ou un plat fort creux, et faites-la cuire dans un four doux ou sur de la cendre rouge, feu par-dessus. Servez très-chaudement.

On voit par-là que les soufflés ne diffèrent

des gâteaux de riz, de pommes de terre, de marrons, etc. qu'en ce qu'on les sert dans le vase où on les a fait cuire.

SOUPE; subst. fém. Mets fait de tranches ou de croûtes de pain trempées dans du bouillon ou dans du lait.

Soupe à l'oignon. Faites roussir dans du beurre des oignons coupés en dés et de la farine; mouillez avec de l'eau et faites bouillir pendant six à sept minutes; passez au tamis clair avec un peu d'expression; ajoutez de l'eau autant qu'il est nécessaire pour faire le bouillon, sel et poivre. Quand il est bien chaud, versez-en une partie sur les croûtes arrangées dans la soupière; liez l'autre partie, sans faire bouillir, avec deux jaunes d'œufs, et mêlez avec ce qui est dans la soupière.

Soupe aux grenouilles. Voyez *Bouillon de grenouilles* au mot GRENOUILLE.

Soupe au lait. Faites bouillir du lait avec un grain de sel et un morceau de sucre; versez-en une partie sur les croûtes, et liez l'autre avec trois jaunes d'œufs pour la mêler avec la première.

SUCRE; subst. masc. Sorte de sel essentiel, cristallisable, d'une saveur douce et agréable, et contenue en plus ou moins grande quantité dans plusieurs végétaux, entre lesquels la canne à sucre tient le premier rang. De toutes les substances extraites des végétaux, il n'en est pas une qui soit d'un aussi grand usage que le *sucre*, et dont la consommation soit aussi générale ; il assaisonne nos mets et figure dans tous nos desserts. Sans *sucre* il n'y aurait ni liqueurs, ni café, et les confitures perdraient beaucoup de leur prix. La manière de le faire cuire et réduire à différens degrés fait partie de l'office et ne peut trouver place ici.

SULTANE ; (SAUCE à la) Voyez SAUCE.

SURTOUT ; subst. masc. On donne ce nom à un ragoût, soit en gras, soit en maigre, qu'on renferme dans une farce à laquelle on donne la forme d'un pain en la faisant cuire dans une casserole.

Surtout en gras. Faites une farce avec la chair d'un chapon ou d'un gros poulet rôti et refroidi, du lard blanchi, de la graisse de bœuf, persil, ciboule, champignons ou mousserons, petite pointe d'ail, sel et poudre d'épices, le tout haché et ensuite mêlé avec trois jaunes d'œufs crus et de la mie fine trempée dans de la crême ; enduisez de beurre le fond et les parois d'une casserole à couvercle, et saupoudrez cet enduit de mie fine. Versez dans cette casserole votre farce, en faisant dans le milieu un trou propre à recevoir un ragoût, soit de pigeons, ou de cailles, ou de rouges-gorges, ou de ris de veau, et couvrez ensuite ce ragoût de la même farce. Faites cuire au four ou en enveloppant la casserole et son couvercle de cendre rouge mêlée de braise. Votre pain étant cuit, renversez-le sur le plat et servez.

Surtout en maigre. Faites une farce de chair de poisson, de beurre frais et des mêmes ingrédiens que dans l'article qui précède, et au lieu d'un ragoût en gras, mettez au milieu du pain un ragoût de filets de poissons. Finissez et servez de même.

Surtout, se dit aussi de la pièce de pur ornement qu'on place au milieu d'une grande table, et autour de laquelle on arrange avec symétrie les plats qui composent chaque service.

T

TALMOUSE; subst. fém. Pièce de pâtisserie qui se fait avec du fromage blanc, du beurre, de la crême et des jaunes d'œufs, le tout pilé et bien pétri, et mis ensuite de l'épaisseur de quatre à cinq lignes sur des abaisses dont on a relevé les bords. On met dessus de petits morceaux de beurre, et l'on fait cuire au four sur du papier beurré.

TAMIS; substant. masc. Feuille de bois mince, tournée en cylindre, au milieu duquel est placée une toile de soie ou de crin bien tendue et plus ou moins claire, au travers de laquelle on fait passer les substances dont on veut séparer les parties les plus grossières. On se sert de *tamis* dans les cuisines pour passer la farine, le sucre, les bouillons, les jus, les coulis, etc. On emploie celui de soie pour les bouillons et les jus clairs, un *tamis* de crin serré pour ceux qui le sont moins, et un troisième *tamis* pour les purées fines et claires. Les farces d'herbes et les grosses purées se passent dans des passoires de fer blanc, dont les trous sont plus ou moins grands.

TANCHE; subst. fém. Poisson d'eau douce, à nageoires molles, dont la longueur ordinaire est de huit à dix pouces; ses écailles sont enduites d'une mucosité visqueuse qui le rend glissant comme l'anguille; il se plaît dans les eaux bourbeuses et stagnantes, et il faut le faire dégorger avant de l'apprêter. La *tanche* qui vit dans les eaux limpides est beaucoup meilleure. Comme elle est très-difficile à écailler, on la jette dans l'eau bouillante où on la laisse un moment; on commence près de la tête et on a soin de ne pas l'écorcher.

Tanches grillées. Écaillez, videz, lavez, essuyez, incisez légèrement sur le dos des deux côtés, saupoudrez de farine et faites griller en arrosant de beurre tiède. Servez sur une sauce blanche aux câpres ou sur une sauce-robert. Voy. SAUCE.

Tanches en fricassée de poulets. C'est la manière la plus ordinaire de les apprêter. Écaillez, videz, lavez, ôtez la tête et les nageoires, et coupez le corps en tronçons; passez-les au beurre avec une pincée de farine; mouillez d'eau et de vin blanc en parties égales; assaisonnez de sel, poudre d'épices, pointe d'ail, bouquet de persil et mousserons; faites cuire à feu un peu vif, et quand la sauce est courte, liez-la avec deux ou trois jaunes d'œufs délayés avec de la crême. Tournez sur le feu sans faire bouillir, et servez votre fricassée entourée d'un cordon de mies frites.

Cette fricassée peut se faire au roux en suivant les procédés indiqués pour les roux; c'est ce qu'on appelle *tanche en compote*. Si on y emploie du vin, c'est une matelote.

Les tanches se servent aussi en friture.

TARTE; substant. fém. Pièce de pâtisserie faite avec de la crême, des fruits, des confitures, des épinars.

Tarte à la crême. Faites bouillir une pinte de lait avec du sucre, deux blancs d'œufs fouettés en neige, peu de farine et un filet d'eau de fleurs d'orange. Faites réduire aux deux tiers; liez avec trois jaunes d'œufs sans faire bouillir, et étendez cette bouillie, quand elle est un peu refroidie, sur une abaisse de pâte fine à rebords; mettez au four ou dans la tourtière, et servez saupoudrée de sucre fin.

Tarte au fromage. Voyez TALMOUSE.

Les tartes les plus élégantes se font avec de la pâte feuilletée et sortent de l'objet de cet ouvrage. Nous observerons seulement, pour ceux qui voudront s'essayer dans ce genre, que les tartes que l'on garnit de gelées doivent être refroidies avant de recevoir cette confiture que la chaleur ferait fondre. Voyez QUICHE.

TARTELETTE ; subst. fém. Petite tarte.

TENDRONS ; subst. masc. pluriel. On appelle ainsi les cartilages qui sont à l'extrémité des os de la poitrine de quelques animaux.

On apprête les *tendrons* de veau en fricassée de poulets, aux petits pois, en marinade.

TERRINE ; subst. fém. Ragoût de grosse entrée ainsi nommé parce qu'on le sert dans une terrine ou vase de faïence, d'argent ou de vermeil. Cet usage est passé de mode, parce qu'on aime à voir à découvert tous les mets qui se présentent sur la table. Mais on sert quelquefois dans des vases couverts les légumes de l'entremets et les œufs au jus qui exigent moins d'appareil et se conservent ainsi plus chaudement. On sert aussi dans des terrines de faïence ou de porcelaine, les pâtés froids qu'on n'a pas voulu mettre en pâte.

TÊTE ; subst. fém. La tête de veau est la seule que l'on serve sur les tables. On donne le nom de *hure* aux têtes détachées du cochon, du sanglier, du saumon et du brochet. Voyez HURE.

Tête de veau ordinaire. Otéz-en les mâchoires, et faites-la dégorger pendant vingt-quatre heures. Faites blanchir et bouillir dans une marmite de l'eau avec une poignée de farine; placez-y la tête de veau, et assaisonnez de sel et poudre d'épices, d'un gros bouquet de persil et de thym, et de deux gousses d'ail. Faites bouillir, et quand la tête est cuite, découvrez la cervelle, et servez avec une poivrade, ou simplement avec du vinaigre aux fines herbes assaisonné de sel et gros poivre, de persil et d'échalottes hachés.

Tête de veau farcie. Prenez une tête de veau avec sa peau bien échaudée et bien blanche; ouvrez cette peau sous la tête et enlevez-la sans la couper; désossez ensuite la tête, et ôtez-en la langue, la cervelle, les yeux et les bajoues; faites une farce avec la cervelle, de la rouelle de veau et de la graisse de bœuf, le tout haché très-fin et assaisonné de sel, poudre d'épices, persil, ciboules, gousse d'ail et échalotte; mettez dans cette farce une cuillerée d'esprit de vin, trois jaunes d'œufs et trois blancs bien fouettés. Placez dans une forme à hure un linge blanc sur lequel vous répandez quelques branches de thym et des feuilles de laurier; mettez la peau dessus et remplissez-la de votre farce entremêlée de la langue, des yeux et des bajoues coupés en filets; mettez-y des truffes fraiches, si vous en avez; repliez la peau sur cette composition et cousez-la; repliez ensuite le linge et cousez-le; enlevez la tête de son moule et ficelez-la. Placez-la dans une braisière à sa grandeur, et faites-la cuire à petit feu pendant trois heures dans un court-bouillon où elle baigne en entier et composé d'une partie de vin blanc et de deux parties d'eau, avec sel, poivre, bouquet de persil et gousse d'ail. Etant cuite, remettez-la dans la forme pendant une demi-heure, puis enlevez la ficelle et le linge, et dressez-la sur un plat assorti. Pendant qu'elle est dans la forme passez le court-bouillon au tamis, prenez-en une partie pour la faire réduire, et y ayant ajouté un peu de coulis et un filet de vinaigre, servez sous la tête.

On peut la servir froide. Pour lors vous la laissez refroidir dans son court-bouillon, vous la mettez ensuite en presse dans la forme pendant deux ou trois heures, après l'avoir dégagée de la ficelle et du linge qui l'enveloppent, vous la servez sur une serviette pliée, garnie de persil vert.

THON; subst. masc. Gros poisson de mer couvert de grandes écailles et d'une peau déliée; il est fort vorace et nage avec la plus grande rapidité; il habite toutes les mers, et on le trouve en abondance dans la Méditerrannée, principalement sur les côtes de Provence; sa chair ressemble à celle du veau; elle est ferme, très-bonne à manger et fort nourrissante; on la sale et on la marine pour la conserver. On ne connaît guère le *thon* salé en France où on en consomme beaucoup de frais et de mariné ; ce dernier se mange en salade.

Thon frais rôti. Piquez de lard fin un gros morceau de thon, et faites-le rôtir en l'arrosant de beurre. Quand il est cuit, servez-le avec un bon coulis roux et quelques câpres.

On peut le faire cuire dans la tourtière et le servir de même.

On peut le faire griller, le mettre en fricandeau, ou en caisse, etc.

THYM ; subst. masc. Plante aromatique dont on distingue plusieurs espèces ; celui dont on fait usage en cuisine est le petit thym des jardins à feuilles étroites.

TIMBALE ; substant. fém. Petit vase de cuivre étamé, dans lequel on fait cuire des petits pâtés, des œufs, des farces, des crêmes, qui en conservent la forme et en prennent le nom.

TOMATE ; subst. fém. Vulgairement POMME D'AMOUR, et chez les savans, MORELLE, *solanum*. Plante que l'on cultive dans les jardins à cause de son fruit qui porte le même nom et qu'on emploie pour faire des sauces et pour assaisonner et colorer les bouillons. Nous avons indiqué à l'article SAUCE la manière de préparer la *sauce tomate* ; nous allons dire comment on en fait passer le jus dans les bouillons, et comment on fait un mets de la *tomate* même.

Bouillon aux tomates. Coupez en quatre morceaux cinq ou six tomates (plus ou moins, selon leur gsosseur et la quantité de bouillon), et faites-les bouillir dans du bouillon pendant dix à douze minutes; passez ensuite au tamis clair avec un peu d'expression, mêlez avec le reste du bouillon et repassez au tamis.

Tomates farcies. Prenez dix à douze belles tomates, ôtez-en les pepins, bourrez-les d'une farce savante, ou tout uniment d'une farce fine de saucisses dans laquelle vous ajouterez persil et estragon hachés, deux jaunes d'œufs et un peu de crême. Couvrez cette farce de mie fine et de quelques petits morceaux de beurre. Faites cuire dans une tourtière entre deux feux, et servez de belle couleur, assaisonnées d'un jus de citron. *(Almanach des gourmands*, ann. 1803).

TOPINAMBOUR ; subst. masc. Plante à racines tubéreuses, originaire de l'Amérique septentrionale, et que l'on cultive dans les jardins où sa tige s'élève jusqu'à six et sept pieds. Ses tubercules, qu'on nomme aussi *topinambours*, sont bons à manger et ont le goût de l'artichaut, et c'est pourquoi on peut les faire entrer comme garniture dans quelques ragoûts.

Topinambours à la sauce blanche. On les pèle,

on les fait cuire à l'eau, on les coupe en morceaux de la même grosseur, et on les sert dans une sauce blanche faite avec du beurre, de l'eau, de la farine, du sel, du poivre et un filet de vinaigre, le tout lié sur le feu jusqu'à ébullition.

TOURTE; subst. fém. Pièce de pâtisserie garnie d'un ragoût chaud, connue généralement sous le nom de *pâté-chaud*; mais ce dernier se fait ordinairement en pâte-brisée, et l'autre en feuilletage. On se sert improprement du mot *tourte* pour désigner une tarte; parce que la première n'est proprement qu'une entrée revêtue d'une croûte de pâtisserie, et que l'autre est un entremets et paraît même quelquefois dans les desserts. Cette confusion vient sans doute de la forme que ces pièces de pâtisserie reçoivent dans la tourtière.

TOURTEAU; subst. masc. C'est le crabe pagure, bon à manger; on le cuit comme l'écrevisse.

TOURTEREAU; subst. masc. Jeune tourterelle.

TOURTERELLE; subst. fém. Oiseau du genre des pigeons, et très-bon à manger. On accommode les *tourterelles* comme les pigeons et les ramiers, et elle prend alors le nom de *tourtre*.

TOURTIÈRE; subst. fém. Ustensile de cuisine en fer ou en cuivre étamé, dans lequel on fait cuire les tourtes, les tartes et une infinité d'autres mets. La *tourtière* que l'on met au four n'est qu'un plateau rond sans pieds et sans couvercle; celle que l'on met sur le feu a trois pieds et un couvercle plus ou moins bombé, à rebords élevés qui retiennent la braise dont on le couvre. On peut aussi employer sur le feu un plateau de four sans pieds, en le plaçant, s'il est nécessaire, sur un trépied.

TRÉPIED; substant. masc. Ustensile de cuisine; c'est un triangle ou un cercle de fer porté sur trois pieds aussi de fer, plus ou moins élevés, dont on se sert pour mettre sur le feu les casseroles, les marmites, les poêles, les tourtières.

TRIPE; subst. fém. Se dit des boyaux des animaux et de certaines parties de leurs intestins. On emploie les tripes de cochon à faire du boudin, des saucisses et des andouilles. On fait aussi des saucisses avec les boyaux du mouton. Les gros boyaux de bœuf servent d'enveloppe ou de chemise aux saucissons, et on mange grillé ou en menus-droits le ventricule de cet animal sous le nom de gras-double.

TRUFFE; subst. fém. Tubercule qui se trouve dans la terre, et qui n'a ni tige, ni feuilles, ni fleurs, ni racines; sa forme est un globule plus ou moins irrégulier, et sa grosseur varie depuis celle d'une noisette jusqu'à celle des deux poings réunis; il y en a du poids d'une livre. La *truffe* répand une odeur forte et agréable qu'on ne peut comparer à aucune autre; elle est noire en dehors, et quand elle est mûre, elle est en dedans d'un brun marbré de veines et de taches blanches. On la trouve dans les lieux secs et sablonneux des pays chauds, comme le Périgord, la Gascogne, le Limousin, l'Angoumois et l'Italie. La Savoie produit une espèce de *truffe* qui pèse quelquefois jusqu'à deux livres, et qui a le goût du lait. On trouve aussi des *truffes*, dans le Bassigny, près de Langres et de Chaumont, en Lorraine et en Alsace, et ces *truffes*, prises dans leur maturité, ne le cèdent guères à celles du Périgord.

Communément il n'y a pas d'herbe dans les endroits où croissent les *truffes* ; on reconnaît aussi ces endroits, lorsqu'en regardant horizontalement sur la surface de la terre, on voit voltiger, au-dessus d'un terrain léger et crevassé, des essaims de petites mouches qui sont produites par de petits vers sortis des *truffes*, et qui y avaient été déposées en état d'œufs par de semblables mouches. C'est en septembre et en octobre qu'on fait la recherche des *truffes* ; mais on en trouve souvent avant et après ce temps-là.

Il n'y a presque point de ragoûts dans lesquels les precepteurs de cuisine ne fassent entrer des *truffes*, comme si cet assaisonnement convenait à tous les mets et à tous les goûts. Quelque agréable qu'il soit, les champignons et les mousserons sont généralement préférés, et les cuisiniers en usent encore plus libéralement. Les novices sont quelquefois très-embarrassés dans l'exécution des procédés de leurs maîtres, parce qu'ils regardent comme ingrédiens nécessaires ces assaisonnemens dont les uns n'ont jamais ouï parler et dont les autres n'ont qu'une idée confuse. On doit juger par-là que la Cuisinière qui donne des leçons aux bourgeois sur leur cuisine, et qui a toujours à la bouche les mots *truffe* et *champignon*, a fait son apprentissage chez de très-grands seigneurs.

La *truffe* fraîche a plus de parfum que quand elle a été gardée, et elle ne peut se garder long-temps dans son état de fraîcheur. On a cherché à la conserver pour en faire usage dans tous les temps de l'année. On la fait sécher et on la réduit en poudre; ou on la coupe en tranches d'une ligne d'épaisseur, dont on fait des chapelets, que l'on fait sécher et qu'on emploie comme des mousserons. Mais la *truffe* perd presque tout son parfum par la dessication, et le mousseron desséché conserve le sien presque tout entier.

La meilleure manière de conserver les *truffes* consiste à les faire cuire, quand elles sont parfaitement nettoyées et lavées, dans du vin blanc assaisonné de sel, poivre, de persil et de thym, à les renfermer ensuite, quand elles sont froides, dans un pot de terre ou de grès qu'on remplit d'huile d'olives, et qu'on ferme exactement. Elles se gardent en cet état pendant plus d'un an; et elles conservent encore une partie de leur parfum. L'huile dans laquelle elles ont baigné est excellente pour les salades et pour les rôties d'anchois.

Truffes sur la serviette. Choisissez les plus belles, et nettoyez-les dans l'eau chaude et avec la brosse. Faites-les cuire entières pendant une demi-heure, dans une marmite fermée, avec du vin blanc, du sel, du poivre et un bouquet de persil et de thym. Servez-les à sec et chaudement sur une serviette pliée.

On peut employer le vin où elles ont cuit dans les ragoûts faits avec du vin

Les autres manières d'apprêter les truffes ne sont proprement que des ragoûts aux truffes.

TRUITE; subst. fém. Poisson de rivière qui se plaît dans les eaux vives et limpides. La *truite* commence à frayer au mois d'octobre et ne reprend son embonpoint que dans le mois d'avril; c'est alors qu'elle fait les délices des tables les plus opulentes. Il faut, dit-on, la manger dans les mois sans R, au contraire des huîtres qu'on ne mange que dans les autres mois. Mais la *truite* est déjà bonne dès le commencement d'avril, et elle est encore bonne à la fin de septembre; ses œufs et son foie sont bons à manger. C'est un poisson fort vorace, et c'est sans doute à sa voracité qu'il faut attribuer la délicatesse de sa chair, comme nous l'avons observé à l'article POISSON. Jai vu dans le ventre d'une *truite* qui ne pesait pas plus d'une livre, sept grenouilles en partie digérées et une petite anguille entière. Elle mange aussi beaucoup de loches, de vairons et de chabots, et même des petites truites. Comme elle est très-délicate, elle meurt presqu'en sortant de l'eau, et c'est pour cela que quelques pêcheurs lui rompent le cou aussitôt qu'ils la tiennent, pour l'empêcher de maigrir par une longue agonie. Dans le pays où elle a le plus de réputation, on la fait cuire le plutôt possible, et il n'y a presque qu'une seule manière de l'apprêter. L'eau, le sel et le persil font tous les frais de son assaisonnement, comme nous allons l'expliquer.

On prend dans la Moselle, à Remiremont et à Épinal, un poisson que l'on nomme *René*, et qui n'est autre chose qu'une petite *truite*, de la longueur de quatre à six pouces. Ce poisson a moins de délicatesse que la grosse *truite*; on le met en caisse au nombre de trois ou quatre.

Truite au bleu. Écaillez, ouvrez par le ventre depuis l'anus jusqu'à la tête, videz, nettoyez et lavez. Coupez en deux, trois, quatre ou cinq tronçons suivant la grosseur, et mettez ces tronçons sur un lit de persil, dans un chaudron étamé, avec de l'eau et du sel; couvrez-les de nouveau persil et faites cuire à feu clair et vif jusqu'à ce que le bouillon ait couvert la truite et rempli la capacité du chaudron pendant dix à douze minutes. Continuez la cuisson sur un feu plus doux, et quand la truite est cuite, sans que la sauce soit longue, retirez-la du feu, et après l'avoir laissé reposer un moment, dressez-la en raccordant les tronçons bout-à-bout, comme ils étaient avant d'être coupés. Servez froide et à sec sur une serviette pliée.

On peut manger la truite grillée, frite, en fricandeau, en fricassée de poulets, à la matelotte. Toutes les sauces lui conviennent, et la meilleure est de n'en point avoir.

TRUMEAU ; subst. masc. Partie du jarret d'un bœuf au-dessus de la jointure du genou, quand cette partie est coupée pour être mangée. On se sert du *trumeau* pour faire du bouillon.

TURBOT ; subst. masc. Poisson de mer à nageoires molles, large, plat et de figure rhomboïde. Ce poisson est très-vorace, et la délicatesse de sa chair l'a fait nommer le *faisan d'eau*. On trouve des *turbots* dans l'Océan et la Méditerrannée ; mais ceux de l'Océan sont bien plus gros, et Rondelet dit en avoir vu de cinq coudées de longueur, larges de quatre et épais d'un pied. Mais cela n'est rien en comparaison du fameux *turbot* de Domitien dont nous avons parlé ailleurs.

Il y avait sans doute dans le sénat romain, plusieurs sénateurs versés dans la haute cuisine, puisque cette grave assemblée fut chargée de résoudre le problème de la meilleure sauce à faire à ce poisson. Le grand mouvement donné à cette affaire se fait sentir encore dans nos cuisines, dont les chefs se sont toujours occupés de la solution de ce problême; et certes, le plus bel éloge du *turbot* est d'avoir résisté à tant de sauces. Le vrai génie n'est pas si embarrassé et frappe au but sur-le-champ. En effet, plus un mets est commun, plus on doit s'étudier à en varier les apprêts, pour ne pas rebuter l'appétit, en le lui présentant toujours sous la même forme. Mais il en est autrement d'un mets rare et recherché, qui porte avec lui sa recommandation. Il n'y a peut-être qu'une bonne manière d'accommoder le *turbot*, comme il n'en est qu'une pour la truite; les autres ne sont que de pure sensualité, quand on est las de la véritable.

Turbot au court-bouillon. Préparez dans une casserole une saumure faite avec une pinte d'eau une bonne poignée de sel, une bonne pincée de poudre d'épices, deux gousses d'ail, persil, ciboules, thym et estragon. Après avoir fait bouillir cette saumure pendant une demi-heure, laissez-la reposer pour la tirer au clair. Mettez-la ensuite dans une turbotière avec deux pintes de lait, et placez-y le turbot pour le faire cuire à petit feu, sans qu'il se déchire. Quand il fléchit sous le doigt, il est cuit. Servez-le à sec sur une serviette pliée, entouré de persil vert.

Vous pouvez aussi le servir en entrée avec une sauce blanche aux câpres, ou avec une béchamelle, ou avec un coulis d'écrevisses.

Turbot en gras. Faites suer dans une casserole des tranches de veau avec quelques morceaux de lard; quand la viande est attachée, ajoutez un peu de beurre frais et une pincée de farine; faites roussir; mouillez de bouillon et assaisonnez de sel et poudre d'épices, d'un bouquet de persil, d'estragon et de thym, d'une gousse d'ail. Faites bouillir en détachant avec la cuiller le jus qui s'attache à la casserole. Passez au tamis clair, ajoutez une bouteille de vin blanc, et mettez ce mélange dans la turbotière avec le turbot et les tranches de veau par-dessus. Faites mijoter sur un feu doux, et servez avec la sauce réduite et bien liée, ou avec un coulis d'écrevisses.

Turbot grillé. Prenez une tranche d'un beau turbot, et faites-la mariner avec de l'huile, sel, poivre et persil haché. Faites griller doucement cette tranche en l'arrosant de sa marinade, et servez avec une sauce piquante ou une sauce aux câpres.

Turbot dans la tourtière. Prenez une belle tranche de turbot et faites-la cuire à demi dans un court-bouillon au lait préparé comme il dit dans le premier article. Dressez-la sur un plat foncé de beurre; panez de mie fine et arrosez d'un peu de beurre tiède; faites cuire au four ou sous le couvercle d'une tourtière entre deux feux. Servez sur une sauce piquante.

TURBOTIÈRE; subst. fém. Vaisseau de cuivre étamé, dans lequel on fait cuire les turbots.

TURBOTIN; subst. masc. Turbot de la petite espèce; on prétend que les *turbotins* sont plus délicats que les grands turbots.

U

USTENSILE; subst. masc. Se dit de tous les meubles qui servent dans la cuisine. La casserole, le gril, la passoire, la marmite, la poissonnière, etc. sont des ustensiles de cuisine.

V

VAIRON ou **VERON**; subst. masc. Petit poisson de rivière, plus petit que le goujon, et qui se plaît dans les eaux peu profondes, claires et rapides. On le mange frit ou cuit au bleu.

VANDOISE; substant. fém. Poisson de rivière que l'on nomme *Dard* en Saintonge et en Poitou, à cause de sa grande agilité. On en pêche dans les eaux pures des ruisseaux et des rivières, et il parvient rarement à plus d'un pied de longueur. Sa chair et molle et d'assez bon goût; mais elle est remplie d'arêtes. On le mange grillé.

VANNEAU; substant. masc. Oiseau amphibie, long de douze à treize pouces, qui a beaucoup d'analogie avec le pluvier doré. Sa tête est ornée d'une aigrette qui sort en arrière, et les couleurs de son plumage à réflets métalliques sont mêlées de noir, de vert, de rouge et de violet. Il habite les lieux bas et humides où il trouve la nourriture qui lui convient. Ses œufs, d'un vert sombre et tachetés de noir, sont très-recherchés en Hollande où les *vanneaux* abondent, et les personnes riches payent, dit-on, volontiers un ducat une couple de ces œufs dans leur primeur. On prend beaucoup de *vanneaux* sur les bords de la Meuse dans les environs de Mézières, où ils sont quelquefois si communs, que la paire ne se vend que deux ou trois sous. Ils sont maigres alors, et on en fait des pâtés.

Le *vanneau* s'apprête comme le pluvier, et on le mange rôti quand il est gras; au printemps on le met en salmis.

VAUDREUIL; subst. masc. La Cuisinière bourgeoise dit que c'est un poisson qu'on pêche sur les côtes de Provence, que sa chair est très-blanche et sert à faire de bonnes farces, qu'on le fait cuire avec du vin blanc, de l'huile, du sel, du poivre, du persil et du citron, et qu'on le sert sur une serviette. Le parfait Cuisinier le répète; voilà tout ce que nous en savons.

VEAU; substant. masc. Petit de la vache. Les *veaux* de Normandie et de l'Artois sont les plus estimés. Il faut choisir le *veau* bien blanc et bien gras. Pour peu que l'on connaisse la cuisine, on voit de quelle ressource est le veau pour la confection de la plus grande partie des mets. On le sert bouilli, rôti et en pâté; il entre dans presque toutes les farces; les bouillons, les jus, les coulis peuvent rarement s'en passer. On en trouvera toutes les préparations aux articles *Blond de veau*, Cervelle, Côtelette, Coulis, Farce, Fraise, Fricandeau, Jus, Longe de veau, Pâté, Poitrine, Ris de veau, Rognon, Rouelle, Tendron, Tête et plusieurs autres.

VELOUTÉ; subst. masc. Sauce qui n'est qu'un diminutif de celle qu'on appelle *grande Espagnole*, et qui étant moins dispendieuse, doit trouver place ici.

Pour faire un velouté, mettez dans une casserole, sur un feu un peu ardent, deux ou trois sous-noix de veau (*), deux poules, quatre carottes, autant d'oignons, autant de clous de girofle, un gros bouquet de persil et de ciboules et une cuillerée à pot de consommé. Faites bouillir, écumez et essuyez proprement les bords de la casserole, afin que la sauce soit claire. Le mouillement étant assez réduit, ce qu'indiquent les grosses bulles du bouillon, mouillez avec de nouveau consommé, faites bouillir, retirez la casserole sur l'angle du fourneau, et écumez. Délayez dans le mouillement un roux blanc (voyez ROUX) avec quelques champignons blanchis à froid dans du jus de citron; laissez bouillir pendant une heure et demie; après quoi dégraissez et passez au tamis clair sans expression. Ce velouté doit être aussi blanc qu'il est possible.

A défaut de veau et de poules, on peut faire du velouté avec des parures de veau et de côtelettes,

---

(*) Quand on a détaché d'une cuisse de veau la plus belle pièce qu'on appelle *noix*, on trouve encore deux autres parties qu'on appelle *sous-noix* et qui sont moins propres que la première à faire des fricandeaux, et après les sous-noix il reste encore des parties charnues qu'on peut employer aux bouillons, aux jus et aux coulis.

des débris de volailles, jarret de veau, etc. A défaut de bouillon et de consommé, on mouille avec de l'eau et l'on ajoute du sel. Le procédé est d'ailleurs le même.

VERJUS; substant. masc. Se dit d'une sorte de raisin dont les grains sont gros et longs, qui a la peau fort dure et n'est pas propre à faire du vin. Le jus qu'on en tire se nomme aussi *verjus*, et s'emploie dans les sauces qui exigent un certain mordant. On tire aussi du *verjus* des pommes et des poires sauvages, et même de tout raisin vert. Le *verjus* supplée quelquefois au citron et au vinaigre.

VERMICELLE; subst. masc. Mot emprunté de l'italien pour désigner une pâte sèche, faite avec de la farine, de l'eau et des œufs, et réduite, quand elle est encore molle, en petits filets ronds comme des vers. Il y a du *vermicelle* blanc et du *vermicelle* jaune. On se sert de l'un et de l'autre dans les potages, au lieu de croûtes. On le fait cuire aussi dans du lait.

VERT D'ÉPINARS; voyez ÉPINAR.

VIN; substant. masc. Ce mot désigne particulièrement la liqueur spiritueuse que l'on tire du raisin. On a pu voir dans un grand nombre d'articles l'usage fréquent que l'on fait du vin dans les cuisines, et nous avons dit, au mot POISSON, combien cet usage peut être restreint malgré les grands adages dont s'appuient les grands artistes pour l'autoriser. Nous ajouterons ici que ce n'est pas toujours avec les meilleurs *vins* que l'on fait les meilleures sauces, ou du moins que l'excellence des mets n'est pas en proportion de l'excellence des vins qu'on y emploie. Cette assertion paraîtra sans doute un blasphème aux yeux des gens riches, et sur-tout de leurs cusiniers; mais elle sera accueillie par tous les autres. Nous engageons les sectateurs de Comus à essayer d'une étuvée ou d'une matelote faite avec du vin nouveau, commun, mais bien dépuré, et à la comparer à celle qui a été faite avec du Bourgogne vieux; bien entendu que toutes choses seront d'ailleurs égales de part et d'autre.

L'auteur de l'Almanach des gourmands nous permettra-t-il de relever ici une hérésie par lui proférée dans son numéro 7 sur le *vin* transvasé ? *On ne peut*, dit-il, *transvaser du vin en bouteille sans lui faire perdre la moitié de son esprit.* C'est beaucoup. Quiconque, en manipulant les liqueurs spiritueuses, a observé la déperdition qu'elles éprouvent dans les différentes opérations qu'on leur fait subir, peut assurer que le *vin*, passant d'une bouteille dans une autre, ne perd pas la centième partie de son parfum et de son esprit, c'est-à-dire, que le palais le plus fin ne peut apprécier ce qu'il a perdu. Les moins délicats au contraire sont rebutés par le dépôt du *vin* non transvasé, lequel se fait déjà sentir avant que la bouteille soit à moitié vide. Il semble en effet que tout son arôme se perde dans la lie qui s'y mêle. Il est de la nature du *vin* coloré de déposer sans cesse jusqu'à son entière décomposition, et ce dépôt s'effectue plus vîte dans les bouteilles que dans les tonneaux, où il trouve moins de surface en raison de son volume. Ce serait un beau secret que de rendre au *vin* sa couleur en lui rendant son dépôt, sans troubler sa limpidité : la chymie n'a pas encore résolu ce problème et ne le résoudra jamais. Il faut se contenter de boire le vin séparé du sédiment que le temps opère, car il est à remarquer que les vins les plus brillans et qui le disputent en transparence au rubis le plus pur, déposent encore dans les bouteilles, et qu'il n'est pas possible d'en boire les derniers verres sans s'appercevoir à quelle distance ils sont des premiers. Il est donc nécessaire de les transvaser.

VINAIGRE; substant. masc. Liqueur produite par la fermentation acide des substances qui ont subi la fermentation spiritueuse.

Le *vinaigre* est d'un grand usage dans les cuisines; on doit préférer le blanc, non-seulement parce qu'il ne ternit point les sauces comme le rouge, mais parce qu'en général il est d'un parfum plus agréable. On sert sur les tables des vinaigres parfumés à la rose, à l'estragon, au thym, au sureau et aux fines herbes. Voici la recette de ce dernier.

Vinaigre aux fines herbes. Prenez une petite poignée de thym, autant de serpolet, autant d'origan, autant de persil, autant d'estragon, une demi-poignée de menthe poivrée, autant de mélisse, autant de pimprenelle, autant de cerfeuil, dix gousses de rocambole, trois grosses échalottes coupées en tranches, une gousse de poivre d'Espagne, une demi-once de piment anglais ou poivre de la Jamaïque. Faites infuser toutes ces substances pendant six semaines dans douze pintes de bon vinaigre blanc de Bourgogne. Ensuite clarifiez et filtrez au papier gris.

Ce vinaigre coûte si peu, quant aux ingrédiens qui le composent, que je suis étonné qu'on n'en fasse pas un plus grand usage, même dans les cuisines; car, dans toutes les sauces où l'on fait entrer le vinaigre, celui-là suppléerait aux herbes qu'on ne peut se procurer pendant l'hyver, et qu'on n'a pas toujours sous la main pendant l'été.

VINAIGRETTE; subst. fém. Sauce faite avec du vinaigre. Voyez POIVRADE.

VIVE; subst. fém. Poisson de mer, connu aussi sous le nom de *dragon de mer*; il se trouve dans l'Océan et la Méditerrannée; mais celui-ci n'est que la moitié de l'autre dont la longueur est d'environ un pied. La *vive* a des nageoires épineuses, et les blessures que font ses aiguillons sont si vives qu'on a prétendu qu'ils sont venimeux : aussi, une ordonnance de police enjoint aux pêcheurs de les couper avant d'exposer ce poisson en vente. Ces piqûres ont quelquefois des suites graves, et il faut user de précaution pour les éviter, quand on veut prendre les *vives* en vie.

La chair de la *vive* est tendre, blanche, ferme, d'un très-bon goût et facile à digérer. On la mange grillée sur un feu vif avec une sauce blanche ou une sauce piquante ; en fricassée de poulet au vin blanc ; piquée et rôtie à la broche ou dans la tourtière, avec une sauce à la sultane, etc. Voyez ces sauces à leurs articles.

F I N.

www.ingramcontent.com/pod-product-compliance
Lightning Source LLC
Chambersburg PA
CBHW070615230426
43670CB00010B/1535